中 国 新 技 术 法 治 发 展 报 告 系 列

中国区块链法治发展报告

2009—2019

Report on Blockchain and
Rule of Law in China
2009–2019

郑　飞◎主　编　　李雅健◎副主编

知识产权出版社
全国百佳图书出版单位
—北京—

图书在版编目（CIP）数据

中国区块链法治发展报告：2009—2019/郑飞主编. —北京：知识产权出版社，2020. 11

ISBN 978 - 7 - 5130 - 7162 - 8

Ⅰ. ①中… Ⅱ. ①郑… Ⅲ. ①区块链技术—科学技术管理法规—研究报告—中国—2009 - 2019 Ⅳ. ①D922. 174

中国版本图书馆 CIP 数据核字（2020）第 172700 号

责任编辑：武　晋　　　　责任校对：潘凤越
封面设计：博华创意 · 张冀　　　　责任印制：刘译文

中国区块链法治发展报告 2009—2019

郑　飞　主　编

出版发行：知识产权出版社有限责任公司	网　　址：http：//www. ipph. cn
社　　址：北京市海淀区气象路 50 号院	邮　　编：100081
责编电话：010-82000860 转 8772	责编邮箱：windy436@ 126. com
发行电话：010-82000860 转 8101/8102	发行传真：010-82000893/82005070/82000270
印　　刷：三河市国英印务有限公司	经　　销：各大网上书店、新华书店及相关专业书店
开　　本：720mm × 1000mm　1/16	印　　张：16. 5
版　　次：2020 年 11 月第 1 版	印　　次：2020 年 11 月第 1 次印刷
字　　数：262 千字	定　　价：78. 00 元

ISBN 978 - 7 - 5130 - 7162 - 8

本书编写组成员

郑　飞　郑应伟　陆　洋　陈晓慧　郑卓奇

李雅健　李　昊　周志刚　夏晨斌　龙健宁

郭嘉豪

前言：新技术法学的使命

2019年12月4日，一群对新技术法律问题有着相同兴趣的小伙伴，共同发起成立了“新技术法学”研究小组。可能有朋友要问，到底什么是“新技术法学”？我们暂且简要解释一番。所谓新技术，是指包括互联网、大数据、人工智能、物联网、区块链和生物技术等对人类社会有重大影响的新兴技术。那么，“新技术法学”是不是囊括了所有新技术的“大箩筐”法学呢？是，也不是。

说它是，是因为“新技术法学”确实关注各种新技术的法律规制，包括新技术在法律事务中的应用，这是工具意义上的新技术法学，如大数据预测侦查、人工智能辅助审判、司法区块链存证等；也包括新技术领域自身的法学问题，这实际上是内容意义上的新技术法学，如区块链和人工智能应用的法律监管、生物技术和大数据应用的法律伦理等。

说它不是，是因为“新技术法学”更关注新技术应用背后的一般法理，更关注各种新技术对人的权利尤其是基本权利的影响，更关注新技术给国家法治带来的深刻变革。尤其是在当前国家越来越重视新技术的大背景之下，互联网、人工智能、大数据等新技术词汇在《中共中央关于坚持和完善中国特色社会主义制度推进国家治理体系和治理能力现代化若干重大问题的决定》中被多次提及；在党的十九大之后的中共中央政治局19次集体学习中，有3次学习的主题涉及大数据、人工智能和区块链等新技术。

我们始终认为，各种新技术应用背后应该有某些共通性的法理亟须深入探讨，如新技术的发展如何让人们从隐私权跨越到个人信息权、数据权利，如何让人们从信任个人权威、制度权威跨越到信任可能的数据权威……因此，“新技术法学”将始终秉持“究新技术法理，铸未来法基石”的基本理念，从未来法角度试图“驯化”各类新技术，使其造福于人类，而不是为祸人间。

初期，“新技术法学”将秉持学术传承的立场，以立法、司法、行政监管与法学研究综述及知识梳理为基本任务，出版“中国新技术法治发展报告系列”，包括《中国人工智能法治发展报告 1978—2019》《中国区块链法治发展报告 2009—2019》《中国互联网法院法治发展报告 2017—2019》等。该皮书系列与市面上以“决策咨询”为首要目的的众多蓝皮书不同，其编写遵循的是张保生教授开创的以“理论综述”为主、“决策咨询”为辅的蓝皮书范式，是新技术法学领域研究者必备的一套工具书。

未来，“新技术法学”研究小组将一直秉持以问题为中心的交叉学科或者领域的法学研究范式，为不同学科的法学研究以及法学研究的理论与实践提供一个有效的交流平台，让具有不同背景的人进行充分、理性的对话，共同推动新技术法学的进步。

总之，“新技术法学”研究小组将主要以各类自媒体、正式出版物、学术工作坊、研究项目、案件代理等形式开展新技术法学理论与实践活动。欢迎各位感兴趣的朋友关注我们的微信公众号：NTLaw2019，同时更欢迎有志于新技术法学研究的各位朋友加入“新技术法学”研究小组。

序言：中国区块链法治发展的十年进程（2009—2019年）

2009年，中本聪发行了首个比特币创世区块，标志着作为比特币底层技术的区块链技术正式启用。近十年来，随着区块链以及相关技术的逐渐成熟，区块链正在社会各个领域得到推广应用，区块链与法治发展的联系也逐渐紧密。结合区块链技术诞生的时间节点，本报告从区块链立法与司法、区块链法学研究和区块链法学教育三个方面，详细梳理我国区块链法治发展的脉络。

第一篇　区块链立法进展与司法实践，主要包括区块链法律规则的产生与发展、区块链司法制度的建设与应用，以及区块链应用的法律监管三方面内容。

首先，在引入区块链这一新技术后，国家各部委及地方相关机构便开始加强对区块链应用的法律监管。其中，2013年发布的《中国人民银行、工业和信息化部、中国银行业监督管理委员会、中国证券监督管理委员会、中国保险监督管理委员会关于防范比特币风险的通知》（简称《关于防范比特币风险的通知》），是国家层面首次就区块链新技术应用实施的法律监管。而后，国家层面对于区块链技术应用的法律监管逐渐加强，尤其是2017年9月4日发布的《中国人民银行、中央网信办、工业和信息化部等关于防范代币发行融资风险的公告》（简称《关于防范代币发行融资风险的公告》），更是对我国数字货币交易所的格局产生了重大影响。此外，2017年中国人民银行印发的《中国金融业信息技术“十三五”发展规划》，标志着央行开始公开研发法定数字货币。

其次，随着区块链技术的迅猛发展，已有的法律监管已经无法满足其实际的发展需求。因此，关于区块链技术的相关立法逐步增多。在法律层面，2019 年《中华人民共和国密码法》（简称《密码法》）的修改与通过，为网络密码使用提供了法治基础，对加快区块链技术的集成使用具有重大意义；在行政法规层面，相关法律法规更是门类齐全、不断创新，其中包括但不限于区块链经济应用、金融应用、工业应用、区块链与信用建设、区块链与食品安全等方面；在司法解释层面，区块链相关立法更是涵盖了区块链存证与“司法链”建设，区块链在司法公开、执行中的应用，以及区块链技术知识产权保护等多个层面；除此之外，自 2017 年以来，有关区块链的地方性法规和规章也逐步出台。从法律到行政法规，到司法解释，再到地方性法规和规章，各层级的立法建设为区块链技术发展指明了航向。

最后，区块链新技术近三年在司法实践层面开启了发展的新阶段。2018 年以来，有关区块链技术的典型案例逐步涌现，这一现象激发了实务界对区块链技术制度建设和具体应用措施的广泛探讨。其中最具代表性的是人民法院关于区块链的有关实践。最高人民法院不仅在《最高人民法院关于互联网法院审理案件若干问题的规定》《最高人民法院关于进一步深化司法公开的意见》等司法解释中规定了区块链新技术的应用，而且积极探索“区块链 + 司法”新模式，如最高人民法院正在建设的“人民法院司法区块链统一平台”。当然，检察院和公安机关对于区块链司法规则的建设与应用也在如火如荼地推进中。

尽管我国在区块链立法和司法实践中已经取得了一定成就，但值得注意的是，目前该工作仍处于起步阶段，多数立法仍较为笼统、抽象，且缺乏实质性与可操作性；区块链的司法实践也多集中于民事领域，其是否能在更多法律领域发挥更高效的司法作用，有待进一步观察与探究。

第二篇　区块链法治学术研究进展，涉及区块链法学的各个方面，包括区块链法的基本原理、数字货币和智能合约的法律问题、区块链的司法应用及知识产权保护应用等。从基础理论探究的宏观视角，到某类应用的中观视角，再到某一问题的微观视角，学术界几乎从全方位对区块链法治展开了深入研究。

首先，不同学者对于区块链法基本原理的探讨旨在明确以下四个问题：一是区块链法的发展阶段已经进入“规则之治”；二是针对区块链法的必要性问题的探讨，应当结合区块链技术自身存在的风险、对商用的妥协，以及对社会的影响三个方面综合考量；三是区块链法特点的归纳凝练，主要体现为政府委托企业或机构执法、区块链技术辅助实施法律，以及区块链法依附传统法律框架等；四是区块链法层级的明确，存在国际技术公约与标准、国内法律法规，以及行业标准与自律章程等多层级。

其次，学术界对于区块链法治具体问题的探讨多集中于数字货币、智能合约等方面。一方面，数字货币作为区块链技术应用最早和最热门的领域，学术界对其定义至今仍未达成一致。随着立法态度的转变和学术研究的深入，学术界对其运行框架问题、优势和风险的剖析、实际发行的风险管控等理论与实践问题的研究仍在不断推进。另一方面，区块链技术使智能合约的广泛应用成为可能，特别是智能合约技术在民商事领域交易的便捷性使其备受关注。在理论上，学者们主要对其运行模式与框架、对传统合同的冲击，以及其私法属性等问题进行了探究；在具体实践问题中，学者们也致力于发现、预估智能合约所存在的技术风险、适用范围狭窄、链上链下交互困难等问题与风险。除此之外，区块链在具体金融方面的应用也成为当前学术界探讨的重要内容之一，主要包括区块链与证券、保险、票据、支付、征信、供应链金融等具体视角。

最后，区块链应用类型化的视角主要是知识产权保护应用和司法应用两个方面。诚然，二者之间存在一定的交叉与重叠，但视角又各不相同。对区块链知识产权保护应用探讨的出发点在于，数字环境下，传统的保障方法难以奏效，因此需要研究如何利用区块链技术对知识产权进行保护。结合当前区块链知识产权保护的实践应用，学者的研究主要分为两个方向，一是区块链技术数字版权的保护应用，二是区块链技术对其他知识产权保护的影响。区块链司法应用学术探讨的基点则源自区块链技术在司法中的实际应用，以及区块链技术付诸实际应用的可能性。从区块链技术赋能刑事侦查到电子存证，再到区块链应用的刑事法应对、债权行为“可视化”，以及区块链技术助力“执行难”，学术界对区块链司法应用的探讨已涉及司法进程的各阶段、各程序。

第三篇　区块链法学教育进展，主要包括区块链法学研究机构和区块链法学课程及教材建设两个方面的内容。

首先，关于区块链法学研究机构建设的问题。2015 年广西民族大学成立的华南区块链大数据法治战略研究院，是国内最早设立的区块链法学研究机构。随后，各大高校和律师事务所纷纷设立各种区块链法学研究机构。据不完全统计，目前已有 18 个相关研究机构。然而，各研究机构在区块链法学的研究尤其是基础理论的研究方面仍然不够深入，亟须大力拓展。

其次，关于区块链法学课程和教材建设的问题。在国外，尤其是美国，已经有部分顶级大学开设了区块链法学课程；反观国内，目前只有广西民族大学开设了专门的区块链法学课程，并且国内区块链法学课程也暂时缺乏教材的基础支撑。

总而言之，我国区块链法治的发展与研究仍处于初级阶段，从立法到司法再到学术研究，都有待进一步深入拓展。诚然，区块链法治部分基本原理的模糊直接导致了大量问题的探讨困境，技术潜在风险的不可预测性更是加剧了“技术统治”的危机感，但无法否认的是，区块链技术的应用已经逐渐成为现实，并且将在未来的社会发展中占据一席之地。

目　录

第一篇　区块链立法进展与司法实践 ………………………………………… 1
一、区块链立法进展综述 ……………………………………………………… 3
（一）法律 ……………………………………………………………… 3
（二）行政法规 ………………………………………………………… 4
（三）司法解释 ………………………………………………………… 7
（四）部门规章 ………………………………………………………… 9
（五）地方性法规和规章 ……………………………………………… 22
二、区块链司法实践综述 ……………………………………………………… 24
（一）人民法院区块链制度建设 ……………………………………… 24
（二）人民法院区块链建设及应用 …………………………………… 34
（三）人民检察院区块链建设及应用 ………………………………… 44
（四）公安机关区块链制度建设 ……………………………………… 46
（五）区块链典型司法案例 …………………………………………… 46
三、区块链应用监管综述 ……………………………………………………… 79
（一）央行等国家部委关于数字货币风险防范的系列公告 ………… 79
（二）央行数字货币的研发 …………………………………………… 84
第二篇　区块链法治学术研究进展 ……………………………………………… 87
一、区块链法的基本原理 ……………………………………………………… 89
（一）区块链法的拐点 ………………………………………………… 89
（二）区块链法的必要性 ……………………………………………… 92
（三）区块链法的特点 ………………………………………………… 96

（四）区块链法的层级 …… 101
二、数字货币法律问题 …… 107
（一）数字货币概述 …… 107
（二）数字货币的研究现状 …… 112
（三）数字货币的主要法律问题 …… 114
三、智能合约法律问题 …… 124
（一）智能合约的概念与内部体系 …… 125
（二）智能合约的私法冲击 …… 130
（三）智能合约的风险与问题 …… 141
四、区块链的司法应用 …… 143
（一）区块链技术下的去中心化争议解决机制 …… 143
（二）区块链赋能刑事侦查 …… 144
（三）区块链技术下的电子存证 …… 145
（四）区块链应用的犯罪行为及刑事法应对 …… 155
（五）区块链技术下的债权行为“可视化” …… 156
（六）区块链技术助力“执行难” …… 157
五、区块链的知识产权保护应用 …… 158
（一）区块链技术下的知识产权保护概述 …… 158
（二）区块链技术下的数字版权保护 …… 158
（三）区块链技术下的其他知识产权保护 …… 171
六、区块链金融应用的法律问题 …… 172
（一）区块链金融应用的基础讨论 …… 172
（二）区块链与证券 …… 175
（三）区块链与保险 …… 180
（四）区块链与票据 …… 182
（五）区块链与支付领域 …… 184
（六）区块链与征信管理 …… 184
（七）区块链与供应链金融 …… 185
（八）区块链与消费金融 …… 186
（九）区块链金融应用的风险挑战与监管 …… 187

七、区块链在其他领域应用的法律问题 …… 195
（一）区块链政务应用的法律问题 …… 195
（二）区块链经济领域应用的法律问题 …… 200
（三）区块链新闻平台应用的法律问题 …… 202
（四）区块链信息产权保护应用的法律问题 …… 203
（五）区块链网络餐饮领域应用的法律问题 …… 204
（六）区块链在军用被装质量监控应用初探中的法律问题 …… 204
第三篇 区块链法学教育进展 …… 207
一、区块链法学研究机构 …… 209
二、区块链法学课程和教材建设 …… 215
附 录 …… 219
附录 1 区块链法学期刊论文一览 …… 221
附录 2 区块链法学研究生学位论文一览 …… 231
附录 3 区块链法学学术著作一览 …… 235
附录 4 区块链法学皮书一览 …… 235
附录 5 区块链法学学术会议一览 …… 237
附录 6 区块链法学研究项目一览 …… 241
后 记 …… 248

第一篇

区块链立法进展与司法实践

一、区块链立法进展综述

（一）法律

2019 年 10 月 26 日，《中华人民共和国密码法》正式表决通过，并自 2020 年 1 月 1 日起施行。尽管从《密码法》的历史沿革和出台背景来看，其并非专门为区块链而制定，但因为区块链是一种加密的分布式记账技术，所以《密码法》的出台无疑将为推动区块链技术应用和产业创新发展提供重要的法律保护和规范指引。换句话讲，“密码法让网络密码使用有了法治基础，加快区块链技术的集成使用则让互联网变成了‘信任机器’，两相叠加会带来令人期待的系统红利”①。

《密码法》第二条、第六条、第七条、第八条规定：密码是指采用特定变换的方法对信息等进行加密保护、安全认证的技术、产品和服务；密码分为核心密码、普通密码和商用密码；其中，核心密码、普通密码用于保护国家秘密信息，商用密码用于保护不属于国家秘密的信息。由此可见，在司法区块链等国家公权力机构主导建构的区块链应用中，应该适用核心密码或普通密码，而其他区块链行业中涉及的主要是商用密码。

为健全统一、开放、竞争、有序的商用密码市场体系，鼓励和促进商用密码产业发展，《密码法》规定了一系列支持措施，包括：①国家鼓励和支持密码科学技术研究和应用，依法保护密码领域的知识产权，促进密码科学技术进步和创新。②国家推动参与商用密码国际标准化活动，参与制定商用密码国际标准，推进商用密码中国标准与国外标准之间的转化运用。国家鼓励企业、社会团体和教育科研机构等参与商用密码国际标准化活动。③要求各级人民政府及其有关部门应当遵循非歧视原则，依法平等

① 张敬伟：《密码法叠加区块链 中国数字经济有了“金钥匙”》，载《北京青年报》，2019 年 10 月 28 日 A02 版。

对待包括外商投资企业在内的商用密码科研、生产、销售、服务、进出口等单位。国家鼓励在外商投资过程中基于自愿原则和商业规则开展商用密码技术合作。行政机关及其工作人员不得利用行政手段强制转让商用密码技术。④国家推进商用密码检测认证体系建设，制定商用密码检测认证技术规范、规则，鼓励商用密码从业单位自愿接受商用密码检测认证，提升市场竞争力。⑤涉及国家安全、国计民生、社会公共利益的商用密码产品，应当依法列入网络关键设备和网络安全专用产品目录，由具备资格的机构检测认证合格后，方可销售或者提供。⑥要求加强密码人才培养和队伍建设，对在密码工作中做出突出贡献的组织和个人，按照国家有关规定给予表彰和奖励。⑦要求县级以上人民政府应当将密码工作纳入本级国民经济和社会发展规划，所需经费列入本级财政预算等。

（二）行政法规

1. 区块链经济应用

2017 年 1 月 13 日发布的《国务院办公厅关于创新管理优化服务培育壮大经济发展新动能加快新旧动能接续转换的意见》（国办发〔2017〕4 号），明确提出要“创新体制机制，突破院所和学科管理限制，在……区块链……交叉融合领域，构建若干产业创新中心和创新网络”。

2017 年 8 月 13 日发布的《国务院关于进一步扩大和升级信息消费持续释放内需潜力的指导意见》（国发〔2017〕40 号），明确提出“鼓励利用开源代码开发个性化软件，开展基于区块链……新技术的试点应用”。

2018 年 4 月 14 日发布的《中共中央、国务院关于对〈河北雄安新区规划纲要〉的批复》，要求“超前布局区块链、太赫兹、认知计算等技术研发及试验”。

2019 年 11 月 19 日发布的《中共中央、国务院关于推进贸易高质量发展的指导意见》，明确指出要“推动互联网、物联网、大数据、人工智能、区块链与贸易有机融合，加快培育新动能”。

2019 年 12 月 1 日中共中央、国务院印发的《长江三角洲区域一体化发展规划纲要》，明确指出要“加强大数据、云计算、区块链、物联网、人工智能、卫星导航等新技术研发应用，支持龙头企业联合科研机构建立长三角人工智能等新型研发平台，鼓励有条件的城市开展新一代人工智能应用示范和创新发展，打造全国重要的创新型经济发展高地”。

2019 年 12 月 31 日发布的《国务院办公厅关于支持国家级新区深化改革创新加快推动高质量发展的指导意见》，明确指出要“加快推动区块链技术和产业创新发展，探索‘区块链＋’模式，促进区块链和实体经济深度融合”。

2. 区块链金融应用

2018 年 5 月 4 日发布的《国务院关于印发进一步深化中国（广东）自由贸易试验区改革开放方案的通知》（国发〔2018〕13 号），明确要求广东“大力发展金融科技，在依法合规前提下，加快区块链、大数据技术的研究和运用”。

2019 年 8 月 2 日国务院发布了《国务院关于印发 6 个新设自由贸易试验区总体方案的通知》（国发〔2019〕16 号），其中“中国（河北）自由贸易试验区总体方案”明确要求雄安新区要“建设数字商务发展示范区。发展大数据交易、数据中心和数字内容等高端数字化贸易业态。支持建立数字化贸易综合服务平台……推进基于区块链、电子身份（eID）确权认证等技术的大数据可信交易”。

2019 年 8 月 9 日发布的《中共中央、国务院关于支持深圳建设中国特色社会主义先行示范区的意见》，明确“支持在深圳开展数字货币研究与移动支付等创新应用”，这意味着央行的数字货币已经进入了试点阶段。

3. 区块链工业应用

2016 年 12 月 15 日发布的《国务院关于印发“十三五”国家信息化规划的通知》（国发〔2016〕73 号），明确指出“区块链……新技术驱动网络空间从人人互联向万物互联演进，数字化、网络化、智能化服务将无处不在。现实世界和数字世界日益交汇融合，全球治理体系面临深刻变革”。我国应“强化战略性前沿技术超前布局……加强……区块链……新技术基础研发和前沿布局，构筑新赛场先发主导优势”。

2017 年 11 月 19 日发布的《国务院关于深化“互联网 + 先进制造业”发展工业互联网的指导意见》明确提出要“加大关键共性技术攻关力度……促进……区块链等新兴前沿技术在工业互联网中的应用研究与探索”。

4. 区块链行政监管应用

2019 年 9 月 6 日发布的《国务院关于加强和规范事中事后监管的指导意见》（国发〔2019〕18 号），明确要求“充分发挥现代科技手段在事中事后监管中的作用，依托互联网、大数据、物联网、云计算、人工智能、区块链等新技术推动监管创新，努力做到监管效能最大化、监管成本最优化、对市场主体干扰最小化”。

5. 区块链与信用建设

2017 年 7 月 8 日发布的《国务院关于印发新一代人工智能发展规划的通知》（国发〔2017〕35 号），明确提出要“促进区块链技术与人工智能的融合，建立新型社会信用体系，最大限度降低人际交往成本和风险”。

2017 年 10 月 5 日发布的《国务院办公厅关于积极推进供应链创新与应用的指导意见》（国办发〔2017〕84 号），明确提出要“研究利用区块链、人工智能等新兴技术，建立基于供应链的信用评价机制”。

6. 区块链与交通

2019 年 9 月 19 日中共中央、国务院印发的《交通强国建设纲要》，强调“推动大数据、互联网、人工智能、区块链、超级计算等新技术与交通行业深度融合”。

7. 区块链与食品安全

2019 年 5 月 9 日发布的《中共中央、国务院关于深化改革加强食品安全工作的意见》，要求“建立基于大数据分析的食品安全信息平台，推进大数据、云计算、物联网、人工智能、区块链等技术在食品安全监管领域的应用，实施智慧监管，逐步实现食品安全违法犯罪线索网上排查汇聚和案件网上移送、网上受理、网上监督，提升监管工作信息化水平”。

通过上述文件可以清楚地看到，早在2016年国家层面就已经开始公开布局区块链技术的研发，并大力促进其与实体经济的融合，鼓励区块链技术在金融、工业、行政监管、信用建设、交通等各领域的应用。2019年10月24日，十九届中央政治局集体学习更是明确提出要“把区块链作为核心技术自主创新重要突破口”。

（三）司法解释

1. 区块链存证与“司法链”建设

2018年8月9日最高人民法院印发的《关于增设北京互联网法院、广州互联网法院的方案》（法〔2018〕216号），要求北京互联网法院和广州互联网法院“按照‘网上案件网上审理’的基本思路，推动起诉、调解、立案、庭审、判决、执行等诉讼环节全程网络化，探索建立与互联网时代相适应的审判模式和程序规则，依托互联网、大数据、人工智能和区块链等技术，实现身份认证、诉讼代理、在线送达、电子存证取证、证据保全效力认定等诉讼行为实时共享、全程留痕、不可更改，促进诉讼流程再造、诉讼质效提升、诉讼法律完善”。

2018年9月3日发布的《最高人民法院关于互联网法院审理案件若干问题的规定》（法释〔2018〕16号）第十一条第二款规定，“当事人提交的电子数据，通过电子签名、可信时间戳、哈希值校验、区块链等证据收集、固定和防篡改的技术手段或者通过电子取证存证平台认证，能够证明其真实性的，互联网法院应当确认”。

2019年7月22日发布的《最高人民法院办公厅关于做好2019年智慧法院建设工作的通知》（法办〔2019〕243号），明确指出“完善四级法院统一的执行办案系统，提升执行办案智能化水平……优化完善执行办案系统……区块链存证……智能化功能”。同时提出，以数据为中心，充分发挥司法大数据在社会治理中的重要作用，逐步接入最高人民法院统一建设的“司法链”平台，开展区块链存证应用；依托人民法院大数据管理和服务平台及已基本具备内外网存证能力的全国统一“司法链”平台，根据最高人民法院司法区块链建设相关文件要求，结合各地业务需求，逐步申请加入和使用统一的“司法链”平台，开展电子证据、电子签名、执行操作、电子保函、电子档案等高可靠性数据的上链存证工作，提高数据防篡改和可溯源能力。可以预见，最高人民法院统一“司法链”的建成，无疑将进一步保证电子证据的可靠性，有利于司法效率和公正。

2. 区块链在司法公开中的应用

2018 年 11 月 20 日发布的《最高人民法院关于进一步深化司法公开的意见》（法发〔2018〕20 号），明确提出“探索大数据、云计算、人工智能、区块链等现代信息技术在司法公开中的深度应用，推动实现司法信息自动生成、智能分析、全程留痕、永久可追溯等功能，进一步提高司法公开自动化信息化智能化水平”。

3. 区块链在执行中的应用

2018 年 10 月 24 日发布的《最高人民法院关于人民法院解决“执行难”工作情况的报告》，明确指出要“加强大数据、云计算、人工智能、区块链等在执行工作中的运用，优化升级各类执行信息化系统平台，让现代信息技术更好服务保障执行工作”。

2019 年 4 月 21 日发布的《最高人民法院关于研究处理对解决执行难工作情况报告审议意见的报告》，明确指出要“进一步加强执行信息化建设，完善网络查控系统，推动实现各类财产全覆盖，加强大数据、云计算、人工智能、区块链等技术在执行工作中的运用，让现代信息技术更好服务保障执行工作”。

2019 年 6 月 3 日发布的《最高人民法院关于深化执行改革健全解决执行难长效机制的意见——人民法院执行工作纲要（2019—2023）》（法发〔2019〕16 号），明确指出要“加大执行业务中以区块链技术为代表的新技术的应用和转化，提高执行效率，增强人民群众获得感”。

2019 年 9 月 3 日最高人民法院印发的《最高人民法院平安建设考评办法（执行难综合治理及源头治理部分）》（法〔2019〕196 号），明确提出“大力加强信息化建设，不断完善‘1 + 2 + N’执行信息化系统，实现执行管理‘专网＋互联网’全覆盖，或运用大数据、云计算、人工智能、区块链、5G 等新技术，建成移动 App、微信小程序等平台实现执行移动办公的，加 0.1 至 0.2 分”。

4. 加强区块链技术知识产权保护

2019 年 10 月 24 日发布的《最高人民法院关于为推动经济高质量发展提供司法服务和保障的意见》（法发〔2019〕26 号），明确提出要“加强对互联网、大数据、人工智能、区块链、操作系统、集成电路、清洁能源等核心技术和前沿领域技术成果的保护”。

2019 年 12 月 9 日发布的《最高人民法院关于人民法院进一步为“一带一路”建设提供司法服务和保障的意见》（法发〔2019〕29 号），明确提出要“依法支持信息技术发展，关注第四次工业革命发展趋势，及时完善电子商务、区块链、人工智能、5G 信息网络建设等领域的司法政策，依法鼓励数字化、网络化、智能化带来的新技术、新业态、新模式创新，提升网络互联互通，促进数字丝绸之路建设”。

2019 年 12 月 13 日发布的《最高人民法院关于人民法院为中国（上海）自由贸易试验区临港新片区建设提供司法服务和保障的意见》（法发〔2019〕31 号），明确提出要“加大对专利、版权、企业商业秘密等权利及数据的司法保护力度，主动参与全球数字经济交流合作，促进 5G、区块链、云计算、物联网、车联网等新一代信息技术的运用”。

区块链作为继互联网之后颠覆性的技术之一具有不可篡改性，极大地满足了司法所要求的真实可靠性，因此可以看到最高人民法院已经在司法的各个环节（包括网络审判、存证、司法公开、执行等）开始应用区块链技术。尤其值得关注的是，最高人民法院统一“司法链”的建成，非常有可能重塑我国司法系统的公信力。

（四）部门规章

1.《区块链信息服务管理规定》

区块链作为一种新兴分布式数据存储与加密算法技术，具有不可篡改性、匿名性等特征，在给国家发展带来机遇、给社会生活带来便利的同时，也带来了一定的安全风险。区块链技术与传播领域结合，被一些不法分子用来传播违法有害信息，实施网络违法犯罪活动，损害公民、法人和其他组织的合法权益。部分区块链信息服务提供者的安全责任意识不强，管理措施和技术保障能力不健全，对互联网信息安全提出新的挑战。为明确区块链信息服务提供者的信息安全管理责任，规范和促进区块链技术及相关服务健康发展，规避区块链信息服务安全风险，为区块链信息服务的提供、使用、管理等提供有效的法律依据，2019 年 1 月 10 日，国家互联网信息办公室发布了《区块链信息服务管理规定》，主要内容有：

第一，对区块链信息服务进行了明确的释义。区块链信息服务，是指基于区块链技术或者系统，通过互联网站、应用程序等形式，向社会公众提供信息服务。区块链信息服务提供者，是指向社会公众提供区块链信息服务的主体或者节点，以及为区块链信息服务的主体提供技术支持的机构或者组织；区块链信息服务使用者，是指使用区块链信息服务的组织或者个人。

第二，明确了区块链信息服务的监管主体。国家互联网信息办公室依据职责负责全国区块链信息服务的监督管理执法工作。省、自治区、直辖市互联网信息办公室依据职责负责本行政区域内区块链信息服务的监督管理执法工作。

第三，制定了区块链行业的鼓励政策。鼓励区块链行业组织加强行业自律，建立健全行业自律制度和行业准则，指导区块链信息服务提供者建立健全服务规范，推动行业信用评价体系建设，督促区块链信息服务提供者依法提供服务、接受社会监督，提高区块链信息服务从业人员的职业素养，促进行业健康、有序地发展。

第四，明确了区块链信息服务提供者的一般义务。①应当落实信息内容安全管理责任，建立健全用户注册、信息审核、应急处置、安全防护等管理制度。②应当具备与其服务相适应的技术条件，对于法律、行政法规禁止的信息内容，应当具备对其发布、记录、存储、传播的即时和应急处置能力，技术方案应当符合国家相关标准规范。③应当制定并公开管理规则和平台公约，与区块链信息服务使用者签订服务协议，明确双方的权利义务，要求其承诺遵守法律规定和平台公约。④应当按照《中华人民共和国网络安全法》的规定，对区块链信息服务使用者进行基于组织机构代码、身份证件号码或者移动电话号码等方式的真实身份信息认证。用户不进行真实身份信息认证的，不得为其提供相关服务。⑤开发上线新产品、新应用、新功能的，应当按照有关规定报国家和省、自治区、直辖市互联网信息办公室进行安全评估。⑥区块链信息服务提供者和使用者不得利用区块链信息服务从事危害国家安全、扰乱社会秩序、侵犯他人合法权益等法律、行政法规禁止的活动，不得利用区块链信息服务制作、复制、发布、传播法律、行政法规禁止的信息内容。

第五，规定了区块链信息服务的备案程序。①备案手续的履行。区块链信息服务提供者应当在提供服务之日起十个工作日内通过国家互联网信息办公室区块链信息服务备案管理系统填报服务提供者的名称、服务类别、服务形式、应用领域、服务器地址等信息，履行备案手续。区块链信息服务提供者变更服务项目、平台网址等事项的，应当在变更之日起五个工作日内办理变更手续。区块链信息服务提供者终止服务的，应当在终止服务三十个工作日前办理注销手续，并作出妥善安排。②备案的决定。国家和省、自治区、直辖市互联网信息办公室收到备案人提交的备案材料后，材料齐全的，应当在二十个工作日内予以备案，发放备案编号，并通过国家互联网信息办公室区块链信息服务备案管理系统向社会公布备案信息；材料不齐全的，不予备案，在二十个工作日内通知备案人并说明理由。③备案编号的公开。完成备案的区块链信息服务提供者应当在其对外提供服务的互联网站、应用程序等的显著位置标明其备案编号。④备案信息的定期查验。国家和省、自治区、直辖市互联网信息办公室对区块链信息服务备案信息实行定期查验，区块链信息服务提供者应当在规定时间内登录区块链信息服务备案管理系统，提供相关信息。

第六，规定了区块链信息服务提供者的信息安全隐患整改义务。区块链信息服务提供者提供的区块链信息服务存在信息安全隐患的，应当进行整改，符合法律、行政法规等相关规定和国家相关标准规范后方可继续提供信息服务。

第七，赋予区块链信息服务提供者对违法信息的处置权利。区块链信息服务提供者应当对违反法律、行政法规规定和服务协议的区块链信息服务使用者，依法依约采取警示、限制功能、关闭账号等处置措施，对违法信息内容及时采取相应的处理措施，防止信息扩散，保存有关记录，并向有关主管部门报告。

第八，规定了区块链信息服务提供者对信息备份的具体要求。区块链信息服务提供者应当记录区块链信息服务使用者发布内容和日志等信息，记录备份应当保存不少于六个月，并在相关执法部门依法查询时予以提供。

第九，明确了区块链信息服务提供者接受监督检查的义务。区块链信息服务提供者应当配合网信部门依法实施的监督检查，并提供必要的技术支持和协助。区块链信息服务提供者应当接受社会监督，设置便捷的投诉举报入口，及时处理公众投诉和举报。

第十，规定了国家和省、自治区、直辖市互联网信息办公室对区块链信息服务者违规行为的处罚权力。①区块链信息服务提供者违反本规定第五条、第六条、第七条、第九条、第十一条第二款、第十三条、第十五条、第十七条、第十八条规定的，给予警告，责令限期改正，改正前应当暂停相关业务；拒不改正或者情节严重的，并处五千元以上三万元以下罚款；构成犯罪的，依法追究刑事责任。②区块链信息服务提供者违反本规定第八条、第十六条的，按照《中华人民共和国网络安全法》的规定予以处理。③区块链信息服务提供者违反本规定第十条，制作、复制、发布、传播法律、行政法规禁止的信息内容的，给予警告，责令限期改正，改正前应当暂停相关业务；拒不改正或者情节严重的，并处二万元以上三万元以下罚款；构成犯罪的，依法追究刑事责任。区块链信息服务使用者违反本规定第十条，制作、复制、发布、传播法律、行政法规禁止的信息内容的，依照有关法律、行政法规的规定予以处理。④区块链信息服务提供者违反本规定第十一条第一款，未按照本规定履行备案手续或者填报虚假备案信息的，责令限期改正；拒不改正或者情节严重的，给予警告，并处一万元以上三万元以下罚款。

《区块链信息服务管理规定》实施以后不久，国家互联网信息办公室就于 2019 年 3 月 30 日公开发布了第一批共 197 个区块链信息服务名称及备案编号。① 根据该规定，备案仅是对主体区块链信息服务相关情况的登记，不代表对其机构、产品和服务的认可，任何机构和个人不得用于任何商业目的。

此外，2019 年 8 月 9 日，国家互联网信息办公室还专门对《区块链信息服务管理规定》涉安全评估条款进行了公告说明②，为落实《区块链信息服务管理规定》第九条，就安全评估的有关要求明确如下：①市场监管总局所属的中国国家认证认可监督管理委员会已经在信息安全管理和信息技术服务管理方面建立了完整的认证体系，具备一批已获认定认可的测评机构。相关企业可委托上述具有相关资质的测评机构开展安全评估，或自行对区块链信息服务开展安全风险自评估，并根据国家互联网信息办公室与公安部联合发布的《具有舆论属性或社会动员能力的互联网信息服务安全评估规定》的相关要求，通过“全国互联网安全管理服务平台”（www. beian. gov. cn）提交安全自评估报告。②国家互联网信息办公室未指定或授权任何单位和机构开展区块链安全技术检测和安全评估。

2. 《国家知识产权局关于修改〈专利审查指南〉的决定》

为了全面贯彻党中央、国务院关于加强知识产权保护的决策部署，回应创新主体对进一步明确涉及人工智能等新业态新领域专利申请审查规则的需求，2019 年 12 月 31 日国家知识产权局发布了《国家知识产权局关于修改〈专利审查指南〉的决定》（国家知识产权局公告第 343 号），决定在《专利审查指南》第二部分第九章增加第 6 节“包含算法特征或商业规则和方法特征的发明专利申请审查相关规定”。涉及人工智能、“互联网 +”、大数据以及区块链等的发明专利申请，一般包含算法或商业规则和方法等智力活动的规则和方法特征，增加的第 6 节旨在根据《专利法》及其实施

---

① 《国家互联网信息办公室关于发布第一批境内区块链信息服务备案编号的公告》，载国家互联网信息办公室官网 2019 年 3 月 30 日，http：//www. cac. gov. cn/2019 - 03/30/c _1124305122. htm。

② 《国家互联网信息办公室关于〈区块链信息服务管理规定〉涉安全评估条款说明的公告》，载国家互联网信息办公室官网 2019 年 8 月 9 日，http：//www. cac. gov. cn/2019 - 08/09/c_1124856051. htm。

细则，对这类申请的审查特殊性作出规定，包括审查基准、审查示例、说明书及权利要求书的撰写等内容。

3. 区块链金融应用

2017 年中国人民银行印发了《中国金融业信息技术“十三五”发展规划》（银发〔2017〕140 号），明确提出“研究区块链、人工智能等热点新技术应用，实现新技术对金融业务创新有力支撑和持续驱动……开展区块链技术在金融领域的应用研究……构建金融大数据标准体系，研究制定云计算、大数据、区块链、人工智能等信息技术在金融业应用的标准”。

2017 年 5 月中国人民银行、银监会、证监会等联合发布了更细的《金融业标准化体系建设发展规划（2016—2020 年）》（银发〔2017〕115 号），明确提出“探索数字货币的技术标准和管理规范……加强国际标准跟踪研究，在移动金融服务、非银行支付、数字货币、密码算法等重点领域，加大对口专家派出力度”。

2017 年 9 月 18 日，中国保监会印发了《偿二代二期工程建设方案》（保监发〔2017〕67 号），明确提出“跟踪云计算、大数据、人工智能、区块链等金融科技的发展趋势，开展监管科技的应用研究，积极探索新科技条件下新型的保险业审慎监管”。

2019 年 1 月 29 日，中国人民银行、银保监会、证监会等联合发布了《关于金融服务乡村振兴的指导意见》（银发〔2019〕11 号），要求“规范互联网金融在农村地区的发展，积极运用大数据、区块链等技术，提高涉农信贷风险的识别、监控、预警和处置水平”。

2019 年 9 月 6 日，市场监管总局等 9 部门联合印发了《生产性服务业标准化三年行动计划（2019—2021 年）》（国市监标技〔2019〕173 号），明确提出“加强国际标准跟踪研究，在移动金融服务、非银行支付、数字货币、密码算法等重点领域加大对口专家派出力度，在可持续金融等领域争取担任国际标准化组织技术机构重要职务”。

2019 年 12 月 10 日，中国银保监会、商务部、国家外汇管理局联合发布了《关于完善外贸金融服务的指导意见》（银保监发〔2019〕49 号），强调“鼓励银行保险机构积极探索大数据、区块链、生物识别、人工智能等现代信息技术在外贸金融业务中的应用”。

2019 年 12 月 30 日，中国银保监会发布了《关于推动银行业和保险业高质量发展的指导意见》（银保监发〔2019〕52 号），要求“银行保险机构要夯实信息科技基础，建立适应金融科技发展的组织架构、激励机制、运营模式，做好相关技术、数据和人才储备。充分运用人工智能、大数据、云计算、区块链、生物识别等新兴技术，改进服务质量，降低服务成本，强化业务管理”。

4. 区块链工业与信息化应用

2016 年 1 月 17 日，工业和信息化部印发了《大数据产业发展规划（2016—2020 年）》（工信部规〔2016〕412 号），明确“支持深度学习、类脑计算、认知计算、区块链、虚拟现实等前沿技术创新，提升数据分析处理和知识发现能力”。

2016 年 1 月 17 日，工业和信息化部印发了《软件和信息技术服务业发展规划（2016—2020 年）》（工信部规〔2016〕425 号），提出要“加快无人驾驶、虚拟现实、3D 打印、区块链、人机物融合计算等领域技术研究和创新……围绕抢占智能化软件领跑地位战略目标，突破虚拟资源调度、数据存储处理、大规模并行分析、分布式内存计算、轻量级容器管理、可视化等云计算和大数据技术，以及虚拟现实、增强现实、区块链等技术……整合资源，支持重点企业面向人工智能、虚拟现实和增强现实等领域，提升容器、区块链、开发运营一体化等方面的关键技术服务能力，加快培育各类新型服务模式和业态，促进信息服务资源的共享和利用”。

2017 年 3 月 30 日，工业和信息化部印发了《云计算发展三年行动计划（2017—2019 年）》（工信部信软〔2017〕49 号），明确提出“通过举办创客大赛等形式，支持中小企业、个人开发者基于云计算平台，开展大数据、物联网、人工智能、区块链等新技术、新业务的研发和产业化，培育一批基于云计算的平台经济、分享经济等新兴业态，进一步拓宽云计算应用范畴”。

2017 年 12 月 26 日，国家发展改革委办公厅印发了《〈增强制造业核心竞争力三年行动计划（2018—2020 年）〉重点领域关键技术产业化实施方案》（发改办产业〔2017〕2063 号），提出研究“基于区块链的去中心化的安全通讯及认证授权技术”。

2018 年 7 月 9 日，工业和信息化部印发了《工业互联网平台建设及推广指南》和《工业互联网平台评价方法》（工信部信软〔2018〕126 号），其中《工业互联网平台评价方法》强调工业互联网平台的新技术应用服务，要求“具备新技术应用探索能力，开展人工智能、区块链、VR/AR/MR 等新技术应用”。

2018 年 7 月 23 日，工业和信息化部印发了《推动企业上云实施指南（2018—2020 年）》（工信部信软〔2018〕135 号），明确“支持各类企业和创业者以云计算平台为基础，利用大数据、物联网、人工智能、区块链等新技术，积极培育平台经济、分享经济等新业态、新模式”。

2018 年 7 月 27 日，工业和信息化部、国家发展和改革委员会联合印发了《扩大和升级信息消费三年行动计划（2018—2020 年）》（工信部联信软〔2018〕140 号），要求“组织开展区块链等新型技术应用试点”。

2018 年 11 月 2 日，工业和信息化部办公厅印发了《2018 年第四批行业标准制修订计划》（工信厅科〔2018〕73 号），明确提到了“2018 - 2193T - SJ，工业区块链参考架构的制定”。

2018 年 11 月 14 日，工业和信息化部办公厅发布了《关于开展网络安全技术应用试点示范项目推荐工作的通知》（工信厅网安函〔2018〕366 号），强调“新技术新应用安全，包括用于保障云计算、大数据、人工智能、区块链、下一代网络（5G 和 IPv6）、物联网、车联网等新技术新应用安全的平台或系统”。

2019 年 3 月 5 日，工业和信息化部办公厅发布了《关于组织开展 2019 年新型信息消费示范项目申报工作的通知》（工信厅信软函〔2019〕41 号），要求“积极探索利用人工智能、物联网、区块链等技术开展物流信息溯源及全程监测，推进物流业降本增效”。

2019 年 6 月 20 日，工业互联网专项工作组办公室印发了《工业互联网专项工作组 2019 年工作计划》（工信厅信管函〔2019〕140 号），要求“加强军工工业互联网发展顶层设计，研究制定《数字军工行动计划》，促进大数据、物联网、区块链等新一代信息技术在军工领域应用”。

2019年7月26日，工业和信息化部、教育部、人力资源和社会保障部等印发了《加强工业互联网安全工作的指导意见的通知》（工信部联网安〔2019〕168号），要求“支持工业互联网安全科技创新……探索利用人工智能、大数据、区块链等新技术提升安全防护水平”。

2019年10月30日，国家发展和改革委员会发布了《产业结构调整指导目录（2019年本）》[国家发展和改革委员会令（第29号）]，其中第一类鼓励类中的“二十八、信息产业”中，明确包含了“大数据、云计算、信息技术服务及国家允许范围内的区块链信息服务”。

2019年11月28日，国家发展改革委办公厅发布了《关于推进2020年煤炭中长期合同签订履行有关工作的通知》（发改办运行〔2019〕1098号），提出“鼓励煤炭供需企业通过全国煤炭交易中心开展现货交易，利用物联网、云计算、区块链等现代化信息手段，降低交易风险和交易成本，提高市场效率”。

5. 区块链商业与物流应用

2016年11月11日，商务部等10部门联合印发了《国内贸易流通“十三五”发展规划》（商建发〔2016〕430号），明确“支持流通企业加强信息化改造，推动移动互联、云计算、大数据、物联网、虚拟现实、人工智能和区块链等技术在流通领域的创新和应用”。

2017年1月17日，商务部发布了《关于进一步推进国家电子商务示范基地建设工作的指导意见》（商电发〔2017〕26号），要求“推动示范基地创业孵化与科研院所技术成果转化有效结合，促进大数据、物联网、云计算、人工智能、区块链等技术创新应用”。

2017年1月19日，商务部等5部门联合印发了《商贸物流发展“十三五”规划》，要求“推广使用自动识别、电子数据交换、货物跟踪、智能交通、物联网等先进技术装备，探索区块链技术在商贸物流领域的应用，大力发展智慧物流”。

2017年8月11日，商务部办公厅、财政部办公厅联合发布了《关于开展供应链体系建设工作的通知》（商办流通发〔2017〕337号），强调“重点推进二维码、无线射频识别（RFID）、视频识别、区块链、GS1、对象标识符（OID）、电子结算和第三方支付等应用，推动追溯系统创新升级”。

2017 年 11 月 21 日，商务部办公厅、国家标准委办公室联合印发了《网络零售标准化建设工作指引》（商电字〔2017〕12 号），要求“针对网络零售快速创新和跨界经营的特点，加强对分享经济、跨境电商、社交电商等新模式，人工智能、虚拟现实、区块链等新技术，无人商店、无人机送货、近场支付等新服务的前瞻性研究，推动形成研究成果”。

2017 年 12 月 29 日，商务部等 10 部门联合印发了《关于推广标准托盘发展单元化物流的意见》（商流通函〔2017〕968 号），要求“提高物流链信息化、智能化水平……利用大数据、云计算、物联网、区块链、人工智能等先进技术，加强数据分析应用，挖掘商业价值，优化生产、流通、销售及追溯管理，以智能物流载具为节点打造智慧供应链”。

2018 年 5 月 16 日，财政部办公厅、商务部办公厅联合发布了《关于开展 2018 年流通领域现代供应链体系建设的通知》，要求“加强信息化建设，发展智慧供应链……推动大数据、云计算、区块链、人工智能等技术与供应链融合，发展具有供应链协同效应的公共型平台，支持上下游用户的生产、采购、仓储、运输、销售等管理系统相对接，平台与平台之间相对接，实现相关方单元化的信息数据正向可追踪、逆向可溯源、横向可对比，发挥供应链对优化生产、加快周转、精准销售、品质控制、决策管理等作用”。

2019 年 1 月 14 日，商务部办公厅印发了《服务外包统计调查制度》（商办服贸函〔2019〕15 号），强调“随着新一代信息技术的开发应用，云计算、人工智能、区块链等业务日益增多，因此将‘新一代信息技术开发应用服务’从信息技术研发服务中单列作为中类，包括云计算服务、人工智能服务、区块链技术服务和其他新一代信息技术开发应用服务”。

2019 年 2 月 12 日，商务部等 12 部门联合印发了《关于推进商品交易市场发展平台经济的指导意见》（商建函〔2019〕61 号），明确“鼓励商品市场立足平台经济发展，依法合规创新大数据、云计算、物联网、区块链等信息技术应用，强化平台数据整合和资源配置能力，加快传统交易场景的数字化重构，推动商品生产、流通和服务信息实时交互，实现上下游企业和周边服务企业的智能互联，推动中小企业向专、精、尖转型发展”，要求“加大对商品市场开展互联网、物联网、大数据、云计算和区块链等信息技术研究与应用支持，引导符合条件的商品市场向高新技术企业转型”。

6. 区块链邮政应用

2017 年 12 月 20 日，国家邮政局发布了《关于推进邮政业服务“一带一路”建设的指导意见》（国邮发〔2017〕103 号），要求“发挥行业内国家工程实验室等科研机构作用，与沿线国家交流邮政业和互联网、大数据、云计算、人工智能及区块链等融合发展的经验，联合开展科技应用示范”。

2019 年 7 月 19 日，国家邮政局印发了《2019—2022 年全国邮政管理系统干部教育培训规划》（国邮发〔2019〕62 号），要求“根据邮政业改革发展形势，开展互联网、大数据、云计算、人工智能、区块链等新知识新技能学习培训，不断开阔视野格局、优化知识结构、提高专业素养、增强履职本领”。

2019 年 12 月 17 日，国家邮政局发布了《关于支持海南邮政业深化改革开放的意见》（国邮发〔2019〕90 号），要求“推进数字邮政建设……指导海南实施‘智能+’，加快推进 5G、大数据、云计算、人工智能、区块链和物联网等现代信息技术与邮政业深度融合，提升邮政快递基础设施数字化水平”。

7. 区块链教育应用

2018 年 4 月 13 日，教育部印发了《教育信息化 2.0 行动计划》（教技〔2018〕6 号），强调“人工智能、大数据、区块链等技术迅猛发展，将深刻改变人才需求和教育形态”，要求“积极探索基于区块链、大数据等新技术的智能学习效果记录、转移、交换、认证等有效方式，形成泛在化、智能化学习体系，推进信息技术和智能技术深度融入教育教学全过程，打造教育发展国际竞争新增长极”。

2019 年 10 月 24 日，教育部办公厅发布了《关于推荐遴选“基于教学改革、融合信息技术的新型教与学模式”实验区的通知》（教基厅函〔2019〕46 号），要求“注重教与学过程中数据的收集分析和利用，并与学生综合素质评价相结合，通过云计算、区块链技术等采集学习过程中的生成性行为数据，开展教学分析与过程性评价，提升课堂教学和育人的有效性”。

8. 区块链医疗应用

2018年8月22日，国家卫生健康委员会发布了《关于进一步推进以电子病历为核心的医疗机构信息化建设工作的通知》（国卫办医发〔2018〕20号），要求“充分发挥电子病历信息化作用，促进智慧医院发展。通过电子病历信息化建设，探索建立健全智慧医院标准、管理规范和质量控制方式方法，发挥互联网、大数据、云存储、云计算、区块链、机器人等有关技术在医疗管理工作中的优势，逐步使患者在就诊过程中享受到更智能、更高效、更便捷、更安全、更富有人性化的个体化诊疗”。

2019年5月21日，国家药监局发布了《国家药品监督管理局关于加快推进药品智慧监管的行动计划》（国药监综〔2019〕26号），要求“加快推动移动互联网、物联网、大数据、人工智能、区块链等新技术在药品智慧监管方面的应用，加强对药品网络销售等新业态的监管，强化上下游监管数据采集和信息互通共享，整合产品全生命周期数据，形成面向产品生产、经营、监管等全方位的决策辅助信息”。

9. 区块链其他应用

2017年4月14日，科技部印发了《“十三五”现代服务业科技创新专项规划》（国科发高〔2017〕91号），要求“重点研究区块链基础理论与技术，包括区块链分布式架构、智能合约设计和管理、去中心化的网络支付方法等；探索形成基于区块链技术的服务交易与征信体系框架；开发区块链驱动的服务商业模式、基于智能合约的资产交易方法，构建基于区块链和共识机制的信任体系。面向科技服务业、文化和科技融合等领域，重点研究资源分享与分布式资源巨系统及其方法论、精准服务与科技大数据理论，推进成果的创新应用和实践……推进服务供给和交易的智能化。基于区块链理论成果，研究交易主客体基础信息验证技术、可信和有效信息筛选技术等。研发基于交易关联信息对象模型的信度与效度分析系统、动态价格形成机制与方法、智能匹配方法和模型等，形成多种智能匹配交易方式，制定相应的交易规则”。

2018 年 9 月 3 日，民政部印发了《“互联网 + 社会组织（社会工作、志愿服务）”行动方案（2018—2020 年）》（民发〔2018〕115 号），要求“探索区块链技术在公益捐赠、善款追踪、透明管理等方面的运用，构建防篡改的慈善组织信息查询体系，增强信息发布与搜索服务的权威性、透明度与公众信任度……选定‘区块链’技术方案，完成‘慈善中国’平台新一轮升级改造，基本打通‘慈善中国’平台与互联网募捐信息平台的数据对接，初步实现各地慈善组织、网络募捐等数据定时汇聚”。

2019 年 1 月 6 日，司法部印发了《公共法律服务网络平台、实体平台、热线平台融合发展实施方案》，要求“探索推进‘互联网 + 公共法律服务’‘区块链 + 公共法律服务’，开展自助式法律服务机器人的试点应用，条件成熟的可推广应用，提升公共法律服务智能化水平，缓解农村地区、欠发达地区法律服务资源不足的问题”。

2019 年 4 月 15 日，国家发展改革委、水利部联合印发了《国家节水行动方案》（发改环资规〔2019〕695 号），要求“推动节水技术与工艺创新，瞄准世界先进技术，加大节水产品和技术研发，加强大数据、人工智能、区块链等新一代信息技术与节水技术、管理及产品的深度融合”。

2019 年 5 月 30 日，国务院食品安全委员会印发了《2019 年食品安全重点工作安排》（食安委〔2019〕2 号），要求“推进‘互联网 + 食品’监管，重点运用大数据、云计算、物联网、人工智能、区块链技术，建立重点食品追溯协作平台，发挥‘智慧监管’作用，提高食品安全风险管理能力”。

2019 年 10 月 29 日，国家广播电视总局办公厅发布了《关于加强“双 11”期间网络视听电子商务直播节目和广告节目管理的通知》（广电办发〔2019〕275 号），要求“充分利用大数据、人工智能、区块链等新技术，针对不同贫困地区、群众的特点，把扶贫产品精准推送到有需求的用户，让网络视听电商更好地服务基层、服务群众”。

2019 年 11 月 8 日，国家林业和草原局发布了《关于促进林业和草原人工智能发展的指导意见》（林信发〔2019〕105 号），要求“建设生态管理人工智能应用体系。积极探索基于区块链、大数据、人工智能等技术，在生态管理工作领域、生态公共服务领域、生态决策服务领域，为业务管理、舆情分析和领导决策提供智能化服务”。

2019 年 11 月 27 日，国家税务总局发布了《关于支持和服务长江三角洲区域一体化发展措施的通知》（税总函〔2019〕356 号），明确“鼓励和支持长三角区域税务机关探索运用 5G、区块链、人工智能等技术，进一步优化税务执法方式，提供智能化、个性化的线上线下纳税服务”。

（五）地方性法规和规章

1. 区块链经济

2018 年 5 月 31 日发布的《福建省人民代表大会常务委员会关于进一步推进数字福建建设的决定》（福建省人民代表大会常务委员会公告〔十三届〕第三号）明确要求，“集中优势资源开展原始创新和集成创新，加强通用芯片、显示面板、通用数据库、人工智能、区块链、云计算、大数据、物联网等关键核心技术攻关，推动集成电路、新型显示、智能终端、网络通信、半导体照明、锂电池等特色产业链持续创新发展，加快形成自主可控的数字经济产业链、价值链和生态系统”。

2018 年 6 月 12 日发布的《杭州市城市国际化促进条例》（杭州市第十三届人民代表大会常务委员会公告第 13 号）第十九条明确规定，“鼓励金融创新，支持利用互联网、大数据、云计算、区块链、人工智能等技术，推动金融与生态、文化、科技的融合，服务实体经济”。

2. 区块链与营商环境

2019 年 1 月 18 日发布的《黑龙江省优化营商环境条例》（黑龙江省第十三届人民代表大会公告第 10 号）第三条明确规定，“优化营商环境工作应当坚持以人民为中心、依法办事、公开公正、诚实守信、优化服务、廉洁高效和权责一致的原则，构建良好的人文环境，发挥市场在资源配置中的决定性作用，运用互联网、云计算、大数据、区块链等现代化技术手段，营造稳定公平透明、可预期的营商环境”。第四十一条明确规定，“各级人民政府和有关部门应当运用互联网、云计算、大数据、区块链等现代化技术手段，依法实施行政检查，提高监管效能”。

2019 年 12 月 30 日发布的《安徽省实施〈优化营商环境条例〉办法》（安徽省人民政府令第 290 号）第三十六条第二款规定，“各级人民政府应当运用互联网、大数据、人工智能、区块链等信息技术手段，推进数字政府建设，加强政务数据资源有序归集、共享应用。实行政务数据资源统一目录管理，向江淮大数据中心汇聚数据，做到共享为常态、不共享为例外，提供数据共享服务”。第五十三条规定，“县级以上人民政府及其有关部门应当充分运用互联网、大数据、人工智能、区块链等技术手段，加快建设地方和部门在线监管系统，实现各级各部门在线监管系统与国家在线监管系统对接联通运行”。

3. 区块链与现代物流

2019 年 12 月 18 日发布的《鄂州市现代物流业发展促进条例》（鄂州市人民代表大会常务委员会公告〔8 届〕第 5 号）第十六条规定，“市经济和信息化部门应当加快推进新一代信息基础设施建设，会同市物流发展服务机构、行政审批部门推进人工智能、5G、物联网、大数据、云计算和区块链等先进技术在物流行业的集成应用”。

4. 区块链与大数据

2018 年 8 月 2 日发布的《贵阳市大数据安全管理条例》（市人大字〔2018〕7 号）第二十二条第三款规定，“鼓励安全责任单位运用区块链等新技术手段，优化数据聚通用架构，强化信任认证和防篡改设计，提升大数据安全防护水平”。

2018 年 12 月 14 日发布的《天津市促进大数据发展应用条例》（天津市人大常委会公告第 18 号）第三十二条规定，“市和区人民政府及其有关部门应当推动大数据在服务业广泛应用，支持壮大云计算、移动互联网、物联网、区块链等新一代信息技术产业，积极发展电子商务、数据服务等新兴业态，加快发展科技服务、创意设计等现代服务业”。

2019 年 9 月 27 日发布的《海南省大数据开发应用条例》（海南省人民

代表大会常务委员会公告第37号）第三十八条规定，“推动大数据与云计算、移动互联网、物联网、卫星导航、人工智能、区块链等信息技术的融合，培育大数据服务新技术、新业态，促进数字经济创新发展”。

5. 区块链与大气污染防治

2017年7月10日发布的《贵阳市大气污染防治办法》第十二条第二款规定，“县级以上人民政府和管委会应当运用大数据、区块链等先进理念和技术，建立和完善大气污染防治技术体系、服务方式和监管模式，改进和提升大气污染防治技术水平、服务质量和管理能力”。

除此之外，各地方还发布了涉及区块链的地方规范性文件253个，地方司法文件7个，地方工作文件344个。

二、区块链司法实践综述

（一）人民法院区块链制度建设

1. 《最高人民法院关于互联网法院审理案件若干问题的规定》

2018年《最高人民法院关于互联网法院审理案件若干问题的规定》[①]施行之前，对电子数据真实性的审查判断主要依靠公证程序，且基本为形式审查，程序复杂烦琐，证明力不强。互联网法院案件在线审理和大量证据在线的特征，客观上要求打破通过公证程序认定真实性的单一途径，而是通过技术手段和相关配套机制对电子数据真实性作实质性认定。基于以上考虑，《最高人民法院关于互联网法院审理案件若干问题的规定》第十一条明确了电子证据真实性的认定规则，尤其在认定方式上，鼓励和引导当事人通过电子签名、可信时间戳、哈希值校验、区块链等技术手段进行，并通过取证存证平台等对证据进行固定、留存、收集和提取，弥补仅

① 《最高人民法院关于互联网法院审理案件若干问题的规定》，法释〔2018〕16号，2018年9月3日最高人民法院审判委员会第1747次会议通过，自2018年9月7日起施行，载中国法院网，https：//www. chinacourt. org/law/detail/2018/09/id/149799. shtml。

依靠公证程序认定电子证据的不足，提升电子数据的证据效力。[①]

2.《最高人民法院关于人民法院解决“执行难”工作情况的报告》

2018 年 10 月 24 日在第十三届全国人民代表大会常务委员会第六次会议上，最高人民法院院长周强作了《最高人民法院关于人民法院解决“执行难”工作情况的报告》[②]。在“坚持创新思维，加快推进执行信息化建设”以解决“执行难”方面，该报告特别强调要“加强大数据、云计算、人工智能、区块链等在执行工作中的运用，优化升级各类执行信息化系统平台，让现代信息技术更好服务保障执行工作”。

3.《最高人民法院关于进一步深化司法公开的意见》

2018 年 11 月 20 日发布的《最高人民法院关于进一步深化司法公开的意见》第二十二条明确要求：全力推动智慧法院由初步形成向全面建设迈进，逐步实现全业务网上办理、全流程依法公开、全方位智能服务；探索大数据、云计算、人工智能、区块链等现代信息技术在司法公开中的深度应用，推动实现司法信息自动生成、智能分析、全程留痕、永久可追溯等功能，进一步提高司法公开自动化、信息化、智能化水平；深入开展司法大数据挖掘研究和拓展应用，推进全国法院全面实现电子卷宗随案同步生成和深度应用工作，加强中国司法大数据研究院建设，深化司法大数据研究成果转化利用；大力加强网络安全建设，切实维护人民法院信息数据安全。[③]

---

① 胡仕浩、何帆、李承运：《〈最高人民法院关于互联网法院审理案件若干问题的规定〉的理解与适用》，载中国法院网 2018 年 9 月 8 日，https：//www. chinacourt. org/article/detail/2018/09/id/3489797. shtml。

② 周强：《最高人民法院关于人民法院解决“执行难”工作情况的报告》——2018 年 10 月 24 日在第十三届全国人民代表大会常务委员会第六次会议上，载中国人大网 2018 年 10 月 24 日，http：//www. npc. gov. cn/npc/c12345/201810/18a4f8bbad0f4880b2704094qelfb66d. shtml。

③ 《最高人民法院关于进一步深化司法公开的意见》，法发〔2018〕20 号，2018 年 11 月 20 日发布。

4.《最高人民法院关于深化执行改革健全解决执行难长效机制的意见——人民法院执行工作纲要（2019—2023）》

为巩固“基本解决执行难”成果，建立健全执行工作长效机制，进一步提升执行工作水平，奋力向“切实解决执行难”的目标迈进，最高人民法院制定《关于深化执行改革健全解决执行难长效机制的意见》，作为人民法院执行工作 2019—2023 年工作纲要予以实施。[①] 该工作纲要把“深化以现代信息技术为支撑的执行模式变革”作为主要任务之一，并明确要求完善“1 +2 +N”执行信息化系统，加大执行业务中以区块链技术为代表的新技术的应用和转化，提高执行效率，增强人民群众获得感。

5.《最高人民法院关于人民法院进一步为“一带一路”建设提供司法服务和保障的意见》

为贯彻充分发挥司法职能作用，努力为高质量共建“一带一路”营造更加稳定公平透明可预期的国际化、法治化、便利化营商环境，2019 年 12 月 9 日最高人民法院在《关于人民法院为“一带一路”建设提供司法服务和保障的若干意见》（法发〔2015〕9 号）的基础上发布了《关于人民法院进一步为“一带一路”建设提供司法服务和保障的意见》（法发〔2019〕29 号）。该意见第九条规定：“依法支持信息技术发展，关注第四次工业革命发展趋势，及时完善电子商务、区块链、人工智能、5G 信息网络建设等领域的司法政策，依法鼓励数字化、网络化、智能化带来的新技术、新业态、新模式创新，提升网络互联互通，促进数字丝绸之路建设。”

6.《最高人民法院关于人民法院为中国（上海）自由贸易试验区临港新片区建设提供司法服务和保障的意见》

为落实中央关于设立中国（上海）自由贸易试验区临港新片区（简称新片区）的重大战略部署，充分发挥司法职能作用，推动新片区建设，根

---

① 《最高人民法院关于深化执行改革健全解决执行难长效机制的意见——人民法院执行工作纲要（2019—2023）》，法发〔2019〕16 号，2019 年 6 月 3 日发布。

据国务院《中国（上海）自由贸易试验区临港新片区总体方案》，最高人民法院制定了《关于人民法院为中国（上海）自由贸易试验区临港新片区建设提供司法服务和保障的意见》。[①] 该意见第十一条规定："加强对知识产权及数据的保护力度，保障新片区国际互联网数字跨境安全。加大对专利、版权、企业商业秘密等权利及数据的司法保护力度，主动参与全球数字经济交流合作，促进5G、区块链、云计算、物联网、车联网等新一代信息技术的运用。对新片区建立数据安全管理机制、开展数据跨境流动试点提供司法保障。密切关注新片区建设亚太供应链管理中心，通过司法裁判推动发展跨境数字贸易，支持建立跨境电商海外仓等新业态的兴起。"

7.《北京互联网法院电子证据平台接入与管理规范》

在2018年12月22日下午召开的天平链发布暨建设、管理与应用研讨会上，北京互联网法院院长张雯介绍，司法区块链节点建设共17个，完成24个互联网平台或第三方数据平台和存证平台之间的应用数据对接。三个月来，当事人通过电子诉讼平台提交的材料全部通过天平链进行了存证，截至2018年12月22日存证材料数已达187623条，验证证据文件316个。

研讨会上，北京互联网法院对天平链的建设原则、建设模式以及建设成效的情况、《北京互联网法院电子证据平台接入与管理规范》及相关操作细则等内容进行发布。《北京互联网法院电子证据平台接入与管理规范》是此次天平链发布活动的配套文件。与该规范相配套的还有《北京互联网法院电子证据平台接入与管理规范细则》《北京互联网法院电子证据存证接入申请表》《北京互联网法院电子证据存证接入接口说明》，这些文件从实际操作角度更详细地规定了接入方的资质要求、接入方电子数据系统环境规范要求、证据平台的司法应用要求等，方便接入方按要求、有序接入。[②]

8.《广州互联网法院在线纠纷多元化解平台调解规程（试行）》

为公正、高效地运用调解方式解决纠纷，2019年3月2日，广州互联

---

① 法发〔2019〕31号，2019年12月13日发布。

② 《北京互联网法院天平链发布与司法应用研讨会》，载中国法院网2018年12月22日，https://www.chinacourt.org/chat/chat/2018/12/id/50921.shtml。

网法院发布了《在线纠纷多元化解平台调解规程（试行）》[①] 以及配套的《在线纠纷多元化解平台管理办法（试行）》。同时，广州互联网法院与中国互联网协会等20家单位秉持“国家主导、司法推动、社会参与、多元并举、法治保障”的现代纠纷解决理念，共同签署了《在线纠纷多元化解合作协议书》，并举行在线纠纷多元化解平台签约暨上线仪式。[②] 广州互联网法院充分运用互联网技术及互联网思维，以“社会调解优先，法院诉讼断后”为着眼点，创新“互联网＋社会治理”新模式，建成集“智能咨询”“智能评估”“智能调解”“智能确认”“智能管理”于一体的多元解纷融平台。该平台高度融合了大数据、人工智能、区块链等前沿科技，以“预约调解、远程调解、异步调解、跨境调解、联合调解、邀请调解”＋“自行和解”＋“司法确认”＋“在线诉讼”的“6＋1＋1＋1”纠纷化解模式，实现多元纠纷化解全流程、全业务、全时空；同时，高度融合律师、公证、仲裁、行业协会等法律服务要素，畅通市场、社会、行政和司法各个部门解纷渠道。

9. 《广州互联网法院电子数据存储和使用的规定（试行）》

为规范广州互联网法院可信电子证据平台中电子数据的存储、传输和使用，创新网上诉讼证据规则，提升司法质效，广州互联网法院制定了《电子数据存储和使用的规定（试行）》[③]，其共23条，主要内容包括：

（1）电子数据的概念。电子数据是指以数字化形式在本院证据平台上存储、处理、传输，并能够以文字、数字、图片、音视频、计算机程序等客观呈现和被认知的信息。包括但不限于：①网页、博客、微博、朋友圈、贴吧、网盘等网络平台或其用户发布的依法可获得的信息；②用户注册信息、身份认证信息、电子交易记录、通信记录、系统日志及硬件设备

① 《广州互联网法院在线纠纷多元化解平台调解规程（试行）》，载广州互联网法院官网2019年9月11日，https://www.gzinternetcourt.gov.cn/article-detail-77.html。

② 刘文添：《广州互联网法院打造线上多元解纷平台》，载《人民法院报》，2019年3月7日第1版。

③ 《广州互联网法院电子数据存储和使用的规定（试行）》，载广州互联网法院官网2019年4月2日，https://www.gzinternetcourt.gov.cn/article-detail-316.html。

信息；③手机短信、电子邮件、即时通信、通信群组等网络应用服务的通信信息。

（2）电子数据存储和使用的基本原则。①电子数据的生成、收集、存储、传输应当符合相关法律法规和有关技术标准，遵循真实性、合法性原则。②电子数据生成、收集、存储、传输所依赖的计算机系统等硬件、软件环境应当清洁、安全、可靠。③电子数据生成的主体和时间应当明确，具体表现内容应当清晰、客观、准确。④电子数据提取和固定的主体、工具和方式应当合法合规，安全可靠。⑤电子数据应当能够通过特定形式得到验证。⑥电子数据涉及国家秘密、商业秘密和个人隐私的，在存储、传输和使用时应当遵守相关法律法规的规定。

（3）电子数据存储。①平台接入方。与证据平台通过区块链等技术接口实现互连，按照要求存储、传输、使用电子数据的机构或者组织为平台接入方。包括：依法获得电子数据的机构或者组织；依法为用户提供电子数据存储、传输和使用等服务的机构或者组织；依法提供公证、鉴定等服务的机构或者组织；其他自愿接入证据平台的机构或者组织。②平台接入方的责任。第一，平台接入方在电子数据生成或者接收到电子数据时，应当将电子数据摘要值、附言信息等同步传输至证据平台，并获取相对应的存证编号。第二，平台接入方应当妥善存储电子数据，并承担管理和安全责任。司法鉴定意见或者公证书作为附加材料的，应当优先提供。因技术故障或者不可抗力等导致电子数据迟延传输的，平台接入方应当保证迟延期间电子数据未被篡改。第三，传输至证据平台的电子数据摘要值应当满足以下要求：与原始数据具有唯一对应性，能够有效表现所载内容。第四，平台接入方为用户提供电子数据存储、传输、使用等服务的，应当对用户的真实身份信息进行认证。第五，经本院许可，平台接入方可以将电子数据摘要值进行二次加密处理，并将结果同步传输至证据平台。第六，平台接入方存入的电子数据属于法律法规禁止发布或者传输的信息的，本院有权立即自行或要求平台接入方采取屏蔽、删除等处置措施，共同防止信息扩散，保存有关记录，并向有关主管部门报告。

（4）电子数据调取。①法院依职权调取。广州互联网法院依职权或者应当事人申请，可依法调取证据平台存储的电子数据。②电子数据的验证。证据平台对当事人或者平台接入方提交的原始文件副本进行加密运算后，取得电子数据摘要值，并与先行存储的电子数据摘要值进行自动比对验证。当事人提交的原始文件副本经证据平台比对一致的，推定该副本在保存过程中未被篡改。证据平台根据当事人提交的存证编号向平台接入方调取原始文件副本，经比对一致的，推定该副本在保存过程中未被篡改。

（5）电子数据的质证与认证规则。①经证据平台调取的电子数据应当向当事人出示，并由当事人质证。未经质证的电子数据不能作为认定案件事实的依据。②经证据平台核验未经篡改的电子数据可以作为认定案件事实的依据。③证据平台对电子数据的核验结果不影响本院对相关证据依法审查。

10.《广州互联网法院可信电子证据平台接入与管理的规定（试行）》

为规范电子证据平台建设，广州互联网法院制定了《可信电子证据平台接入与管理的规定（试行）》，内容包括：

（1）基本原则与基本术语。证据平台的建设、管理和使用应遵循安全、公正、中立、开放的原则。同时，还界定了平台接入方、电子数据、电子数据摘要值、电子签名、身份验证、时间戳、数据加密、CA 证书、区块链、JSON、HTTP 协议、HTTPS 协议这些基本术语的概念。

（2）证据平台的总体框架。广州互联网法院的证据平台由统一电子数据管理平台和多个司法区块链基础平台组成。证据平台统一为互联网法院内网的审判业务系统及互联网诉讼平台、第三方存证平台和企业区块链平台提供存证服务，并通过调用司法区块链基础平台接口写入存证电子数据摘要值。

（3）平台各建设方的要求。司法区块链基础平台建设方应当落实安全管理主体责任，配备与服务规模相适应的专业人员和技术能力，建立健全用户注册、信息审核、应急处置、安全防护等管理制度。如出现重大安全事故、投诉或其他情况，互联网法院将暂停其接入服务，启动专项评估。基础平台建设方申请退出时，应当经过本院许可。对于司法区块链基础平台的技术要求，广州互联网法院规定，司法区块链基础平台应当基于某种算法提供链式数据结构，以区块为单位将一段时间内发生的事务进行存储；应当提供某种共识服务，通过算法验证将某种交易数据写入账本；应当提供针对许可链的身份管理和权限控制功能；应当提供加密服务；应当提供智能合约服务；应当提供区块链管理平台和开发工具。

（4）平台接入方的要求。对于平台接入方则要求其计算机系统等硬件、软件应事先通过互联网法院的接入评估，提供主体身份资料、业务说明、联系方式等信息。其提供的数据应满足真实性要求，使用区块链等安全技术进行加固。除此之外还规定了平台接入方的存证服务能力要求、安全管理责任要求、技术能力要求、国家部门的认可要求、年度复评要求、专项评估制度等。平台接入方还应遵守一系列运行环境规范，其信息系统应当遵守统一的安全策略，保证全天稳定运行等。

（5）统一电子数据管理平台也应遵循一系列技术要求，对其安全可控、通用便捷、健壮性与稳定性、容灾与灾备方面都作了规定。

（6）数据接口规范。互联网法院证据平台的设计原则是开放的，即满足相关组织单位电子数据对接要求，对各个行业多种类型的接入提供完善的接口文档。在标准上，证据平台制定了接入规范与标准的通信协议，规范系统与所有子系统、模块间的接口标准。兼容性上，通信协议支持HTTP/HTTPS网络传输协议，同时具备可扩展性。除此之外该规范还对市场主流、数据传输格式、接入前要求、接入的通信模式进行了规定。

11.《广州互联网法院互联网金融借款、小额借款合同在线批量化解程序指引（试行）》

为依法开展互联网金融审判工作，规范互联网金融纠纷化解程序，满足互联网金融纠纷批量化解需求，广州互联网法院制定了《互联网金融借款、小额借款合同在线批量化解程序指引（试行）》[①]。其共计20条，涉及区块链的主要内容如下：

① 《广州互联网法院互联网金融借款、小额借款合同在线批量化解程序指引（试行）》，载广州互联网法院官网2019年8月13日，https：//www. gzinternetcourt. gov. cn/article - detail - 76. html。

第一，广州互联网法院化解互联网金融借款、小额借款合同纠纷，运用大数据、云计算、人工智能、区块链等技术，依托可信电子证据平台、多元化解平台、诉讼平台、类案批量智审系统等技术平台，在存证调证、催告、和解、调解、申请立案、立案审查、送达、证据交换、庭审、宣判等诉讼环节实行全程在线批量办理。

第二，运用电子签名、可信时间戳、哈希值校验、区块链等防篡改技术手段或者通过电子证据平台存证认证，能够证明合同在签订和履行过程中电子数据的真实性和完整性。

12. 《北京互联网法院天平链应用接入技术规范》

2019 年 12 月 2 日，北京互联网法院发布了《天平链应用接入技术规范》①。在北京互联网法院的互联网诉讼模式中，天平链是基于区块链技术的司法联盟链，实现电子证据的可信存证、高效验证，从而降低当事人的维权成本，提升法官采信电子证据的效率。区块链技术只能确保数据上链存储后不可篡改和不可删除，为解决数据上链前合规性的问题，北京互联网法院制定了《天平链应用接入技术规范》和《天平链应用接入管理规范》，旨在加强对司法行业的电子数据及平台建设合规性的管理，切实保障天平链安全、稳定地运行。《天平链应用接入技术规范》规定了接入平台申请接入天平链前需进行的技术测评要求，《天平链应用接入管理规范》则规定了申请接入平台的意向申请、正式申请和受理、组织评审、接入许可与公布等流程管理要求。

《天平链应用接入技术规范》对时间戳、数字证书、区块链、电子数据摘要、电子签名等术语进行了定义，同时规定了接入平台申请接入天平链的技术测评要求，即在系统安全性、电子数据合规性、区块链安全性三个方面的基本技术要求，为接入平台接入天平链提供具体的技术指导，也为测评机构的测评提供依据。在保障系统的安全性方面，需完善入侵防范、恶意代码防范、程序可信执行、数据完整性、数据保密性、访问控

① 《天平链应用接入技术规范》，载北京互联网法院官网，https://www.bjinternetcourt.gov.cn/cac/zw/1575362569095.html。

制、安全策略和管理制度以及相关日志。在电子数据的合规性方面，明确了电子数据的生成主体、生成时间、提取与固定、传输、存储、验证以及版本管理。在区块链技术的安全性上，北京互联网法院指出了稳定性、共识算法、权限控制、节点、可管可控、智能合约安全方面的要求。

13. 《北京互联网法院天平链应用接入管理规范》

2019 年 12 月 2 日，北京互联网法院发布了《天平链应用接入管理规范》①。《天平链应用接入管理规范》主要规定了相关术语的定义和具体接入流程。术语包括天平链、申请接入单位、第三方数据持有者、第三方数据服务提供商、接入平台、天平链秘书处、评审组。申请接入天平链的具体流程包括意向申请、正式申请、天平链秘书处受理申请、技术测评、组建评审组、评审、接入许可与公布。具体接入流程如图 1－1 所示。

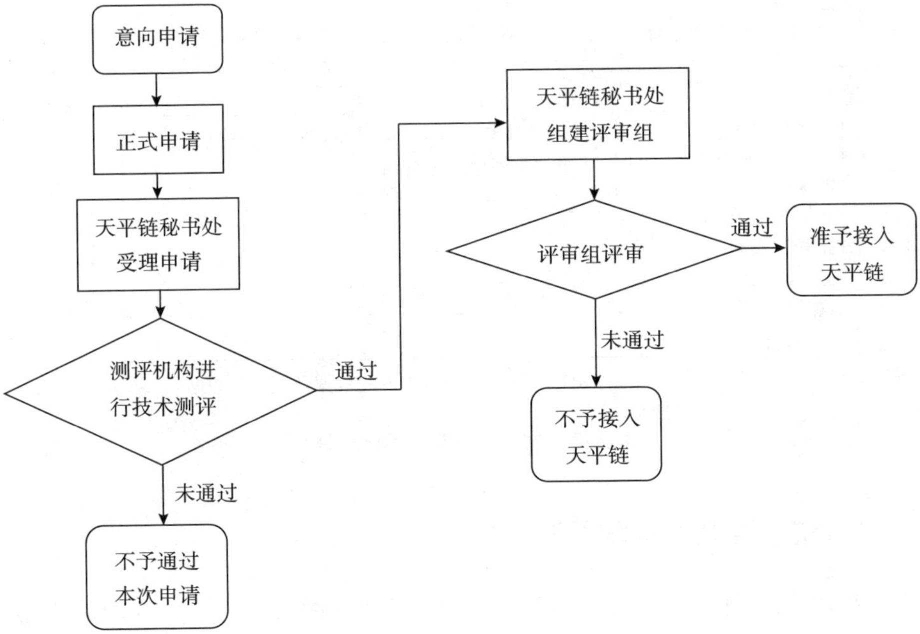

图 1－1　接入流程

① 《天平链应用接入管理规范》，载北京互联网法院官网，https：//www. bjinternetcourt. gov. cn/cac/zw/1575362569095. html。

（二）人民法院区块链建设及应用

1. 最高人民法院建设“人民法院司法区块链统一平台”

我国人民法院系统正在积极探索“区块链＋司法”模式，利用区块链技术防伪造、防篡改的优势，大幅提高电子证据的可信度和真实性。例如，最高人民法院已建设“人民法院司法区块链统一平台”。[①] 截至2019年10月31日，该平台已完成北京、上海、天津、吉林、山东、陕西、河南、浙江、广东、湖北等省（市）的22家法院及国家授时中心、多元纠纷调解平台、公证处、司法鉴定中心的27个节点建设，共完成超过1.94亿条数据上链存证固证，支持链上取证核验。[②] 司法区块链典型应用模式如图1－2所示。

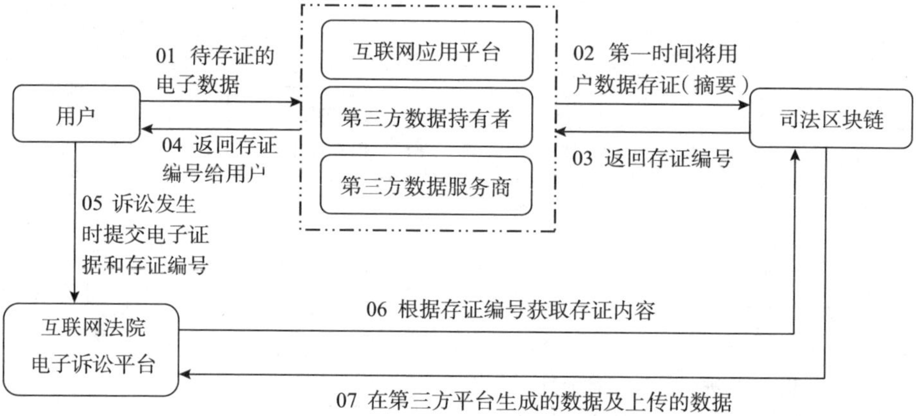

图1－2　司法区块链典型应用模式

2. 杭州互联网法院司法区块链

2018年9月18日，杭州互联网法院召开新闻发布会，宣布杭州互联

① 周强：《新时代中国法院司法体制改革和智慧法院建设》，载中国法院网2019年11月6日，https://www.chinacourt.org/article/detail/2019/11/id/4618892.shtml。

② 徐隽：《数说中国法院的互联网司法》，载中国法院网2019年12月4日，https://www.chinacourt.org/article/detail/2019/12/id/4703999.shtml。

网法院司法区块链正式上线运行，成为全国首家应用区块链技术定分止争的法院。司法区块链使电子数据生成、存储、传播、使用全流程可信。区块链由三层结构组成：第一层是区块链程序，用户可以直接通过程序将操作行为全流程记录于区块链，如在线提交电子合同、维权过程、服务流程明细等电子证据；第二层是区块链全链路能力层，主要提供实名认证、电子签名、时间戳、数据存证及区块链全流程的可信服务；第三层是司法联盟层，使用区块链技术将公证处、CA/RA 机构、司法鉴定中心以及法院连接在一起形成联盟链，每个单位成为链上节点。通过整体的完整结构，能够解决互联网上电子数据全生命周期的生成、存储、传播、使用，特别是生成端的全流程可信问题。①

3. 杭州互联网法院区块链智能合约司法应用

为了推动诉源治理，从源头化解纠纷和实现网络空间信用再造，2019 年 10 月 24 日，杭州互联网法院召开首个区块链智能合约司法应用新闻发布会。截至 2019 年 10 月 22 日，杭州互联网法院司法区块链存证总量突破 19.8 亿条。

此次区块链智能合约技术在司法领域的应用是司法区块链的“2.0 版”。通过打造网络行为“自愿签约—自动履行—履行不能智能立案—智能审判—智能执行”的全流程闭环，设计司法治理机制和纠纷兜底处置机制，助推智能合约的执行效率，高效处理少数违约行为，减少人为因素干预和不可控因素干扰，构建互联网时代下新的契约签署及履行形态，真正实现了网络数据和网络行为的全流程记录，全链路可信，全节点见证，全方位协作。

智能合约，是指以数字形式定义能够自动执行合同条款的合约。在区块链领域，智能合约是指基于预定事件或时间触发、不可篡改、自动执行的计算机程序。智能合约是一段存储在区块链上的代码，由区块链交易触发，并且该代码在区块链数据库中被写入和读取。区块链和智能合约属于互

---

① 《我院举行全国首个司法区块链上线新闻发布会》，载杭州互联网法院官网 2018 年 9 月 9 日，http：//hztl. zjcourt. cn/art/2018/9/19/art_1225222_25457534. html。

补和共生的关系。前者是一种底层技术，后者是该技术的应用。司法区块链智能合约实现了从生成智能合约、完成实名认证并签约、合同原文及智能合约上传至司法区块链、智能合约自动运行、合约无法执行后转入多元调解流程、纳入信用惩奖联合机制、立案、审判、执行的全流程智能化。①

4. 杭州互联网法院“5G＋区块链”互联网执行模式

2019 年 6 月 20 日，杭州互联网法院首创了“5G＋区块链”的涉网执行新模式，这一执行模式离不开互联网法院的 5G 区块链执法记录仪。执法记录仪可以自动生成包含时间、地点、数据格式、校验码等取证要素的取证报告，通过 SDK 的设备身份授予以及用户身份核实等基础安全能力，结合环境感知计算能力，对线下数据进行采集锚定，将锚定的数据指纹和环境指纹实时上链存证固定，并通过可信验真服务联通执行平台对执行现场收集的录像、照片等数据信息的执法记录仪编号、哈希值、存证时间、存证阶段进行验真。执法记录仪可以通过可信时间、可信位置、可信算法、可信硬件、可信身份、可信节点保证真实数据上链。

（1）可信时间。区块链执法记录仪的时间来自国家唯一法定时间溯源角色——国家授时中心。系统按照国家授时中心的标准时间源对数据电文加盖时间戳，保证执行数据产生的时间可信。

（2）可信位置。区块链执法记录仪支持北斗/GPS 双模定位，自动在音视频文件中叠加实时经纬度信息，可采集位置信息、运行轨迹并实时上传到杭州互联网法院在线执行平台，定位精度小于 10 米。

（3）可信算法。区块链执法记录仪采用由我国国家密码局制定的 SM2 算法进行身份鉴别和数据加密通信，密码复杂度高、处理速度快、机器性能消耗较小。

（4）可信硬件。区块链执法记录仪符合公安部的关于执法记录仪的行业标准，编码视频流有防篡改、防非法复制等认证措施。数据文件实行分级管理，执法者和管理者分离，防止非授权人员对存储的数据进行删改或

① 《杭州互联网法院区块链智能合约司法应用今日上线》，载杭州互联网法院官网 2019 年 10 月 24 日，http：//hztl. zjcourt. cn/art/2019/10/24/art_1225222_41402603. html。

复制，确保图像信息和声音信息保持原始场景特征的特性，即对第一现象的原始再现。

（5）可信身份。每一台区块链执法记录仪都有唯一的存证编号，执行干警通过人脸识别、指纹识别解锁执法记录仪，实人认证过程将和执法过程一同上链保存，确保每一个执行活动都可以倒查到人。

（6）可信节点。区块链执法记录仪采集的数据文件直接锚定杭州互联网法院司法链，司法链具有法院、公证处、司法鉴定中心等多个独立权威节点，任何通过节点的数据都由节点签名，以验证其格式，各个节点自动判断每一条数据的真实性，最终将判断为真的数据记入司法区块链的各个节点中。

在首个应用了互联网执行模式的案例中，通过实时在线交流，执行人员仅用 15 分钟就将所有应退还货物仪器清点完毕，并通过 5G 在线音视频展示给被执行人，整个执行过程流畅、高效、透明。5G 技术让处于不同时空的申请人、被执行人都能通过音视频第一时间全方位、立体式了解执行过程，进一步增强执行透明度和保障当事人的知情权。①

5. 杭州互联网法院智能证据分析系统

2019 年 12 月 12 日，杭州互联网法院上线智能证据分析系统，综合运用区块链、人工智能、大数据、云计算等前沿技术，将大量机械、重复的工作全部交给系统完成，法官一键点击就能获得证据分析结果，作为办案参考，节约了大量的时间和精力。

当事人提交证据后，系统对所有证据材料进行分析比对，并根据审判习惯生成证据列表及对应的证明对象，自动排序、自动归类，直观呈现各类证据，方便法官审理。法官打开证据目录时，各类证据一目了然。假如当事人提交的必要证据有所缺失，或者上传的电子证据和填写的证明对象完全不相干或上传错误，系统也会自动提示。

智能证据分析系统可以对原告文章和被告涉嫌侵权文章进行智能比

① 《首创！“5G＋区块链”互联网执行新模式今日正式运行！》，载微信公众号“杭州互联网法院”，2019 年 6 月 20 日。

对，两篇文章的重复字符数、重复段落数、重复百分比等信息，一目了然，系统同时会给出“疑似侵权”与否的判断。

上传原图和疑似侵权图片后，系统自动识别图片作者、拍摄时间、修改时间、地点、相机型号、像素、分辨率等参数，并进行全面比对，综合色彩相似度、构图相似度、元素相似度、主体相似度等多个维度评估作品是否“疑似侵权”。

对于视频和动画类侵权案件，也不需要人工逐帧逐段仔细比对，智能证据分析系统直接识别案件视频帧宽度、帧高度、数据速率、比特率、帧速率、画面色彩构图等参数进行比对，将相同/相似的视频片段以截图的形式单独展现，并标注时间轴，综合评估作品是否“疑似侵权”。

在网络金融案件审理过程中，金融借款计算是困扰法官的一大难题。案件涉及金融产品纷繁复杂，利息计算方式和贷还款方式各不相同，对于实际贷款金额、贷款期限、复利等多个数字计算，即使是原告金融机构也会出现计算错误的情况。智能证据分析系统根据案件交易明细，根据金融产品合同规定，一键智能计算金融案件中的本金、利息、违约金及其他费用金额，核算精准，计算过程有迹可循。同时，系统还会提示是否超过法定允许利息范围，为法官审案提供了强有力的判定依据。①

6. 北京互联网法院建设电子证据平台“天平链”

2018 年 9 月 9 日，北京互联网法院挂牌成立之日，天平链即上线运行。② 北京互联网法院秉持“中立、开放、安全、可控”的原则，联合北京市高级人民法院、司法鉴定中心、公证处等司法机构，以及行业组织、大型央企、大型金融机构、大型互联网平台等 20 家单位作为节点共同组建了天平链。通过利用区块链自身的技术特点以及制定应用接入技术及管理规范，实现了电子证据的可信存证、高效验证，降低了当事人的维权成本，提升了法官采信电子证据的效率。天平链的建设及运行，实现了以社

① 《杭州互联网法院上线智能证据分析系统》，载杭州互联网法院官网 2019 年 12 月 12 日，http：//hztl. zjcourt. cn/art/2019/12/12/art_1225222_41403422. html。

② 任惠颖：《北京互联网法院发布“天平链”应用接入技术及管理规范》，载北京法院网 2019 年 12 月 6 日，http：//bjgy. chinacourt. gov. cn/article/detail/2019/12/id/4751629. shtml。

会化参与、社会化共治的方式，践行“业务链、管理链、生态链”三链合一的“天平链 2.0”新模式，打造了社会影响力高、产业参与度高、安全可信度高的司法联盟区块链。①

2018 年 12 月 22 日，北京互联网法院天平链正式发布。它吸引了技术服务、知识产权、电子合同、金融服务、第三方存证等 24 家应用单位接入。天平链从时间、地点、人物、事前、事中、事后六个维度解决数据“生成”的认证问题，真正实现电子数据的全流程记录、全链路可信，不但大大降低了互联网审判的成本，而且提高了效率，兼顾了公平，有利于进一步完善社会诚信体系建设。自北京互联网法院成立以来，天平链一直处于稳定运行状态。天平链在司法中主要有两个作用：一是对当事人上传到电子诉讼平台的诉讼文件和证据进行存证，防止篡改，保障诉讼安全；二是对进行过天平链存证的诉讼证据进行验证，解决当事人取证难、认证难问题。②

北京互联网法院大力推进区块链技术和司法创新的深度融合，逐步探索“一链、两用、三规、四管”的北京互联网法院“天平链模式”。

“一链”，即一条“天平链”。北京互联网法院以解决问题为价值导向，引领区块链技术在司法中的突破性应用，构建并推动天平链电子证据平台上线，在司法场景下实现了全流程记录、全链路可信、全节点见证。

“两用”，为两大场景应用。一是指“存证、取证、验证的场景应用”。目前，天平链已完成跨链接入区块链节点 19 个，完成版权、著作权、互联网金融等 9 类 25 个应用节点数据对接。一方面，存储在链上第三方区块链存证平台上的证据可在诉讼中予以验证；另一方面，北京互联网法院申请立案的超过 10 万件案件的材料全部上链，上链电子数据超过 1000 万条。二是指“智能合约一键执行立案的场景应用”。2019 年 10 月 23 日，北京互联网法院率先将区块链智能合约技术应用于调解书的执行，实现全国首例区块链智能合约技术“一键立案”。

---

① 《天平链介绍》，载北京互联网法院，https：//tpl. bjinternetcourt. gov. cn/tpl/。

② 《北京互联网法院天平链发布与司法应用研讨会》，载中国法院网 2018 年 12 月 22 日，https：//www. chinacourt. org/chat/chat/2018/12/id/50921. shtml。

“三规”，是三个规范。为了加强对司法行业电子数据及平台建设合规性管理，北京互联网法院坚持标准先行，于2018年12月22日发布了《电子证据平台接入与管理规范》，于2019年12月2日正式发布《天平链应用接入技术规范》与《天平链应用接入管理规范》，从应用接入的技术标准和管理标准方面为全国区块链司法应用的推广提供可借鉴的北京经验。

“四管”，代表四级管理。天平链的节点管理模式采用强中心、多点维护的原则，分为许可节点、一级节点、二级节点、应用单位四个层级。北京互联网法院是许可节点。司法机构和行业组织是一级节点，包括公证处、司法鉴定中心、北京市高级人民法院、央企电商联盟，参与天平链共识、数据校验与记录。而国家电网、百度、新浪、阿里巴巴、京东及其他大公司作为二级节点，不参与天平链共识，仅进行数据校验与记录。其他接入的公司作为应用单位只对接存证服务，不具备天平链的治理权。①

7. 北京互联网法院采用区块链智能合约技术实现执行“一键立案”

2019年10月，北京互联网法院在办理一起网络侵权纠纷案件时，采用区块链智能合约技术实现执行“一键立案”。此案中，原、被告经法院主持调解，达成调解协议。调解协议内容为：被告于2019年10月16日之前支付原告赔偿金33000元。法院在谈话中告知原、被告双方，如果被告在履行期内未履行义务，将通过区块链智能合约技术实行自动执行。调解书生效后，该案的当事人端、法官端均出现“智能合约”字样，以区别于普通案件。2019年10月17日，被告仍有赔偿金20000元未履行。原告只需点击“未履行完毕”按钮，该案件就直接进入北京互联网法院立案庭执行立案中。通过立案庭审核后，立案成功，进入执行系统。

传统执行立案步骤包括：确认是否按期履行，核对申请执行期限，申请执行，填写、上传当事人信息、执行申请书、执行依据等信息材料。而在区块链智能合约嵌入调解书案件中，作为当事人需要进行的操作只有一

① 任惠颖：《北京互联网法院发布“天平链”应用接入技术及管理规范》，载北京法院网2019年12月6日，http：//bjgy. chinacourt. gov. cn/article/detail/2019/12/id/4751629. shtml。

步：点击“未履行完毕”按钮。当事人仅需要确认案件未履行情况，即可跳过后续繁复程序直接完成执行立案，而上述立案信息均通过区块链智能合约技术自动抓取。从构建到执行，只需三步即可完成。第一步，多方用户共同参与制定一份智能合约（本案中即为调解书），合约中包含了双方的权利和义务、触发的条件以及触发后执行的动作，使用编程语言编程实现，开源公示给各方；第二步，部署智能合约，即根据合约内容，指定某几个或全部节点部署智能合约，上传合约代码到指定节点；第三步，达到条件触发合约执行，条件可以是规定的时间，也可以是外部输入的交易和数据、部署合约的节点、共同执行合约内容完成之前指定的动作，利用共识算法把运行状态保存到区块链。

在上述案件中，通过调解书中约定的履行条件，部署线上合约节点，并通过当事人确认履行情形，触发不同的执行动作。如果双方确认履行完毕，即触发生成履行情况报告，履行结果上传至天平链存证；如果双方确认未履行完毕，则触发生成未履行报告，自动生成执行申请书，自动抓取当事人信息，自动抓取执行依据，自动执行立案，自动生成执行通知书、报告财产令。该案首次通过区块链智能合约技术实现自动执行，不仅标志着司法区块链智能合约应用的切实落地，而且意味着链上数据与链下司法信息系统的深度融合利用，有利于打破信息“孤岛”，进一步释放司法红利，巩固并深化“基本解决执行难”成果。①

8. 广州互联网法院“网通法链”智慧信用生态系统

广州互联网法院“网通法链”智慧信用生态系统在2019年3月30日正式上线，并在全国率先推出首个司法信用概念和首个互联网司法信用报告制度。②

第一，立足司法区块链技术，突破现有节点管理模式，精准构建开

① 熊志钢、汪倩、颜君：《北京互联网法院采用区块链智能合约技术实现执行“一键立案”》，载北京法院网2019年10月30日，http：//bjgy. chinacourt. gov. cn/article/detail/2019/11/id/4603900. shtml。

② 凌斌：《2019年十大个人信息数据保护事例盘点》，载中国法院网2020年1月22日，https：//www. chinacourt. org/article/detail/2020/01/id/4782856. shtml。

放、中立的数据存储基地。依托智慧司法政务云，联合“法院＋检察院＋仲裁＋公证”多主体共同背书，创新提出多链聚合思路，鼓励运营商、金融机构、企业等接入方跨领域开发自有链，实现多方监管、共同治理。统一存证接口，严格管理和监控底层多条区块链运行情况，固化电子数据摘要值及生成时间，通过二次加密形式确保多方可查、安全可控、中立可信。

第二，立足可信电子证据平台，突破传统电子数据调取方式，精准构建公正高效的互联网审判证据规则。开发跨越纯技术领域的电子数据真实性认证方式，以技术印证补强电子数据的证据效力，有效促进区块链技术与司法场景的融合。创新“一键调证”新方式，以电子数据的规范存储、安全调取、便捷认证，满足互联网纠纷在线审理需求，使“足不出户的诉讼”更简单、更可靠，让所有当事人都成为改革受益者。

第三，立足司法信用共治平台，突破社会信用认证瓶颈，精准构建共治共享的互联网信用生态坐标。聚合合作机构司法信用数据，努力建成多源分析、多维评估、多重预警的智能信用信息评价机制，有效减少因信息不对称、机制不透明引发的侵权、违法行为，从小从早化解纠纷，从源头上减少审判执行增量，重构传统信用生态圈，着力打造诉源治理的“广州方案”。

广州互联网法院与“网通法链”系统中的各个单位、各所机构、各家企业协同合作，以区块链技术作为网络世界运行规则的全新探索，以可信电子证据平台、司法信用共治平台作为社会协同治理的有力推手，用诚信叩开互联网之门，助力构筑去中心化的信任社会，打造更加清朗、更加安全、更加公正、更加有序的网络信用生态系统。①

自2019年3月30日上线至9月27日，“网通法链”智慧信用生态系统存证总量已达20167106条，其中电子合同类存证7952027条、电商订单类存证7483119条、著作权数据存证4731960条。区块总高度13607933个，区块生成时间2秒，TPS处理能力超过1000笔/秒，节点平均交易时延仅有2秒，关联审理案件数量345件。②

---

① 索有为、刘文添、黄琳：《广州互联网法院智慧信用生态系统正式上线》，载搜狐网2019年3月30日，https：//www. sohu. com/a/304879336_487448。

② 《广州互联网法院成立一周年智能平台数据》，载广州互联网法院官网2019年9月29日，https：//www. gzinternetcourt. gov. cn/article－detail－602. html。

9. 长三角司法区块链

2019 年 5 月 22 日，杭州互联网法院、上海市第一中级人民法院、苏州市中级人民法院、合肥市中级人民法院、蚂蚁区块链科技（上海）有限公司签署了《长三角司法区块链合作意向书》，宣布以杭州互联网法院司法区块链平台为依托构建长三角司法链，打造“全流程记录、全链路可信、全节点见证”的司法级别信任机制。

长三角司法区块链在全国首次实现了审判执行全程上链，起诉、调解、立案、送达、举证质证、庭审、判决、执行、档案管理等影响审判质量效率、影响司法公信力的关键环节全都被盖上区块链的“戳印”。这些“戳印”包含了可信时间、可信身份、可信流程、可行环境等关键信息，并向区块链的全体节点实时进行广播，全程留痕、安全可控、不可篡改，在方便群众诉讼、服务法官办案、提升审判质效、促进司法公开等方面具有重要作用。①

10. 大连市中级人民法院“大连法院集中送达”小程序

2019 年 12 月，“大连法院集中送达”小程序正式上线使用。小程序依托于“大连中院移动微法院”，为大连市中级人民法院及其下属的区县人民法院、所有的送达人员服务。这意味着大连市中级人民法院率先在全国将区块链技术应用于法院送达业务。

早在 2018 年，大连市中级人民法院就已建成全市集中送达中心，实现送达事务集约化办理。上线集中送达“云”平台，将全市法院送达工作纳入同一平台集中管理和运行，并委托第三方实施，实行全市法院集中统一送达。新的送达机制改变了以往以案件管辖法院为主的模式，变为以当事人属地为主。

法官或助理，通过“云”平台生成待送达文书，在确定送达方式和送达地址后，通过网络发送到第三方设立的全市送达中心（站）平台，由送

---

① 《“链”接法院，“E”路领航！长三角司法链推动司法区域一体化发展》，载微信公众号“杭州互联网法院”，2019 年 5 月 22 日。

达中心的调度人员根据当事人送达地址集中分流到遍布在全市 14 个县（市、区）的分流站，再由分流站根据不同情况通知当事人到其住所最近的法院自取或由当地送达站的外勤直接送达。送达完成后，送达中心（站）通过网络将相关情况记录第一时间发送给办案法官，在送达纸质材料没有返回之前，法官已经可以通过网络得知送达的结果。

建立送达人员和法官直接连线机制，对送达中遇到的各种相关问题，送达人员可以直接与主审法官进行联系，按照法官的要求，采取适当的方式完成送达。①

11. 长春市宽城区人民法院运用区块链技术实现一键自动转执行立案

2019 年 12 月 26 日，长春市宽城区人民法院执行法官运用区块链技术，对调解书及关键调解信息进行存证，对超过调解约定期限且未执行完毕的案件，实现一键自动转执行立案，快速执结一起继承纠纷案件，大大方便了群众诉讼，降低了当事人的诉讼成本。该起案件也是全省法院区块链技术在审执衔接过程中的首次实践。

（三）人民检察院区块链建设及应用

1. 武汉市检察机关在办理公益诉讼案件中运用区块链和遥感技术取证

智慧检务创新研究院联合实验室由最高人民检察院批复同意成立，全国仅 12 个，其中武汉的是唯一进行检察区块链专项研究的实验室。该实验室以探索区块链技术在检察机关的应用为研究方向，如区块链技术在存证、信息系统身份管理等方面的应用。截至 2018 年 4 月，武汉市检察机关已在公益诉讼办案中运用区块链和遥感技术 4 次，接受广东省广州市、湖南省湘西土家族苗族自治州等外省市（州）检察机关委托提供卫星遥感图

---

① 《全国首创！大连两级法院送达工作集约成网　覆盖全域》，载辽宁省高级人民法院官网 2019 年 12 月 27 日，http：//lnfy. chinacourt. gov. cn/article/detail/2019/12/id/4748589. shtml。

片10次，在解决公益诉讼摸排难、调查难、取证难的实务问题上，作出了有效探索。[①]

例如2018年4月，武汉市经济技术开发区人民检察院在办理一起公益诉讼案件时，辖区某耕地地块被违法占用，需要固定其面积及使用、变化情况，办案人员迅速联系武汉市人民检察院检察技术信息处，申请使用区块链和卫星遥感技术。技术人员协助调取了2014年1月至2018年4月，涉案地块在13个不同时间节点上的26张卫星遥感影像图。这些图像直观显示了一块绿油油的农田，一步步被硬化变白并搭建违法建筑的全过程，以及一个月前武汉市经济技术开发区人民检察院发出检察建议后，该地块上硬化变白面积仍旧持续变大的动态情况。

借助区块链和卫星遥感技术，办案人员锁定该地块的原始状况，确定土地性质；通过调取不同时间点的卫星遥感影像图，直观显示该地块土地附着物的变化，动态呈现土地受损过程，尤其是确定在诉前程序后非法占地依旧持续，这为提起公益诉讼提供了强有力的证据。区块链和卫星遥感技术的结合，可以在遥感影像数据产生时即对数据真实性进行认证，并为举证数据的真实性提供保障，从而帮助解决公益诉讼取证过程中的一些难题。

2. 杭州市西湖区人民检察院使用“检察区块链取证设备”取证

2019年2月，在杭州市一个建筑工地扬尘治理专项监督活动中，杭州市西湖区人民检察院民事行政检察部的检察官用上了“检察区块链取证设备”。该取证设备外形为一只普通的执法记录仪，可以根据办案人员需求自动生成包含时间、地点、数据格式、校验码等取证要素的取证报告，其内所有电子数据都可以被直接上传并存储到支付宝专门为检察院等司法机关所定制的“法证链”上。数据一旦上链，在区块链加密算法和共识机制的作用下，任何一个节点都无法单独修改数据，确保了证据的真实可

① 汪光吉、陈默：《公益诉讼引入“黑科技”——武汉：探索应用区块链和卫星遥感技术，破解取证难题提升办案效率》，载湖北省人民检察院官网2018年6月1日，http：//www. hbjc. gov. cn/xxkj/201806/t20180601_1293945. shtml。

信。该取证设备在实际应用场景中能为取证数据的完整性、真实性进行有效认证，实现电子证据采集的规范可信和存储的防篡改。这些技术不仅在行政执法监督方面有巨大的应用价值，而且在刑事、民事、公益诉讼各司法领域具有广阔的应用前景。

“在执法现场，公安、城管、工商等执法人员必开摄像机和手机，用这些设备能记录执法过程，但在司法证据认定上仍可能存在隐患和瑕疵，因为其解决不了影像资料真实可信，无剪辑、无篡改的问题。那谁能做独立可信的见证人？检察区块链取证设备外表看起来和普通的执法记录仪没有什么区别，但它就是那个透明可信的见证人。”电子证据所有的改动，哪怕是图片被旋转，都会被一一记录在链。该设备不仅保证取证结果的客观真实，而且促使办案人员取证更加规范合法、公正透明。①

（四）公安机关区块链制度建设

2018 年 8 月 24 日，中国银保监会、中央网信办、公安部、人民银行、市场监管总局联合发布《关于防范以“虚拟货币”“区块链”名义进行非法集资的风险提示》，具体内容后文将进行详细介绍。

（五）区块链典型司法案例

1. 杭州华泰一媒文化传媒有限公司（简称华泰一媒公司）与深圳市道同科技发展有限公司（简称道同公司）侵害作品信息网络传播权纠纷案②

【事实认定】

根据本案有效证据及当事人在庭审中的陈述，本院认定事实如下：

《妈妈带 4 岁儿子进游泳馆女更衣室被管理员阿姨骂得眼泪都掉下来》

---

① 肖菁、张永睿：《边拍边“公证”！西湖区检察院首次运用区块链取证设备》，载钱江晚报官方账号，2019 年 2 月 13 日。

② 《杭州互联网法院民事判决书》（2018）浙 0192 民初 81 号，裁判日期：2018 年 6 月 27 日，审判员：沙丽，书记员：俞伊依。

一文于2017年7月24日发表于《都市快报》08版《热点求真》，署名“记者：郑某、林某波”，全文3010字。内附图片2张，一幅署名“记者：郑某摄”，另一幅载明转自其他报刊。

2014年10月18日，郑某与都市快报社签订《劳动合同书》载明：甲方：都市快报社，乙方：郑某，约定乙方根据甲方工作需要，在采编部门从事采编方面工作，乙方愿意接受甲方所安排的工作并有责任履行全职工作；合同期限：2014年10月18日起至2017年10月17日止。2016年9月30日，林某波与都市快报社签订《劳动合同书》载明：甲方：都市快报社，乙方：林某波，约定乙方根据甲方工作需要，在采编部门从事采编方面工作，乙方愿意接受甲方所安排的工作并有责任履行全职工作；合同期限类型为无固定期限合同；合同有效期自2016年9月30日起。2017年9月3日，林某波出具“作者声明”，载明：郑某、林某波系都市快报报社记者，2017年7月24日刊登于《都市快报》08版涉案文章是本人在工作期间创作完成的，该作品著作权由都市快报社享有。2018年4月16日，郑某出具“作者声明”，载明：郑某系都市快报报社记者，2017年7月24日刊登于《都市快报》08版涉案文章是本人在工作期间创作完成的，该作品著作权由都市快报社享有。都市快报社出具《作品信息网络传播权授权书》，载明：都市快报社对涉案文章享有著作权，其将涉案作品的信息网络传播权以排他方式授权给华泰一媒公司，华泰一媒公司有权以自己名义独立提起诉讼，或采取其他维权措施，授权期限为2017年7月24日至2018年7月23日。

华泰一媒公司主张道同公司在其运营的第一女性时尚网中发布涉案文章，并将该侵权网页的URL通过API接口传输至保全网，申请对侵权网页进行固定。保全网的经营主体数秦公司收到该请求后，在阿里云的环境下，由后端代码通过调用谷歌开源程序puppeteer插件对目标网页进行截图，并产生操作日志，记录调用时间和处理内容。后端代码再通过调用curl（URL语法在命令行方式下工作的开源程序）插件获取目标网页源码和相关调用信息，并产生操作日志，记录调用时间和处理内容。之后保全网将上述截图、网页源码进行打包并计算其SHA256哈希值，同步上传至FACTOM区块链和比特币区块链中。浙江千麦司法鉴定中心（简称千麦鉴定所）对上述抓取过程运用的技术内容进行了说明并予以确认。

【争议焦点】

本案的争议焦点为：一、华泰一媒公司是否具有原告主体资格；二、道同公司是否构成侵害作品信息网络传播权；三、如侵权成立，华泰一媒公司主张的赔偿金额是否合理。

【裁判观点】

第一，华泰一媒公司是否具有原告主体资格

关于争议焦点一，本院认为，涉案文章系对社会现象进行采访、描述、归纳和评议，内附图片在角度、构图和光线体现了作者的选择与安排，均具有独创性，符合我国著作权法关于作品要件的规定，属于著作权法保护的文字作品和摄影作品。涉案文字作品和摄影作品均发表于《都市快报》，发表时署名的两位记者均声明该作品著作权归都市快报社享有，结合都市快报社出具的劳动合同和作者声明，其能形成较完整的证据锁链证明涉案作品的著作权由都市快报社享有。都市快报社将涉案作品信息网络传播权以排他方式授权华泰一媒公司行使，并明确华泰一媒公司可以以自己名义独立就涉嫌侵权行为提起诉讼，因而，华泰一媒公司具有提起本案诉讼的主体资格。

第二，道同公司是否构成侵害作品信息网络传播权

华泰一媒公司通过第三方存证平台保全网对道同公司的侵权网页予以取证，并通过区块链储存电子数据的方式证明电子数据的完整性及未被篡改。故要认定侵权行为确系发生，需就华泰一媒公司该种固证、存证的方式是否符合电子数据的相关规定及该证据证明力的大小进行认定。结合《中华人民共和国电子签名法》第八条规定，审查数据电文作为证据的真实性，应当考虑以下因素：（一）生成、储存或者传递数据电文方法的可靠性；（二）保持内容完整性方法的可靠性；（三）用以鉴别发件人方法的可靠性；（四）其他相关因素的规定。据此，本院将从存证平台的资质审查、侵权网页取证的技术手段可信度审查和区块链电子证据保存完整性审查三个方面，对案涉电子证据的效力作如下认定。

（一）关于存证平台的资质审查

经查询，数秦公司股东及经营范围相对独立于华泰一媒公司和都市快

报社，具有中立性，且通过国家网络与信息安全产品质量监督检验中心完整性鉴别检测，其运营的保全网具备作为第三方电子存证平台的资质。

（二）关于侵权网页取证技术手段的可信度审查

打开电脑命令窗口，输入命令“ping www. baoquan. com”，返回的 IP 是 112. 74. 234. 54，经查询，该 IP 的物理位置是阿里云 B × × 数据中心，故可知保全网系部署在阿里云中，阿里云作为通用的云平台，能够确保服务器在一般情况下未受病毒和木马感染入侵；且保全网已获得公安部第三研究所与国家网络与信息系统安全产品质量监督检验中心授予的网站安全一级认证证书、信息系统安全等级保护第三级的备案证明。故此，除有相反证据否定之外，应认定该网站具备进行电子数据存储的安全环境。保全网通过自动调用谷歌开源程序 puppeteer 对目标网页进行图片抓取，同时通过调用 curl 获取目标网页源码。经查询可知，puppeteer 系谷歌官方出品的通过 DevTools 协议控制 headlessChrome 的 Node 库，可通过其提供的 API 作为爬虫访问页面来收集数据。curl 命令系利用 URL 规则在命令行下工作的文件传输工具，通过模拟 HTTP 请求，获取页面内容、版本等信息。该种固证系统对所有人都平等开放，任何人都可以使用，且其操作过程是按照取证系统事先设定好的程序由机器自动完成的，取证、固证全过程被人为篡改相关链接的可能性较小，故该电子数据来源可信性较高；同时，千麦鉴定所对保全网中使用 puppeteer 和 curl 程序进行网页截图和源码调取的技术性进行了鉴别并确认。因此，在没有相反证据推翻的情形下，本院认定保全网通过使用公开版谷歌开源抓取程序对目标网页进行域名解析以生成、储存数据电文的方式，具有可靠性。本案中，通过 puppeteer 抓取的网页截图显示“第一女性时尚网”于 2017 年发布的被诉侵权文章与涉案文章基本一致，通过 curl 获取的目标网页源码网址为“www. ladyfirst. com”。经查询，“www. ladyfirst. com”网站名称为“第一女性时尚网”，备案主体是道同公司。

（三）关于区块链电子证据保存完整性的审查

保全网将网页截图、源代码和调用信息打包压缩计算出 SHA256 值后上传至 FACTOM 区块链、比特币区块链中以保证电子数据未被修改。要审查该种保持内容完整性方法的可靠性，应当首先对区块链技术予以分析判断。

区块链作为一种去中心化的数据库，是一串使用密码学方法相关联产生的数据块，每一个数据块中包含了一次网络交易的信息，用于验证其信息的有效性（防伪）和生成下一个区块。具体来说，区块链网络是由多个机构或公司服务器作为节点所构成的网络，该网络上某节点会对一个时间段内所产生的数据打包形成第一个块，然后将该块同步到整个区块链网络。网络上的其他节点对接收到的块进行验证，验证通过后加到本地服务器。之后，某节点会将新产生的数据及本地服务器内已有块的信息放在一起打包形成第二个块，其他节点接收该块并验证通过后，将第二个块加到本地服务器，第一个块与第二个块相连，之后的网络内部的数据均经上述相同方式打包成块，块与块首尾相连形成链，该链即为区块链。若需要修改块内数据，则需要修改此区块之后所有区块的内容，并将区块链网络所有机构和公司备份的数据进行修改。因此，区块链有难以篡改、删除的特点，在确认诉争电子数据已保存至区块链后，其作为一种保持内容完整性的方法具有可靠性。本案中，为确认电子数据确已上传至区块链，本院将从电子数据是否真实上传和上传的电子数据是否系诉争的电子数据两方面进行审查。

1. 审查电子数据是否真实上传

判断案涉电子数据是否真实上传，可根据华泰一媒公司提供的交易哈希值，在 FACTOM 区块链中进行搜索，以查看该条交易哈希存放的内容以及生成的时间。根据华泰一媒公司提交的区块高度，在该区块高度中可查询到前述交易哈希中存放的内容存入该区块高度中以及该条内容上传的时间，且上传的时间与使用 puppeteer 和 curl 自动获取网页截图和源码的调用日志中显示的时间具有合理性，区块高度生成时间符合调用日志生成时间和 FACTOM 打包规则二者间的时间逻辑。根据该区块高度锚定到比特币区块链的交易哈希值，在比特币区块链中查询到该区块节点中包含的内容和 FACTOM 中存放的内容哈希值一致，故本院确认保全网已将电子数据上传至 FACTOM 区块链和比特币区块链中。

2. 审查是否为诉争的电子数据

将在保全网中下载的网页截图、源代码和调用信息打包压缩文件进行哈希值计算，经比对，该数值与华泰一媒公司所提交的进行区块链保存的电子数据哈希值一致，故可确认涉案电子数据已经上传至FACTOM区块链和比特币区块链中，且从上链至今保存完整、未被修改。

综上，本院认为，对于采用区块链等技术手段进行存证固定的电子数据，应秉承开放、中立的态度进行个案分析认定。既不能因为区块链等技术本身属于当前新型复杂技术手段而排斥或者提高其认定标准，也不能因该技术具有难以篡改、删除的特点而降低认定标准，而应根据电子数据的相关法律规定综合判断其证据效力；其中应重点审核电子数据来源和内容的完整性、技术手段的安全性、方法的可靠性、形成的合法性，以及与其他证据相互印证的关联度，并由此认定证据效力。本案中，数秦公司作为独立于当事人的民事主体，其运营的保全网是符合法律规定的第三方存证平台，保全网通过可信度较高的谷歌开源程序进行固定侵权作品等电子数据，且该技术手段对目标网页进行抓取而形成的网页截图、源码信息、调用日志能相互印证，可清晰反映数据的来源、生成及传递路径，应当认定由此生成的电子数据具有可靠性。同时，保全网采用符合相关标准的区块链技术对上述电子数据进行了存证固定，确保了电子数据的完整性。故上述电子数据可以作为本案认定侵权的依据，即本院确认道同公司运营的"第一女性时尚网"上发布了涉案作品。

信息网络传播权作为一项法定著作权，是由权利人享有的专有权利，在性质上属绝对权。凡是未经权利人许可，亦无法定或约定除外情形的，实施受该专有权利控制的信息网络传播行为，均构成侵权。本案中，上文已论证道同公司在其运营的网站上向公众提供涉案作品，网络用户可根据个人选定的时间和地点，通过信息网络以下载、浏览等方式获得该作品，道同公司的行为属于对涉案作品的信息网络传播。

第三，华泰一媒公司主张的赔偿金额是否合理

关于赔偿数额，华泰一媒公司没有证据证明其因侵权所受到的损失或者道同公司因侵权所获得的利益，且要求适用法定赔偿，本院综合考虑涉案文字作品和摄影作品的市场影响、知名度、道同公司的侵权情节等相关因素酌情予以确定。

2. 北京大公网科技有限公司（简称大公网科技公司）与深圳市美丽视界文化传播有限公司（简称美丽视界公司）侵害作品信息网络传播权纠纷案①

【事实认定】

一审法院认定事实如下：

中国华侨出版社出版发行名为《中国全景素材图片库》的音像制品，署名“主编：李某晖”，内容介绍中载明“本套图库图片拍摄者为李某晖、田某军、王某典三位摄影师，著作权为李某晖独家享有”。涉案摄影作品包含在该出版物中，均为对室外建筑及自然风光的拍摄。2015 年 8 月 15 日，湖南省版权局颁发登记号为“湘作登字 18－2015－G－1293”的作品登记证书，该登记证书记载《中国全景素材图片库》作者为李某晖、田某军、王某典，著作权人为李某晖。2016 年 9 月 25 日，李某晖与美丽视界公司签署《著作权转让合同书（摄影作品）》，合同约定：李某晖所拍摄的摄影作品（由于作品量大，具体以美丽视界公司收到的带有相机机身号的源文件或 PS 源文件为准），以及由李某晖拥有著作权的摄影作品（他人拍摄，李某晖通过转让方式获得著作权的摄影作品）除署名权以外的其他全部权利以及维权的权利全部转让给美丽视界公司，转让期限为永久。大公网（网站域名：takungpao. com）系大公网科技公司经营。2017 年 8 月 3 日，登录上述网站可以找到涉案作品。美丽视界公司对上述情况进行了时间戳证据保全。大公网科技公司未提交其使用涉案摄影作品获得相关授权的证据。

二审期间，美丽视界公司向本院补充提交了《著作权转让范围说明》，证明李某晖与美丽视界公司于 2016 年 9 月 25 日签订的《著作权转让合同书（摄影作品）》涉及的作品范围为《中国全景素材图片库》及《中国全景素材图片库第二辑》中的全部作品。本院认为，该份证据系对一审阶段美丽视界公司提交的《著作权转让合同书（摄影作品）》的补充，对定案

① 《北京知识产权法院民事判决书》（2018）京 73 民终 1999 号，裁判日期：2018 年 11 月 26 日，审判长：宋鹏，审判员：冯刚、杨洁，书记员：马静。

事实具有重要作用，对此予以采纳。本院对一审法院查明的事实予以确认。

【争议焦点】

本案的争议焦点为：一、一审法院就涉案作品著作权权属的认定是否有误；二、一审法院根据时间戳文件认定大公网科技公司存在侵权行为是否有误。

【裁判观点】

本院认为，关于本案争议的焦点问题：

第一，一审法院就涉案作品著作权权属的认定是否有误

《最高人民法院关于审理著作权民事纠纷案件适用法律若干问题的解释》第七条规定，当事人提供的涉及著作权的底稿、原件、合法出版物、著作权登记证书、认证机构出具的证明、取得权利的合同等，可以作为证据。在作品或者制品上署名的自然人、法人或者其他组织视为著作权、与著作权有关权益的权利人，但有相反证明的除外。

一审法院认为，根据《中国全景素材图片库》音像制品的署名、著作权登记证书、著作权转让合同书等证据，在无相反证据的情况下，可以认定李某晖对涉案摄影作品享有著作权。美丽视界公司受让取得涉案摄影作品除署名权以外的其他著作权，有权提起本案诉讼。

本院认为，结合二审阶段美丽视界公司提交的《著作权转让范围说明》，可以认定李某晖将涉案摄影作品的著作权转让给了美丽视界公司，一审法院认定美丽视界公司受让取得涉案摄影作品除署名权以外的其他著作权之事实无误。

第二，一审法院根据时间戳文件认定大公网科技公司存在侵权行为是否有误

《最高人民法院关于互联网法院审理案件若干问题的规定》第十一条第二款规定，当事人提交的电子数据，通过电子签名、可信时间戳、哈希值校验、区块链等证据收集、固定和防篡改的技术手段或者通过电子取证存证平台认证，能够证明其真实性的，互联网法院应当确认。参照上述规定，对于能够证明可信时间戳真实性的，本院应当予以确认。本案中，美丽视界公司提交的时间戳文件系联合信任时间戳服务中心制作，制作过程

合法有效，大公网科技公司未提交足以质疑该时间戳文件真实性的有效证据，因此，本院对该时间戳文件记载的事实予以确认。大公网科技公司的该项主张本院不予支持，一审法院根据该时间戳文件认定侵权事实无误。

综上，一审判决认定事实清楚，适用法律正确，程序合法，依法予以维持。

3. 冯某然与北京乐酷达网络科技有限公司（简称乐酷达公司）合同纠纷案[①]

【事实认定】

一审法院认定事实：乐酷币行网（www. okcoin. cn）系乐酷达公司备案经营的网站。《OKCoin 币行服务条款》包括如下相关内容："我们提供一个包含数字资产的在线交易平台，用于交易数字资产的现货或者衍生品……为了使用本平台任何服务，您必须首先通过提供您的姓名、电子邮件和密码注册账户，以及确认接受本服务条款。您同意不允许任何人使用、指导您的账户，并向 OKCoin 币行网更新您的任何信息更改，或者您的账户是否被盗用。您有责任保留、保护和保障任何已提供给您的密钥、证书、密码、访问代码、用户 ID 或其他凭据和登录信息，或是由您使用服务生成的上述密码……用户一旦注册成功，成为 OKCoin 币行网的用户，将得到用户名（用户邮箱）和密码，并对以此组用户名和密码登入系统后所发生的所有活动和事件负责，自行承担一切使用该用户名的言语、行为等而直接或间接导致的法律责任……用户有权参加 OKCoin 币行网组织提供的各项线上、线下活动，有权根据 OKCoin 币行网网站规定，享受 OKCoin 币行网提供的其他各类服务……所有发给用户的通告，OKCoin 币行网都将通过正式的页面公告、站内信、电子邮件、客服电话、手机短信或常规的信件送达。任何非经 OKCoin 币行网正规渠道获得的中奖、优惠等活动或信息，OKCoin 币行网不承担法律责任……。"冯某然于 2016 年 11 月 1 日在乐酷币行网注册了个人账户，注册邮箱"fen××××an@163. com"，

---

① 《北京市第一中级人民法院民事判决书》（2018）京 01 民终 9579 号，裁判日期：2018 年 12 月 10 日，审判长：甄洁莹，审判员：刘海云、徐硕，书记员：曹明媛。

绑定手机号“135××××××××”，认证姓名“冯某然”。冯某然于2018年2月11日在公证人员面前登录进入该账号：在资金管理页面显示，币种“BTC”的可用余额为0；在账单明细页面显示，币种“BTC”于2017年1月12日买入19.4310，余额38.7480，于2017年11月27日提现38.7480，余额0。冯某然提供的本案诉讼期间录制的视频资料显示：通过在乐酷币行网登录界面输入其用户名、密码并验证手机后，该账户内的资金管理页面已经没有币种及相应余额的显示，亦没有比特币现金领取按钮。经法庭询问，乐酷达公司承认，如果冯某然在2017年8月1日具有领取诉争的比特币现金的资格，那么其没有领取的比特币现金应当储存在乐酷达公司的账户内。

本院补充认定如下事实：经询问，乐酷达公司运营OKCoin交易平台，该平台是比特币虚拟资产的交易平台，用户通过身份证号码、手机号码在平台上注册，获取用户名并设置交易密码后，可以在平台自行交易、进行比特币买卖；平台没有比特币或者比特币现金的存量，所有的交易都是用户之间直接进行，平台只是提供交易渠道；用户的资产包括现金、比特币等，先行存储在用户在平台上注册的账户中，提现时，平台负责将现金从用户在平台的账户中提取至用户指定的银行账户，或者将比特币、比特币现金提取到用户指定的地址，平台从中收取提现的手续费。

本院对一审查明的其他事实予以确认。

【争议焦点】

本案争议焦点为：乐酷达公司未能及时为冯某然提供比特币现金提取服务，是否应赔偿冯某然因比特币现金市场价值波动而遭受的损失。

【裁判观点】

本院认为，冯某然在乐酷达公司运营的OKCoin平台注册成为平台用户，并通过OKCoin平台进行比特币、比特币现金交易，乐酷达公司为冯某然交易提供交易平台和结算服务，并按照交易提现情况收取相应的手续费，双方之间形成合同关系。《中华人民共和国合同法》第一百一十三条第一款规定：“当事人一方不履行合同义务或者履行合同义务不符合约定，给对方造成损失的，损失赔偿额应当相当于因违约所造成的损失，包括合同履行后可以获得的利益，但不得超过违反合同一方订立合同时预见到或者应当预见到的因违反合同可能造成的损失。”首先，从权利义务内容角度，乐酷达公司是作为第三方机构，为比特币、比特币现金交易的买卖双方提供交易平台，办理提现、结算服务，并据此收取服务费用，乐酷达公司并不参与具体的比特币或比特币现金交易，因比特币、比特币现金价值波动产生的交易差，不属于乐酷达公司提供服务的范畴，不宜成为判断乐酷达公司责任范围的依据。其次，从比特币、比特币现金交易性质角度，其市场价值波动较大，对于交易时间、交易量的判断，没有统一、确定的标准，依赖于交易人个体的知识、经验、偏好，并与市场交易行情密切相关，在此情况下，乐酷达公司未及时提供提现、结算服务，对于比特币、比特币现金最终交易结果的影响，不具有当然性和确定性，不符合合同法关于损失“可预见性”的规定。最后，从损失发生应当具有客观性角度，本案冯某然起诉乐酷达公司，要求提取其在OKCoin平台账户中的比特币现金，在比特币现金尚未交付，更没有完成与实体货币兑换的情况下，所谓的交易差损失并没有现实发生，冯某然截取部分特定时间段的比特币、比特币现金市场价格差主张其损失范围，亦没有现实的依据。综上，一审法院判决驳回冯某然关于要求乐酷达公司赔偿其比特币现金价格损失的诉讼请求，并无不当，本院对冯某然的上诉请求不予采信。综上所述，冯某然的上诉请求不能成立，应予驳回；一审判决认定事实清楚，适用法律正确，应予维持。

4. 陈某、陈某杰与张某友委托合同纠纷案[①]

【事实认定】

一审法院认定事实：2018年2月23日，张某友在微信中接受微信昵称为mc的委托，帮mc投资基于以太坊区块链技术进行开发的创业项目“iotex”。mc在得知张某友有“iotex”投资渠道后，于2018年2月23日下午14时29分通过张某友在微信聊天中提供的转账地址“0xaiec895df93364fde3a8d482d88808O4e661dqp”用“imtoken”（一种拥有虚拟数字

① 《福建省宁德市中级人民法院民事判决书》（2018）闽09民终1819号，裁判日期：2018年12月24日，审判长：余梓安，审判员：易丽容、陈光华，书记员：林圆圆。

货币存储和转账功能的虚拟数字货币钱包 App）将 600 个 ether（以太币）转给张某友“0xa1ec895df933b4de3a8d482d88808040eb61d9f”的“imtoken”账户，并备注“mc + iotex”。张某友于 2018 年 2 月 23 日下午 14 时 32 分通过该“imtoken”账户转 600 个以太币到收款方“0xd6b17 eafeb773 6c4e92c1c1ce52c41bd57450984”的账户，并备注“友歌投 iotex”。经上海市东方公证处公证，微信昵称为 mc 的微信登录账号为手机 180 × × ×85200，该手机号的实名登记人为陈某。陈某出具说明，声明涉案的 600 个以太币为其与陈某杰共同持有。另查明，2017 年 9 月 4 日，中国人民银行、中央网信办、工业和信息化部、工商总局、银监会、证监会、保监会等七部门发布《关于防范代币发行融资风险的公告》，载明：代币发行融资是指融资主体通过代币的违规发售、流通，向投资者筹集比特币、以太币等所谓“虚拟货币”，本质上是一种未经批准非法公开融资的行为，涉嫌非法发售代币票券、非法发行证券以及非法集资、金融诈骗、传销等违法犯罪活动；代币发行融资中使用的代币或“虚拟货币”不由货币当局发行，不具有法偿性和强制性等货币属性，不具有与货币等同的法律地位，不能也不应作为货币在市场上流通使用；任何组织和个人不得非法从事代币发行融资活动，任何所谓的代币融资交易平台不得从事法定货币与代币、“虚拟货币”相互之间的兑换业务，不得买卖或作为中央对手方买卖代币或“虚拟货币”，不得为代币或“虚拟货币”提供定价、信息中介等服务；各金融机构和非银行支付机构不得开展与代币发行融资相关的业务；社会公众应当高度警惕代币发行融资与交易的风险隐患，代币发行融资与交易存在多重风险，包括虚假资产风险、经营失败风险、投资炒作风险等，投资者须自行承担投资风险。

二审中，当事人没有提交新证据。经审理查明，除上诉人对一审认定张某友于 2018 年 2 月 23 日下午 14 时 32 分通过“imtoken”账户转 600 个以太币到他人账户有异议外，双方当事人对一审查明认定的其他事实没有提出异议，本院予以确认。

【争议焦点】

本案的争议焦点为：张某友是否应返还诉争以太币。

【裁判观点】

本院认为，虽然以太币等“虚拟货币”不具有法偿性与强制性等货币属性，但具有商品属性和财产价值。中国人民银行等七部委发布的《关于防范代币发行融资风险的公告》规定任何组织和个人不得非法从事代币发行融资活动以及代币融资交易平台不得买卖以太币等所谓“虚拟货币”，但我国法律、行政法规并未禁止以太币等“虚拟货币”的持有和合法流转。本案中，陈某、陈某杰与张某友对双方之间系委托关系且委托事项为以太币投资“iotex”项目没有争议。根据前述法律规定，以太币投资“iotex”项目不受我国法律保护，陈某、陈某杰在上诉状中对此亦予以认可，故本案委托合同因目的违法导致合同无效。但合同无效不等于无需返还，张某友实际收取了陈某、陈某杰的600个以太币，其又未能举证证明已将陈某、陈某杰所有的600个以太币投入到“iotex”项目，故张某友仍应返还依委托合同取得的以太币。张某友主张已将诉争以太币支付给第三人，即使该主张属实，因陈某、陈某杰与张某友之间系委托合同关系，张某友还需证明其将以太币支付给第三人系应陈某、陈某杰的要求或经陈某、陈某杰同意而为，而张某友提供微信录音通话记录只能体现时长，无法体现双方通话内容，陈某、陈某杰亦予以否认。故张某友对此主张无任何证据可以证明，以太币支付给第三人导致无法返还的责任也应由张某友承担。综上，张某友应返还诉争以太币。

综上所述，因本案委托合同无效，陈某、陈某杰要求解除本案委托合同的诉讼请求，本院不予支持。陈某、陈某杰关于张某友应返还600个以太币，于法有据。陈某、陈某杰的上诉请求部分成立，本院依法予以支持。一审法院认定事实错误，适用法律不当，本院予以纠正。

5. 曹某令与刘某艳委托理财合同纠纷案①

【事实认定】

一审法院认定事实：2013年9月，刘某艳与曹某令在湖南长沙黄花机

① 《湖南省邵阳市中级人民法院民事判决书》（2018）湘05民终2538号，裁判日期：2019年2月13日，审判长：曾昭远，审判员：刘劲松、周丽红，书记员：陈晓芳。

场相识，并互相留下联系方式。2016年的一天，曹某令用微信名为“CiCi”的账号在自己手机上发微信朋友圈，声称自己炒股只赚不赔，刘某艳作为其微信好友闻讯后表示自己要购买，曹某令随即表示自己可以帮她购买并帮刘某艳操作。2016年至2017年期间，刘某艳通过支付宝转账、银行转账、微信转账，陆续向曹某令转账249980元，并将个人身份信息和手机信息均告诉曹某令，曹某令在中券公司以刘某艳的名义建立两个账户，分别投入16500元和165000元，在堡界公司以刘某艳的名义建立一个账户，投入6480元，在中智公司以刘某艳的名义建立一个账户，投入48000元。2017年下半年，曹某令告知刘某艳所有的投资全部亏损，承诺全部损失由其承担，但刘某艳多次向其讨要，曹某令均以各种理由搪塞，刘某艳遂于2018年1月以民间借贷法律关系向湖南永兴县人民法院起诉曹某令，后又撤回起诉。另查明，刘某艳在湖南永兴县人民法院的开庭笔录中承认曹某令退还给她20000—30000元。

二审查明，银保监会、中央网信办、公安部、人民银行、市场监管总局于2018年8月24日在各部委官方网站发布的《关于防范以“虚拟货币”“区块链”名义进行非法集资的风险提示》：一些不法分子打着“金融创新”“区块链”的旗号，通过发行所谓“虚拟货币”“虚拟资产”“数字资产”等方式吸收资金，侵害公众合法权益；此类活动并非真正基于区块链技术，而是炒作区块链概念行非法集资、传销、诈骗之实；通过租用境外服务器搭建网站，实质面向境内居民开展活动，并远程控制实施违法活动；通过公开宣传，以“静态收益”（炒币升值获利）和“动态收益”（发展下线获利）为诱饵，吸引公众投入资金，并利诱投资人发展人员加入，不断扩充资金池，具有非法集资、传销、诈骗等违法行为特征。本院经审理查明的其他事实与原审查明的一致，对原审认定的事实予以确认。

【争议焦点】

本案争议焦点为：一、曹某令与刘某艳之间是否存在委托理财关系；二、一审程序是否违反不告不理原则；三、涉案金额是否全部亏损。

【裁判观点】

本院认为，本案系委托理财合同纠纷。关于争议焦点一，本案中，曹某令以投资人的身份向刘某艳介绍相关理财产品与投资渠道，刘某艳基于对曹某令的信任，多次直接转账共计249980元给曹某令，并由曹某令代为操作一切投资事宜，曹某令虽未与刘某艳签订书面委托理财合同，但通过刘某艳的微信聊天记录、转账记录与曹某令收款、代为投资等行为，双方之间成立委托理财关系。故一审认定曹某令与刘某艳之间成立委托理财关系正确。关于争议焦点二，根据银保监会、中央网信办、公安部、人民银行、市场监管总局于2018年8月24日在各部委官方网站发布的《关于防范以"虚拟货币""区块链"名义进行非法集资的风险提示》，鼓励投资人发展人员加入，并按加入先后形成层级关系、按照积分计算返利金额，具有非法集资、传销组织的特征。曹某令代刘某艳投资的平台符合上述情形，危害了不特定多数人的利益，属于危害公共利益，故曹某令基于此非法平台对外作出承诺"稳赚不赔"并发展刘某艳加入，双方之间为此形成的委托理财合同应属无效，一审据此认定双方之间投资理财合同无效，并未违反"不告不理"的原则。关于争议焦点三，刘某艳在中券资本集团账户上的钱虽未完全亏损，但该账户资金的提取需通过发展下线，即吸引新会员加入并购买完该账户上的积分方可套现牟利，加之该平台因涉嫌违法曾被监管机关责令禁止开放，因此，刘某艳要求提取中券资本集团账户上的资金已然无法实现。对于曹某令上诉称"刘某艳投资的249980元理财产品只是暂时不能交易，未全部亏损"的上诉意见，本院不予支持。

6. 张某辉、余某娇民间借贷纠纷案[①]

【事实认定】

本案中，被上诉人与上诉人、案外人人人行科技股份有限公司共同签订的两份《借款协议》中第八条第二款均约定："因本协议引起的或与本协议有关的任何争议，任何一方均有权向借款人住所地、出借人住所地或债权人受让人（如有）住所地有管辖权的人民法院提起诉讼。"上述三方后续签订的两份《借款展期协议》中亦约定："任何一方均应按照原协议的争议解决条款的约定向有管辖权的人民法院提起诉讼。"现被上诉人作

① 《广东省广州市中级人民法院民事裁定书》(2019) 粤01民辖终575号，裁判日期：2019年3月28日，审判长：余锦霞，审判员：肖逸思，代理审判员：陈少波，书记员：文琳。

为上述两份《借款协议》中的出借人，其住所地位于广州市番禺区市广路，在原审法院辖区内。

【争议焦点】

本案的争议焦点为：被上诉人提交的两份《借款协议》均未经借贷宝公司盖章，其真实性是否可以认定。

【裁判观点】

本院经审查认为，本案为民间借贷纠纷。《中华人民共和国民事诉讼法》第三十四条规定："合同或者其他财产权益纠纷的当事人可以书面协议选择被告住所地、合同履行地、合同签订地、原告住所地、标的物所在地等与争议有实际联系的地点的人民法院管辖，但不得违反本法对级别管辖和专属管辖的规定。"《最高人民法院关于适用的解释》第三十条第二款规定："管辖协议约定两个以上与争议有实际联系的地点的人民法院管辖，原告可以向其中一个人民法院起诉。"本案中，被上诉人与上诉人、案外人人人行科技股份有限公司共同签订的两份《借款协议》中第八条第二款均约定："因本协议引起的或与本协议有关的任何争议，任何一方均有权向借款人住所地、出借人住所地或债权人受让人（如有）住所地有管辖权的人民法院提起诉讼。"上述三方后续签订的两份《借款展期协议》中亦约定："任何一方均应按照原协议的争议解决条款的约定向有管辖权的人民法院提起诉讼。"上述约定管辖条款的内容均未违反法律关于级别管辖和专属管辖的规定，依法有效。现被上诉人作为上述两份《借款协议》中的出借人，其住所地位于广州市番禺区市广路，在原审法院辖区内，故原审法院对本案具有管辖权。被上诉人选择向原审法院提起诉讼，于法有据，本院予以支持。综上，原审裁定正确，本院予以维持。

关于上诉人提出被上诉人提交的两份《借款协议》均未经借贷宝公司盖章确认，故协议中的约定管辖条款真实性存疑的上诉意见，经查，《最高人民法院关于互联网法院审理案件若干问题的规定》第十一条第二款规定："当事人提交的电子数据，通过电子签名、可信时间戳、哈希值校验、区块链等证据收集、固定和防篡改的技术手段或者通过电子取证存证平台认证，能够证明其真实性的，互联网法院应当确认。"本案中，被上诉人与上诉人通过"借贷宝"网络借贷平台订立案涉两份《借款协议》，被上诉人提交的两份纸质版《借款协议》虽无案涉双方的签字，但考虑到通过网络借贷平台订立借款合同的特殊性，且被上诉人提交的两份《借款协议》首页的右上角处均有联合信任时间戳服务中心加盖的“可信时间戳认证”章，参照上述法律规定，可确认案涉两份《借款协议》中的约定管辖条款对案涉双方均具有法律约束力。上诉人的上诉意见理由不能成立，本院不予采纳。

7. 蓝牛仔影像（北京）有限公司（简称蓝牛仔公司）与华创汇才投资管理（北京）有限公司（简称华创汇才公司）著作权权属、侵权纠纷案[①]

【事实认定】

蓝牛仔公司向法庭提交了图片底稿、作品登记证书及附件，用以证明其享有涉案作品的著作权；蓝牛仔公司为证明华创资本（China Growth Capital）的账号主体为被告，以及该公众号内的文章使用了涉案图片，构成侵权，向北京版全家科技发展有限公司申请电子数据存证。北京版全家科技发展有限公司于2018年12月7日出具电子数据取证证书，确认在微信注明公众号华创资本（China Growth Capital）内使用涉案图片的网页地址取证电子数据包，经版全家可信存证进行保管，自授时时间（2018年12月07日14：52：47）起已经存在，且数据完整、未被篡改。后北京版全家科技发展有限公司又于2018年12月26日出具电子数据取证证书，确认注明公众号华创资本（China Growth Capital）的开办主体为华创汇才公司的网页地址取证电子数据包，经版全家可信存证进行保管，自授时时间（2018年12月26日14：12：38）起已经存在，且数据完整、未被篡改。

北京版全家科技发展有限公司为第三方存证平台，于2019年3月1日跨链接入北京互联网法院天平链系统后，任何存证用户在北京版全家科技发展有限公司进行存证的同时，北京互联网法院天平链系统均会对其存证证据的哈希值进行同步存储。本案中，蓝牛仔公司于2019年3月6日再次

---

① 《北京互联网法院民事判决书》(2019) 京0491民初724号，裁判日期：2019年4月8日，审判员：赵源，书记员：韩瑞琼。

通过北京版全家科技发展有限公司存证上述页面，并于3月11日通过北京互联网法院电子诉讼平台向本院提交该证据。在其提交证据时，电子诉讼平台同步生成该证据的哈希值。天平链将该哈希值与版全家存证平台提供的存证时产生的哈希值进行对比，得出区块链存证验证成功的验证结果，并向法官推送。据此可以确定相关网页在存证后未经过篡改。被告亦对天平链的校验结果没有异议。华创汇才公司为证明其使用蓝牛仔公司的图片属于转载，提供了其员工与他人的微信联系记录。被告[①]对此证据的真实性亦不持异议。综上，本院对以上证据的真实性、合法性和关联性均予以认定。

根据以上证据，本院查明事实如下：2014年5月10月，蓝牛仔公司发表一幅名为“快乐的年轻人玩手机和电脑”的图片。内容为四名男女青年，在观看手中的手机、笔记本电脑和平板电脑。2015年12月28日，根据蓝牛仔公司的申请，北京市版权局颁发京作登字－2015－G－00625457号《作品登记证书》，将包括涉案照片在内的摄影作品的著作权人登记为蓝牛仔公司。涉案照片登记名称为bji04140112，登记编号为京作登字－2015－G－00641500。微信公众号华创资本（China Growth Capital）为华创汇才公司开办。2017年4月20日，在被告合作公司的要求下，由被告合作公司提供稿件，华创资本公众号内发表一篇名为《在帮中国人炒美股这件事上，为什么老虎证券走在了前头》的文章。文章中使用了“bji04140112”图片。蓝牛仔公司未提供为制止侵权支出费用的证据。

【争议焦点】

本案的争议焦点为：一、被告是否构成侵害作品信息网络传播权；二、如侵权成立，原告主张的赔偿金额是否合理。

【裁判观点】

本院认为，蓝牛仔公司已就作品权属实提交了作品原图、作品登记证书、登记样稿证书等证据，被告对此并无异议。可以认定蓝牛仔公司是涉案图片的著作权人，其享有的著作权受法律保护。蓝牛仔公司为证明被告存在侵权，就相关网页在与天平链跨链对接的第三方存证平台进行区块链

① 根据上下文，此处应为“原告”。——编者注

存证，天平链的校验结果也证实存证网页相关证据材料自存证时起未经过篡改，且被告对校验结果不持异议。据此本院认定，被告在其注册的微信公众号内发表的文章中使用了蓝牛仔公司享有著作权的图片。

《中华人民共和国著作权法》第三十三条第二款规定，作品刊登后，除著作权人声明不得转载、摘编的外，其他报刊可以转载或者作为文摘、资料刊登，但应当按照规定向著作权人支付报酬。可见《中华人民共和国著作权法》将有权进行转载的主体限定为报刊。在未经蓝牛仔公司许可的情况下，被告在其微信公众号发表的文章中使用了蓝牛仔公司享有著作权的图片，构成对蓝牛仔公司享有的信息网络传播权的侵犯，应承担赔偿责任。

关于赔偿数额，由于蓝牛仔公司未能提交证据证明其经济损失及被告的违法所得，故本院综合考虑涉案图片内容、创作难度、市场价值以及被告使用涉案图片的数量、方式等因素，酌情确定赔偿数额为 2000 元。蓝牛仔公司还主张支出了律师费 3000 元，虽未提交相应证据，但庭审中确有律师出庭，故对本案合理开支律师费金额酌情确定为 500 元。

8. 北京阅图科技有限公司（简称阅图公司）与上海东方网股份有限公司侵害作品信息网络传播权纠纷案①

【事实认定】

本案所涉 20 张图片拍摄时间为 2014 年 6 月 25 日，摄影师为邓某杰。2017 年 9 月 1 日，授权人邓某杰与被授权人阅图公司签署授权书，授权作品为邓某杰自 2010 年 1 月 1 日起至协议终止日创作完成的所有作品（包括但不限于电影作品、摄影作品、美术作品等）。授权使用期限为自该授权书签章之日起二年。授权内容为被授权人在全球范围内的独家信息网络传播权，包括使用权、独占许可权、单独进行法律维权行动以及上述所有权利的转授权性权利。此独家含义是包括授权人在内的任何其他人不得行使上述权利。合作区域为全球范围。

---

① 《北京互联网法院民事判决书》（2019）京 0491 民初 1212 号，裁判日期：2019 年 4 月 24 日，审判长：崔璐，审判员：伊然、贺诚，书记员：张广正、李小婉。

取证录像（20170912www. eastday. com 取证 . avi）显示，2017 年 9 月 12 日，原告通过可信时间戳方式对被告经营的域名为“www. eastday. com”网站上存在的侵犯原告著作权的图片进行证据保全。取证视频主要操作步骤为：①运行 cmd 命令提示符，输入“ipconfig”命令，展示 TCP/IP 内容；②输入“ping www. eastday. com”命令，展示连接被告东方网运营网站的有效性；③点击打开浏览器，点击“工具” －“清除浏览记录”，清除该项下所有记录；④输入网址“mini. eastday. com”，打开“东方头条”，点击“联系我们”，展示信息；⑤取证视频 2:31:01 开始显示涉案部分图片。

取证录像（www. eastday. com4. avi）显示，2017 年 10 月 9 日，原告通过可信时间戳方式对被告经营的域名为“www. eastday. com”网站上存在的侵犯原告著作权的图片进行证据保全。取证视频主要操作步骤为：①运行 cmd 命令提示符，输入“ipconfig”命令，展示 TCP/IP 内容；②输入“ping www. eastday. com”命令，展示连接被告东方网运营网站的有效性；③点击打开浏览器，点击“工具” －“选项”，展示代理服务器设置并点击“清除浏览记录”，清除该项下所有记录；④输入网址“mini. eastday. com”，打开“东方头条”，点击“联系我们”，展示信息；⑤取证视频 1:26:21 开始显示涉案部分图片。

上述两个取证录像中包含了本案涉案作品共 20 张图片。

《操作指引》中就互联网连接真实性检查部分具体操作步骤要求如下：①在 IE 浏览器的 Internet 选项下的“连接”中点击“局域网”设置，以保证没有连接代理。代理设置需要为“关”或空状态。②在命令窗口（开始菜单搜索框中输入“cmd”调出命令窗口）输入“ipconfig/all”命令，显示所有网络适配器（网卡、拨号连接等）的完整 TCP/IP 配置信息。③在命令窗口输入“ping 目标网页域名”（如 ping www. ×××. com），利用“ping”命令可以检查网络是否连通及显示目标网站的 IP 地址。④在命令窗口输入“tracert 目标网页域名”，以确认连接到目标页面网络服务器的路径，保证接入网站的真实性。Tracert（跟踪路由）是路由跟踪实用程序，用于确定 IP 数据包访问目标所采取的路径。⑤登录门户网站的方式核实网络连接正常，最好访问带有目标标识的网页（例如，国家授时中心 www. ntsc. ac. cn 和联合信任时间戳服务中心 www. tsa. cn）。

【争议焦点】

本案的争议焦点为：一、原告是否具有诉讼主体资格；二、被告是否构成侵害作品信息网络传播权；三、如侵权成立，原告主张的赔偿金额是否合理。

【裁判观点】

根据《最高人民法院关于审理著作权民事纠纷案件适用法律若干问题的解释》规定，当事人提交的涉及著作权的底稿、原件、合法出版物、著作权登记证书、认证机构出具的证明、取得权利的合同等，可以作为认定作品著作权的证据。本案中，原告提交了涉案图片原片、原片属性详细信息截屏、授权书和《委托合作协议》补充说明，在被告无相反证据的情况下，本院依法确认原告在授权期限内享有涉案图片的独家信息网络传播权，其有权提起本案诉讼。

原告主张被告在其在线经营的网站（www. eastday. com）上未经许可，通过信息网络，擅自使用、向公众传播原告享有著作权的涉案20张图片，并提交取证录像予以证明。被告对原告的主张和提交的证据均不认可。被告对取证录像中原告针对互联网连接真实性检查的操作流程效力有异议，因该操作流程效力对侵权行为认定有重要影响，故本院指定技术调查官参与本案庭审并出具专业意见。

《最高人民法院关于互联网法院审理案件若干问题的规定》以司法解释形式对哈希值校验、可信时间戳及区块链存证方式进行了法律确认。相较于传统的公证存证方式而言，可信时间戳等电子存证方式具有成本低廉、制作时间短等优势。电子数据证据不同于传统的证据形式，具有真伪的脆弱性、传递的技术性、极强的可复制性等特殊属性，并非只要采用了上述技术手段所采集的电子证据就是真实可靠的，存在在抓取之前已因所处设备或网络环境存有问题而遭受“破坏”的可能性，导致存证下来的证据不具有可信力。这类“破坏”包括非真实的网络环境、定向虚假链接访问、时间来源不明等问题。因此，当事人在用可信时间戳等技术手段采集证据时，应当严格遵守操作流程，确保电子数据的真实性。《操作指引》系联合信任时间戳服务中心（即北京联合信任技术服务有限公司）出具，作为可信时间戳存证方式的操作规范，具有一定的指导作用，且本案原、被告双方均认可该《操作指引》，故本院将参照该《操作指引》判定操作流程效力。

《操作指引》的“互联网连接真实性检查”中包括三个关键步骤：其一，在IE浏览器的Internet选项下的“连接”中点击“局域网”设置，以保证没有连接代理；其二，在命令窗口输入“ipconfig/all”命令，显示所有网络适配器（网卡、拨号连接等）的完整TCP/IP配置信息；其三，在命令窗口输入“tracert 目标网页域名”，以确认连接到目标页面网络服务器的路径，保证接入网站的真实性。以上三个关键步骤的缺失会导致如下问题：首先，没有点击“局域网”设置查看代理情况，存在设置虚拟代理网站的可能；其次，“ipconfig”没有加上“/all”，就不会显示DNS等关键信息，无法排除存在虚拟网站的可能；最后，没有执行“tracert 目标网页域名”，无法查看目标页面网络服务器的真实路径，进而无法确定接入网站的真实性。2017年9月12日的取证录像前置性检查步骤中上述三个关键步骤均缺失；2017年10月9日的取证录像前置性检查步骤缺失了第二个和第三个关键步骤。上述关键步骤的缺失，导致原告提供的可信时间戳证据存在重大缺陷，不足以取信。

综上所述，原告提交的证据无法证明被告实施了侵犯其著作权的行为，故原告基于存在侵权事实要求赔偿损失及合理支出的诉讼请求没有事实依据，本院不予支持。

9. 中国建设银行股份有限公司杭州分行与杭州浩石装饰设计有限公司金融借款合同纠纷案[①]

【事实认定】

经本院审查，原、被告的交易行为均通过在线方式完成，交易过程中，原告提交的开户许可证、网上银行企业服务回执、网上银行企业主管激活确认单、开立单位银行结算账户申请书、信贷业务到期通知书、催收通知书、资金结算产品服务申请书、协议2015、对公综合服务申请书、协

① 《杭州互联网法院民事判决书》（2019）浙0192民初2416号，裁判日期：2019年7月16日，审判员：叶胜男，书记员：张晓烨。

议2017、网上银行综合服务申请书2、对公活期存款交易明细、安全产品确认、个人贷款对账单、客户专用回单、结清试算（2019年3月21日系统截屏）等相关数据文件计算出哈希值，通过API接口实时同步传输至杭州互联网法院电子证据平台进行固化，由本院电子证据平台生成唯一存证编号。对于原告在诉讼环节中录入的电子证据原文件，调取过程中，电子证据平台计算原文哈希值并与固定时的哈希值进行比对，比对一致通过后，对电子证据平台证据池里原文数据进行智能归集，将原文发送到本院作为证据递交，如无相反证据，本院对该组证据的真实性予以认定；对原告提交的其他证据，本院经审查认为均符合证据真实性、合法性、关联性的要求，本院予以认定。

被告杭州浩石装饰设计有限公司对借款事实及金额没有异议，并予认可。

【裁判观点】

本院认为，电子证据平台是人民法院专门设立用于审查判断电子证据生成、收集、存储、传输过程的真实性认定平台。在证据和审判之间建立一个数据连接通道，通过数据生成实时同步固化和加密电子数据的方式，确保证据的安全、真实及完整性。本案中，原、被告借款行为发生时，已采用电子数据生长保真技术、实时同步及加密传输至本院电子证据平台，且已通过哈希值进行比对，显示原文哈希值与固定时的哈希值一致，可以确定本案涉案证据的电子证据未被变动或被篡改。本院认可该电子证据生成、收集、存储、传输过程的真实性，可以依法作为本案认定的依据。

基于对原告提交的电子证据真实性认可的前提下，原、被告之间的借贷关系系双方当事人的真实意思表示，未违反法律规定，合法有效。原告已依约履行发放贷款义务，被告应依约履行到期返还借款并支付利息的义务，逾期还款应当承担违约责任。原告主张借款本金、本金利息以及本金罚息、复利于法有据，本院予以支持。

10. 苏州法信法律咨询服务有限公司与哈尔滨协和医院侵害作品信息网络传播权纠纷案[①]

【事实认定】

本院查明事实如下：2018 年 4 月 13 日，陆某杰的委托代理人孟娜来到北京市方圆公证处，申请保全证据公证。该公证处于 2018 年 4 月 16 日出具了（2018）京方圆内民证字第 04074 号公证书，从公证书所反映的截屏来看，涉案作品《请珍惜那些还在发朋友圈的人》发表于 2017 年 2 月 24 日，作者为“陆 JJ”，相关微信号为“tiyan818”。2018 年 3 月 7 日，陆佳杰出具《版权声明书》一份，声明“陆 JJ”为其笔名，其合法拥有附件表格中所列原创作品的完整著作权，现将该些作品的信息网络传播权及相关权利全部转让给沈阳律诺法律咨询服务有限公司，并承诺同意其有权自主将下述作品信息网络传播权及相关权利转让给任何第三方。受让方有权以自己的名义对转让前后互联网中侵犯该些作品信息网络传播权的行为追究法律责任（包括但不限于投诉、发律师函、提起诉讼、协商赔偿等方式），且有权获得由此产生的赔偿或补偿。在《版权声明书》中，附件表格中包含了涉案文章《请珍惜那些还在发朋友圈的人》。2018 年 7 月 1 日，沈阳律诺法律咨询服务有限公司（甲方）与苏州法信法律咨询服务有限公司（乙方）签署《信息网络传播权转让协议》，协议约定：甲方同意将作品明细中全部作品的信息网络传播权及该权利的相关权利转让给乙方，乙方可依法行使该些作品的信息网络传播权，并对该些作品转让前后的信息网络传播权侵权行为提起投诉、控告、诉讼等，以追究侵权人的法律责任，且有权获得由此产生的赔偿或补偿，该附件作品明细中包含本案案涉文章《请珍惜那些还在发朋友圈的人》。原告提交的证据显示微信公众号“xiehe1028”于 2017 年 3 月 4 日发布了文章《珍惜那些还在发朋友圈的人》，该微信公众号的账号主体为本案被告，该文章与原告享有权利的文章的内容大部分相同。原告在本案中提交了北京文章无忧信息科技有限公

---

① 《江苏省苏州市虎丘区人民法院民事判决书》（2019）苏 0505 民初 1197 号，裁判日期：2019 年 7 月 18 日，审判长：万玉明，人民陪审员：张菊珍、邢雯芝，书记员：吴越。

司出具的《说明》、厦门市美亚柏科信息股份有限公司出具的《情况说明》等证据，并能够进行相应存证云网页存证的演示，用以证实涉案页面电子数据保全的真实性。

【争议焦点】

本案的争议焦点为：一、原告是否具有资格提起诉讼；二、被告是否构成侵害作品信息网络传播权；三、如侵权成立，原告主张的赔偿金额是否合理。

【裁判观点】

本院认为，根据我国《著作权法》第十一条的规定，著作权属于作者，创作作品的公民是作者。如无相反证明，在作品上署名的公民、法人或者其他组织为作者。在本案中，根据原告提交的证据，在无其他确实相反证据的情况下，可以认定陆某杰为涉案文章文字作品的作者。原告经受让取得了涉案作品的信息网络传播权，有权提起本案诉讼。

对于原告利用第三方进行网页存证能否证实被告使用了涉案文章的问题，本院认为，当事人提交的电子数据，通过哈希值校验、区块链等证据收集、固定和防篡改的技术手段或者通过电子取证存证平台认证，能够证明其真实性的，应当予以确认。在本案中，原告提交了北京文章无忧信息科技有限公司出具的《说明》、厦门市美亚柏科信息股份有限公司出具的《情况说明》等证据，并能够进行相应存证云网页存证的演示，其表现形式具有一定的可靠性，在被告未能提出其他相反证据的情况下，对其在本案中的证明效力予以认定。

根据我国《著作权法》的规定，未经著作权人许可，复制、发行、通过信息网络向公众传播其作品的，应当根据情况，承担停止侵害、赔偿损失等民事责任。被告未经著作权人的许可，在其运营的微信公众号中使用了涉案文字作品，且该使用行为并不属于法定许可的情形，被告也未能举证证明其具有合法来源，因此构成对涉案文字作品信息网络传播权的侵犯，应当承担停止侵权、赔偿损失等民事责任。

对于赔偿的具体数额，本院认为，在原告未能充分举证证明其所遭受的实际损失和被告的违法所得的情况下，应综合考虑涉案作品的类型、侵权行为性质、后果等情况。另外，根据我国《著作权法》及相关司法解释的规定，赔偿数额还应当包括权利人为制止侵权行为所支付的合理开支，即权利人或者委托代理人对侵权行为进行调查、取证等的合理费用，人民法院根据当事人的诉讼请求和具体案情，也可以将符合国家有关部门规定的律师费用计算在赔偿范围内。综合以上因素，本院确定被告应赔偿的经济损失及合理支出的总数额为3500元。

11. 平安银行股份有限公司太原分行与董某武、李某红金融借款合同纠纷案①

【事实认定】

一审法院认定事实：2015年8月31日，原告平安银行股份有限公司太原分行与被告李某红签订平银太原分行个信贷字2015第RL20150831000435号个人信用贷款合同，合同约定的主要内容为：贷款金额500000元；贷款期限24个月；贷款利率为固定月利率1.53%；贷款的发放方式为受托支付；还款方式为按月等额还本付息法。2015年8月27日，被告董某武向原告平安银行股份有限公司太原分行出具了共同还款承诺书，载明被告董某武与李某红系夫妻关系，其同意李某红向原告申请办理贷款业务，申请贷款金额为50万元，申请期限为24个月，并愿意用家庭共有财产为该笔借款提供连带责任保证。

二审查明的事实与一审一致，本院予以确认。

【争议焦点】

本案争议焦点为：平安银行股份有限公司太原分行是否已经向李某红履行了支付借款本金的合同义务以及李某红是否还款。

【裁判观点】

本院认为，平安银行股份有限公司太原分行与李某红签订的《个人信用贷款合同》，董某武出具的共同还款承诺书，是各方的真实意思表示，合法有效，本院予以确认。关于个人贷款出账凭证、《个人账户汇总信息清单》《借款人李某红欠款还款情况表》三份证据的认定问题，《最高人民

① 《山西省太原市中级人民法院民事判决书》（2019）晋01民终6360号，裁判日期：2019年11月26日，审判长：米青山，审判员：牛晓斌、关文静，书记员：骆丹。

法院关于互联网法院审理案件若干问题的规定》规定，对于电子数据真实性的认定，应当审查判断电子数据生成、收集、存储、传输过程的真实性，并着重审查以下内容：①电子数据生成、收集、存储、传输所依赖的计算机系统等硬件、软件环境是否安全、可靠；②电子数据的生成主体和时间是否明确，表现内容是否清晰、客观、准确；③电子数据的存储、保管介质是否明确，保管方式和手段是否妥当；④电子数据提取和固定的主体、工具和方式是否可靠，提取过程是否可以重现；⑤电子数据的内容是否存在增加、删除、修改及不完整等情形；⑥电子数据是否可以通过特定的形式得到验证。当事人提交的电子数据通过电子签名、可信时间戳、哈希值校验、区块链等证据收集、固定和防篡改的技术手段或者通过电子取证存证平台认证，能够证明其真实性的，法院应当确认。本案中，平安银行股份有限公司太原分行作为诉讼的一方当事人，提供的个人贷款出账凭证、《个人账户汇总信息清单》《借款人李某红欠款还款情况表》属于电子数据，没有证据能够证明其生成、收集、存储、传输、显示是符合上述法律规定的，且本案还存在起诉时的请求与庭审时的请求不一致的情形，故其真实性、合法性不能认定。平安银行股份有限公司太原分行不能证明出借及是否还款的事实，应当承担不利的后果。一审法院围绕证据的真实性、合法性进行审核认定，并无不当。二审期间平安银行股份有限公司太原分行未补强证据佐证其主张，对其上诉请求，本院不予以支持。

综上所述，平安银行股份有限公司太原分行的上诉请求不能成立，应予驳回；一审判决认定事实清楚，适用法律正确，应予维持。

12. 北京中广音视文化有限公司（简称中广公司）与上海映脉文化传播有限公司（简称映脉公司）侵害作品信息网络传播权纠纷案①

【事实认定】

一审法院经审理查明：

---

① 《北京知识产权法院民事判决书》（2019）京73民终3146号，裁判日期：2019年12月24日，审判长：宋鹏，审判员：李志峰、章瑾，书记员：刘依。

2017 年 3 月 5 日，“东方 IC” 网站中发布编号为 20170305_85276 的摄影作品，署名为“东方 IC 张某舟/东方 IC”，图片说明载明“2017 年 3 月 5 日，上海，2017 中超联赛首轮”；2017 年 5 月 20 日，“东方 IC” 网站中发布编号为 20170520_83279 的摄影作品，署名为“东方 IC 张某舟/东方 IC”，图片说明载明“2017 年 5 月 20 日，上海，2017 中超联赛第 10 轮”；2017 年 9 月 12 日，“东方 IC” 网站中发布编号为 20170912_36274 的摄影作品，署名为“东方 IC 刘某良/东方 IC”，图片说明载明“2017 年 9 月 12 日，广东广州，2017 亚冠联赛 1/4 决赛次回合”；2017 年 9 月 12 日，“东方 IC” 网站中发布编号为 20170912_86482 的摄影作品，署名为“东方 IC 刘某良/东方 IC”，图片说明载明“2017 年 9 月 12 日，广东广州，2017 亚冠联赛 1/4 决赛次回合”。登录 www. miitbeian. gov. cn 域名查询系统，显示网址为 www. dfic. cn 的东方 IC 网，主办单位为映脉公司。

映脉公司与张某舟、刘某良签订《劳动合同》。映脉公司出具张某舟、刘某良签署的《职务作品版权声明》载明：本人在任职期间因履行职务和/或利用公司提供的信息、物质技术条件或其他方面的资源和支持所创作和完成的文字、美术、摄影、摄像等全部职务作品的著作权一律归属公司独占享有，除享有对以上作品的摄影师署名权之外，其他一切著作权权利及维权权利均由映脉公司完整享有。映脉公司还提交了涉案作品电子底片文件。网址为 zgmsnews. com 的“中国民生新闻网”于 2017 年 11 月 28 日发布标题为《埃尔克森难说再见！球迷心疼其无缘告别战，领衔多将暗自离场》的文章，来源为“足球助手”，该文章配图中使用了 4 幅涉案作品。映脉公司对上述侵权网页及侵权取证过程的视频申请进行了可信时间戳认证，联合信任时间戳服务中心为前述侵权网页及视频分别出具了《可信时间戳认证证书》。中广公司认可网址为 zgmsnews. com 的“中国民生新闻网”系其经营，网站上发布有使用了 4 幅涉案作品的上述文章。另查，对于主张的合理支出，映脉公司未提供证据予以证明。

映脉公司出具合作协议、采购合同，欲证明涉案作品投入成本。中广公司出具网页打印件、报价方案，欲证明映脉公司没涉案作品著作权且赔偿数额过高。

上述事实，有映脉公司提供的中超联赛官方图片合作机构确认函、网页打印件、劳动合同、职务作品版权声明、身份证复印件、电子底片、可信时间戳证书、光盘、合作协议、采购合同，中广公司提供的网页打印件、报价方案及当事人陈述等在案佐证。

本院对一审法院查明的事实予以确认。

【争议焦点】

本案的争议焦点为：一、涉案作品的著作权归属；二、中广公司是否实施了侵权行为；三、一审法院认定的经济损失数额是否合理。

【裁判观点】

本院认为，关于本案争议的焦点问题：

一、涉案作品的著作权归属

《最高人民法院关于审理著作权民事纠纷案件适用法律若干问题的解释》第七条规定，当事人提供的涉及著作权的底稿、原件、合法出版物、著作权登记证书、认证机构出具的证明、取得权利的合同等，可以作为证据。在作品或者制品上署名的自然人、法人或者其他组织视为著作权、与著作权有关权益的权利人，但有相反证明的除外。根据一审法院查明的事实，通过网页署名情况及摄影师身份证、电子底片，可以认定涉案图片的创作主体为一审法院查明的相对应的摄影师。中广公司主张电子底片非直接来源于相机或原始内存卡，不能作为定案依据，对此，本院认为，映脉公司提交的电子底片从参数上来看，符合底片的基础要求，中广公司的该项主张不成立。而根据映脉公司提交的劳动合同及版权证明，可以认定，根据著作权法关于职务作品和委托创作作品的相关约定，映脉公司系涉案图片的著作权人。中广公司主张映脉公司陈述矛盾以及映脉公司网站上没有相应摄影师信息的事实并不影响映脉公司作为著作权人的事实基础，其相关主张亦不能成立。综上，映脉公司向一审法院提交的证据可以初步证明其对涉案图片享有著作权。

二、中广公司是否实施了侵权行为

《最高人民法院关于互联网法院审理案件若干问题的规定》第十一条第二款规定，当事人提交的电子数据，通过电子签名、可信时间戳、哈希值校验、区块链等证据收集、固定和防篡改的技术手段或者通过电子取证存证平台认证，能够证明其真实性的，互联网法院应当确认。参考上述规定，本院对本案基于可信时间戳认证的证据予以采纳，中广公司主张其侵权证据未经公证，不应予以采纳的主张不成立。中广公司认为，取证过程中存在“服务器网络连接受限”及“网络请求超时”等情况，同时取证的网页报道与图片内容不符，认为取证内容不真实。本院认为，经核查，虽取证过程中映脉公司通过 dos 命令连接网络时出现过请求超时等情况，但之后直接通过网页连接网络可以取得取证内容，该取证过程并无不当，中广公司亦未提交相应证据证明实际不存在取证事实。因此，本院对一审法院查明的侵权事实予以确认，可以认定中广公司实施了侵权行为。

三、一审法院认定的经济损失数额是否合理

《中华人民共和国著作权法》第四十九条规定：“侵犯著作权或者与著作权有关的权利的，侵权人应当按照权利人的实际损失给予赔偿；实际损失难以计算的，可以按照侵权人的违法所得给予赔偿。赔偿数额还应当包括权利人为制止侵权行为所支付的合理开支。权利人的实际损失或者侵权人的违法所得不能确定的，由人民法院根据侵权行为的情节，判决给予五十万元以下的赔偿。”本案中，双方当事人并未提交充分证据证明权利人的实际损失或者侵权人的违法所得，故一审法院根据双方举证情况，综合考虑作品的拍摄内容、独创性程度、侵权行为的性质和情节、侵权人的主观过错等因素，酌情确定的经济损失数额合理，本院予以确认。对中广公司相应的上诉主张，本院不予支持。

综上，一审判决认定事实清楚，适用法律正确，程序合法，依法予以维持。

13. 曾某华、张某东民间借贷纠纷案[①]

【事实认定】

一审法院认定的事实如下：原告曾某华经张某 2 介绍同被告张某东认识，原告曾某华分别于 2017 年 2 月 23 日及 2017 年 3 月 21 日通过银行转账 150000 元及 100000 元到被告张某东银行账户，双方未约定款项性质，也未

① 《云南省曲靖市中级人民法院民事判决书》（2019）云 03 民终 2519 号，裁判日期：2019 年 12 月 30 日，审判长：陈铭军，审判员：王勇、朱福华，书记员：吕梦亭。

出具借条。被告张某东通过其侄女向原告曾某华支付了 30000 元后遂未再支付。

本院确认本案事实如下：张某东通过其哥张某 2 及张某 2 的朋友张某 1 与曾某华相识。2017 年 2 月 23 日，张某东向曾某华借款 150000 元投资虚拟币，当日，曾某华将 150000 元通过银行转账交付给张某东，张某东向曾某华出具了写明借款用途的借条。2017 年 3 月 21 日，张某东再次向曾某华借款，当日，曾某华将 100000 元通过银行转账交付给张某东。之后，张某东曾通过其侄女向曾某华转款 30000 元。

【争议焦点】

本案争议焦点为：涉案借款本金和利息是否应予偿还。

【裁判观点】

本院认为，《中华人民共和国合同法》第二百一十条规定，“自然人之间的借款合同，自贷款人提供借款时生效”。双方当事人形成了证明借款合同法律关系存在的借条，且款项也已实际交付，借款合同成立并生效，对合同双方当事人产生法律约束力。

《最高人民法院关于审理民间借贷案件适用法律若干问题的规定》第十四条（三）项规定，“具有下列情形之一，人民法院应当认定民间借贷合同无效：……（三）出借人事先知道或者应当知道借款人借款用于违法犯罪活动仍然提供借款的”。中国银行业保险监督管理委员会、中央网络安全和信息化领导小组办公室、公安部、中国人民银行、国家市场监督管理总局发布的《关于防范以“虚拟货币”“区块链”名义进行非法集资的风险提示》明确，“近期，一些不法分子打着‘金融创新’‘区块链’的旗号，通过发行所谓‘虚拟货币’‘虚拟资产’‘数字资产’等方式吸收资金，侵害公众合法权益。此类活动并非真正基于区块链技术，而是炒作区块链概念行非法集资、传销、诈骗之实”。上诉人曾某华明知被上诉人张某东借款用于投资虚拟币，从事违法活动，上诉人曾某华与被上诉人张某东签订的民间借贷合同无效。《中华人民共和国合同法》第五十八条规定，“合同无效或者被撤销后，因该合同取得的财产，应当予以返还；不能返还或者没有必要返还的，应当折价补偿。有过错的一方应当赔偿对方因此所受到的损失，双方都有过错的，应当各自承担相应的责任”。被上诉人张某东应返还依民间借贷取得的250000元，扣减已给付的30000元后，还应返还220000元。

综上所述，上诉人曾某华的部分上诉请求，本院予以支持；一审判决事实认定不清，适用法律不当，本院予以纠正。

14. 王某民诈骗罪案[①]

【事实认定】

绍兴市上虞区人民检察院指控：2017年1月至2019年3月13日，被告人王某民在江苏省、浙江省、江西省虚构“找不到老乡、钱包丢失”等理由，以“借款”方式骗取他人财物176起，共计骗得人民币9993元。被告人存在通过微信、支付宝收取骗取资金的事实以及骗取现金的事实。被告人王某民于2019年3月13日被公安机关抓获，到案后自愿如实供述自己的罪行。被告人王某民于2019年6月10日向公安机关退缴人民币12000元。支付宝公司出具的光盘内储存内容的哈希值与“法证链”区块链上存放的哈希值一致。

上述事实，被告人王某民在开庭审理过程中亦无异议，并由被告人王某民供述、旅馆住宿信息、铁路乘客信息、微信号、支付宝账号信息、刑事搜查笔录、扣押决定书、扣押清单、提取笔录及照片、微信支付账单明细列表、支付宝收支明细列表、询问笔录、辨认笔录、调取证据通知书、调取证据清单、支付宝公司出具的光盘及情况说明、被害人户籍及自述材料、支付截图、抓获经过及被告人王某民人员档案等证据证实，足以认定。

【裁判观点】

本院认为，被告人王某民以非法占有为目的，虚构事实，骗取他人财物，数额较大，其行为已构成诈骗罪。被告人王某民已退赃，可酌情从轻处罚；被告人王某民自愿认罪，亦可酌情从轻处罚。

① 《浙江省绍兴市上虞区人民法院刑事判决书》（2019）浙0604刑初486号，裁判日期：2019年7月29日，审判长：胡燕，人民陪审员：陶庆巨、何坚，书记员：王银芬。

15. 钟某萍组织、领导传销活动罪案①

【事实认定】

公诉机关指控：TokenStore（通证管家）平台对外宣称是一个去中心化智能理财钱包，打着“人工智能+区块链+大数据+金融真正落地完美应用”等旗号的投资平台。平台的操作模式是由投资人通过输入邀请码（即推荐人的ID号），在下载的TokenStore（通证管家）平台软件上注册账号，建立通证钱包（TokenStore平台支持多种数字货币）后，将从火币网购买的数字货币转入通证钱包，通证钱包理财收益可随时转出到火币网提现，实现财富增值。其收益模式为：一是平台币（存于TokenStore内，英文简称TSY）存款状态的静态收益，投资金额在500美元（等值的数字货币，下同）以上，启动AlphaGo智能理财，日收益是0.3%—0.8%，月收益在10%—20%，另每天签到有收益，为万分之一到万分之五。二是动态收益，指发展人投资收益：①推广TokenStore链接收益的直推收益，即BM、V、中本聪级别（为投资人中的最高级别）层级享有下层人员收益的100%—5%。②BM、V、中本聪级别层级按照团队业绩收取下层人员收益的15%—5%的管理收益。

2018年12月，被告人钟某萍经人介绍投资TokenStore（通证管家）平台后，先发展家人及身边的人投资，自己安排线下张某1、王某1两条主线向下发展。为便于发展人员，利用大余县精品一条街原赣州大宏资产管理有限公司办公场所，积极宣传推广TokenStore（通证管家）投资平台，组织人员参加培训课、分享会，播放该平台宣传视频，由其继女张某1、儿媳邓某1及身边工作人员王某1等人主讲该平台的注册操作、买币、卖币及宣称如何推广收益；同时建立“TKST土豪学习群”“Token包”等多个微信群宣传该平台，在群内宣传鼓动他人发展下线投资该平台；另外，打着智能理财等幌子口口相传发展人员投资。平台关闭前，钟某萍系中本聪级别，钟某萍推广和发展TokenStore平台以拉人头、团队计酬形式发展

① 《江西省大余县人民法院刑事判决书》（2019）赣0723刑初142号，裁判日期：2019年12月30日，审判长：曾春艳，人民陪审员：张秀清、廖翠兰，书记员：赖梅芳。

下线，发展人员46人，层级10级，涉案金额2235637元。

对于上述事实，被告人钟某萍在开庭审理过程中亦无异议，且有常住人口信息、受案登记表、立案决定书、归案情况说明、大余县市场监督管理局对钟某萍经营行为的认定、网络传销示意图、投资金额一览表、微信聊天记录、银行流水等书证，证人证言，现场勘验笔录，搜查笔录及扣押清单，电子证据检查工作记录，被告人钟某萍的供述等证据证实，足以认定。

【裁判观点】

本院认为，被告人钟某萍以投资TokenStore（通证管家）平台理财为名，要求参加者投资购买定额货币后获得加入资格，并按照一定的顺序组成层级，直接或间接以发展人员的数量作为计酬收益的依据，引诱参加者继续发展他人参加，骗取财物，扰乱经济社会秩序，其行为已构成组织、领导传销活动罪，依法应予惩处。公诉机关指控的犯罪事实和罪名成立，本院予以支持。

三、区块链应用监管综述

（一）央行等国家部委关于数字货币风险防范的系列公告

1.《关于防范比特币风险的通知》

2013年12月3日，为保护社会公众的财产权益，保障人民币的法定货币地位，防范洗钱风险，维护金融稳定，中国人民银行等五部委联合发布了《关于防范比特币风险的通知》。主要内容包括：

第一，要求正确认识比特币的属性。比特币具有没有集中发行方、总量有限、使用不受地域限制和匿名性四个主要特点。虽然比特币被称为“货币”，但由于其不是由货币当局发行的，不具有法偿性与强制性等货币属性，因此并不是真正意义上的货币。从性质上看，比特币应当是一种特定的虚拟商品，不具有与货币等同的法律地位，不能且不应作为货币在市场上流通使用。

第二，明确各金融机构和支付机构不得开展与比特币相关的业务。现阶段，各金融机构和支付机构不得以比特币为产品或服务定价；不得买卖或作为中央对手方买卖比特币；不得承保与比特币相关的保险业务或将比特币纳入保险责任范围；不得直接或间接为客户提供其他与比特币相关的服务，包括：为客户提供比特币登记、交易、清算、结算等服务，接受比特币或以比特币作为支付结算工具，开展比特币与人民币及外币的兑换服务，开展比特币的储存、托管、抵押等业务，发行与比特币相关的金融产品，将比特币作为信托、基金等投资的投资标的等。

第三，提出加强对比特币互联网站的管理。依据《中华人民共和国电信条例》和《互联网信息服务管理办法》，提供比特币登记、交易等服务的互联网站应当在电信管理机构备案。电信管理机构根据相关管理部门的认定和处罚意见，依法对违法比特币互联网站予以关闭。

第四，要求防范比特币可能产生的洗钱风险。中国人民银行各分支机构应当密切关注比特币及其他类似的具有匿名、跨境流通便利等特征的虚拟商品的动向及态势，认真研判洗钱风险，研究制定有针对性的防范措施。各分支机构应当将辖区内依法设立并提供比特币登记、交易等服务的机构纳入反洗钱监管范围，督促其加强反洗钱监测。提供比特币登记、交易等服务的互联网站应切实履行反洗钱义务，对用户身份进行识别，要求用户使用实名注册，登记姓名、身份证号码等信息。各金融机构、支付机构以及提供比特币登记、交易等服务的互联网站如发现与比特币及其他虚拟商品相关的可疑交易，应当立即向中国反洗钱监测分析中心报告，并配合中国人民银行的反洗钱调查活动；对于发现使用比特币进行诈骗、赌博、洗钱等犯罪活动线索的，应及时向公安机关报案。

第五，要求对社会公众加强货币知识的教育及投资风险提示。各部门和金融机构、支付机构在日常工作中应当正确使用货币概念，注重加强对社会公众货币知识的教育，将正确认识货币、正确看待虚拟商品和虚拟货币、理性投资、合理控制投资风险、维护自身财产安全等观念纳入金融知识普及活动的内容，引导社会公众树立正确的货币观念和投资理念。

2.《关于进一步加强对涉嫌非法集资资金交易监测预警工作的指导意见》

2016年9月29日发布的《中国人民银行办公厅关于进一步加强对涉嫌非法集资资金交易监测预警工作的指导意见》（银办发〔2016〕201号）的附件《非法集资监测预警模型识别点指引》，明确要求“高度关注从事虚拟货币、预付卡、游戏币交易的网络平台，注意识别是否采用传销方式进行推广”。

3.《关于防范代币发行融资风险的公告》

2017年9月4日发布的《关于防范代币发行融资风险的公告》中明确指出，“近期，国内通过发行代币形式包括首次代币发行（ICO）进行融资的活动大量涌现，投机炒作盛行，涉嫌从事非法金融活动，严重扰乱了经济金融秩序。为贯彻落实全国金融工作会议精神，保护投资者合法权益，防范化解金融风险”，特作出如下公告：

第一，要求准确认识代币发行融资活动的本质属性。代币发行融资是指融资主体通过代币的违规发售、流通，向投资者筹集比特币、以太币等所谓的“虚拟货币”，其本质上是一种未经批准非法公开融资的行为，涉嫌非法发售代币票券、非法发行证券以及非法集资、金融诈骗、传销等违法犯罪活动。相关部门应密切监测有关动态，加强与司法部门和地方政府的工作协同，按照现行工作机制，严格执法，坚决治理市场乱象。发现涉嫌犯罪问题，应将其移送司法机关。代币发行融资中使用的代币或“虚拟货币”不由货币当局发行，不具有法偿性与强制性等货币属性，不具有与货币等同的法律地位，不能也不应作为货币在市场上流通使用。

第二，明确任何组织和个人不得非法从事代币发行融资活动。自《关于防范代币发行融资风险的公告》发布之日起，各类代币发行融资活动应当立即停止。已完成代币发行融资的组织和个人应当做清退等安排，合理保护投资者权益，妥善处置风险。有关部门应依法严肃查处拒不停止的代币发行融资活动以及已完成的代币发行融资项目中的违法违规行为。

第三，要求加强代币融资交易平台的管理。自《关于防范代币发行融资风险的公告》发布之日起，任何所谓的代币融资交易平台不得从事法定货币与代币、“虚拟货币”相互之间的兑换业务，不得买卖或作为中央对手方买卖代币或“虚拟货币”，不得为代币或“虚拟货币”提供定价、信息中介等服务。对于存在违法违规问题的代币融资交易平台，金融管理部门应提请电信主管部门依法关闭其网站平台及移动 App，提请网信部门对其移动 App 在应用商店做下架处置，并提请工商管理部门依法吊销其营业执照。

第四，要求各金融机构和非银行支付机构不得开展与代币发行融资交易相关的业务。各金融机构和非银行支付机构不得直接或间接为代币发行融资和“虚拟货币”提供账户开立、登记、交易、清算、结算等产品或服务，不得承保与代币和“虚拟货币”相关的保险业务，或将代币和“虚拟货币”纳入保险责任范围。金融机构和非银行支付机构发现代币发行融资交易违法违规线索的，应当及时向有关部门报告。

第五，提示社会公众应当高度警惕代币发行融资与交易的风险隐患。代币发行融资与交易存在多重风险，包括虚假资产风险、经营失败风险、投资炒作风险等，投资者需自行承担投资风险，希望广大投资者谨防上当受骗。对各类使用“币”的名称开展的非法金融活动，社会公众应当强化风险防范意识和识别能力，及时举报相关违法违规线索。

第六，充分发挥行业组织的自律作用。各类金融行业组织应当做好政策解读，督促会员单位自觉抵制与代币发行融资交易及“虚拟货币”相关的非法金融活动，远离市场乱象，加强投资者教育，共同维护正常的金融秩序。

4.《关于防范以“虚拟货币”“区块链”名义进行非法集资的风险提示》

2018 年 8 月 24 日银保监会、中央网信办、公安部、人民银行、市场监管总局等联合发布《关于防范以“虚拟货币”“区块链”名义进行非法集资的风险提示》，明确指出“一些不法分子打着‘金融创新’‘区块链’的旗号，通过发行所谓‘虚拟货币’‘虚拟资产’‘数字资产’等方式吸收资金，侵害公众合法权益。此类活动并非真正基于区块链技术，而是炒作区块链概念行非法集资、传销、诈骗之实”。其主要特征如下：

第一，网络化、跨境化明显。依托互联网、聊天工具进行交易，利用网上支付工具收支资金，风险波及范围广，扩散速度快。一些不法分子通过租用境外服务器搭建网站，实质面向境内居民开展活动，并远程控制实施违法活动。一些个人在聊天工具群组中声称获得境外优质区块链项目投资额度，可以代为投资，极可能是诈骗活动。这些不法活动资金多流向境外，监管和追踪难度很大。

第二，欺骗性、诱惑性、隐蔽性较强。利用热点概念进行炒作，编造名目繁多的“高大上”理论，有的还利用知名人士“站台”宣传，以空投“糖果”等为诱惑，宣称“币值只涨不跌”“投资周期短、收益高、风险低”，具有较强的蛊惑性。实际操作中，不法分子通过幕后操纵所谓“虚拟货币”价格走势、设置获利和提现门槛等手段非法牟取暴利。此外，一些不法分子还以 ICO、IFO、IEO 等花样翻新的名目发行代币，或打着共享经济的旗号以 IMO 方式进行“虚拟货币”炒作，具有较强的隐蔽性和迷惑性。

第三，存在多种违法风险。不法分子通过公开宣传，以“静态收益”（炒币升值获利）和“动态收益”（发展下线获利）为诱饵，吸引公众投入资金，并利诱投资人发展人员加入，不断扩充资金池，具有非法集资、传销、诈骗等违法行为特征。

此类活动以“金融创新”为噱头，实质是“借新还旧”的庞氏骗局，资金运转难以长期维系。

5.《教育部办公厅关于进一步加强防范非法集资有关工作的通知》

2018 年 8 月 29 日，教育部办公厅发布了《关于进一步加强防范非法集资有关工作的通知》（教财厅函〔2018〕18 号），明确提示社会公众，“如遇以下情形的‘理财’‘保险’产品，务必提高警惕：……五是以投资虚拟货币、区块链等为幌子的”。

6.《中国人民银行关于进一步加强支付结算管理，防范电信网络新型违法犯罪有关事项的通知》

2019 年 3 月 22 日发布的《中国人民银行关于进一步加强支付结算管理，防范电信网络新型违法犯罪有关事项的通知》（银发〔2019〕85 号），明确要求“加强特约商户管理。收单机构……不得直接或变相为……代币发行融资及虚拟货币交易平台……非法交易提供支付结算服务”。

7.《关于交易场所分支机构未经批准开展经营活动的风险提示》

2019 年 11 月 13 日，北京市地方金融监督管理局根据《国务院办公厅关于清理整顿各类交易场所的实施意见》（国办发〔2012〕37 号）及清理整顿各类交易场所部际联席会议关于清理交易场所分支机构的相关要求，发布《关于交易场所分支机构未经批准开展经营活动的风险提示》，明确指出目前北京市未批准任何交易场所设立分支机构，如有外埠交易场所（重点为金融资产交易所）分支机构在京开展经营活动，属于违规经营行为。

8.《关于开展虚拟货币交易场所排摸整治的通知》

2019 年 11 月 15 日，上海市金融稳定联席办和中国人民银行上海总部联合印发《关于开展虚拟货币交易场所排摸整治的通知》，开展对辖内虚拟货币交易所排摸整治。该通知明确要求，一旦发现从事虚拟货币相关活动的互联网企业，上海各区整治办要立即报送上海市金融稳定联席办（上海市地方金融监管局）和央行上海总部，并督促企业立即整改退出。

（二）央行数字货币的研发

目前，有多个国家在“央行数字货币”的研发上有实质性进展或有意发行“央行数字货币”，包括法国、瑞典、沙特阿拉伯、泰国、土耳其、巴哈马等。我国央行在 2014 年就开始了对数字货币的研究，并在 2016 年召开了数字货币研讨会。2017 年，我国央行在深圳设立数字货币研究所并成功试运行数字票据交易平台。中国人民银行行长表示央行对数字货币的研究取得了积极进展，未来将会把数字货币和电子支付工具结合起来，目标是替代一部分现金。

1.《中国金融业信息技术“十三五”发展规划》

2017 年中国人民银行印发的《中国金融业信息技术“十三五”发展规划》（银发〔2017〕140 号）明确提出，“深入研究并吸收利用数字货币涉及的金融科技创新，加快法定数字货币系统建设，完善法定数字货币发行流通体系……研究制定我国金融业参与国际标准化的战略、政策和策略，对金融业重点关注的、与国内发展契合度较高的数字货币、非银行支付、密码算法、移动金融服务等重点领域，加大对口专家派出力度”。自此，央行开始公开研发法定数字货币。

2.《关于冒用人民银行名义发行或推广法定数字货币情况的公告》

在央行研发法定数字货币的过程中，时常有网传消息称人民银行已发行法定数字货币，更有个别机构冒用人民银行名义，将相关数字产品冠以“DC/EP”或“DCEP”在数字资产交易平台上进行交易。为澄清事实，2019 年 11 月 13 日中国人民银行特别发布了《关于冒用人民银行名义发行或推广法定数字货币情况的公告》①，强调“一、人民银行未发行法定数字货币（DC/EP），也未授权任何资产交易平台进行交易。人民银行从 2014 年开始研究法定数字货币，目前仍处于研究测试过程中。市场上交易‘DC/EP’或‘DCEP’均非法定数字货币，网传法定数字货币推出时间均为不准确信息。二、目前网传所谓法定数字货币发行，以及个别机构冒用人民银行名义推出‘DC/EP’或‘DCEP’在资产交易平台上进行交易的行为，可能涉及诈骗和传销，请广大公众提高风险意识，不偏信轻信，防范利益受损”。

---

① 《关于冒用人民银行名义发行或推广法定数字货币情况的公告》，载中国人民银行官网 2019 年 11 月 13 日，http://www.pbc.gov.cn/rmyh/105208/3919880/index.html。

第二篇

区块链法治学术研究进展

一、区块链法的基本原理

随着互联网与实体经济融合的不断深化、大数据的兴起，数据走向资产化，资产也走向数据化。对电子货币、凭证和权益等数字化资产进行网上交易时需要取得权威的中心节点的信任背书，导致成本高、效率低，更面临被伪造和篡改的风险。为弥补互联网传递价值能力的不足，一种新型的分布式数据存储与加密算法技术——区块链应运而生。区块链的基本思路是将价值数据持有者按时间顺序排成一条链，链尾的最后一个拥有者才是该价值数据的现时拥有者，链上其他的曾经拥有者都可以共同证明最终拥有者的权利。区块链集成了分布式网络、密码学、共识算法和智能合约等技术，用集体代替传统的中心节点，用算法取代权威。

（一）区块链法的拐点

1. 区块链发展进入“规则之治”

新技术发展遵循“三阶段”规律：第一阶段是兴趣驱动，主创和受众都是实验室技术人员，很少涉及商业价值和法律法规；第二阶段是商业驱动，新技术体现出商业潜力后，投资人、投机者等纷纷跟进，监管滞后性导致形成中的新市场缺乏规制；第三阶段是规则驱动，市场稳定形成后，企业与政府均开始寄希望于对技术标准和应用进行规范。①

中国信息通信研究院（简称中国信通院）联合包括腾讯、微软等在内的数百家企业及机构启动可信区块链推进计划，已推出13份技术规范，并在中国通信标准化协会（CCSA）立项9项行业标准，组织国内单位积极参与ITU－T FG DLT。2019年，区块链领域标准建设取得重大进展，区块链和分布式计算技术标准化委员会在国家标准委（SAC）推动下获批筹建，

① 何宝宏：《区块链的理想与现实》，载《中兴通讯技术》2018年第6期，总第24卷。

已发布多项团体标准、一项国家标准，立项近十项行业标准，积极参与国际标准化组织（ISO）等机构的国际标准工作，主导区块链参考架构等国际标准制定。[①] 五项区块链项目被列入工信部《2019 年第三批行业标准制修订计划》。

2019 年 2 月 15 日，国家互联网信息办公室（简称国家网信办）发布的《区块链信息服务管理规定》正式施行，对区块链信息服务提供者的安全管理及备案义务作出较为详细的规定，同时也针对区块链信息服务提供者未恰当履行前述义务所应承担的责任及违法后果作出明确规定。区块链信息服务提供者通过国家网信办区块链信息服务备案管理系统进行线上备案，各级网信办负责对备案信息进行审核，符合备案要求的应予以备案并公示。在《区块链信息服务管理规定》公布前从事区块链信息服务的，应当自其生效日起 20 个工作日内补办有关手续。[②] 2019 年 10 月 26 日，《中华人民共和国密码法》正式表决通过，并于 2020 年 1 月 1 日正式生效。《密码法》的出台为推动区块链技术和产业创新发展提供重要的法律保护和规范指引。

这一系列法律法规和行业标准的完善标志着我国区块链技术的发展已从商业驱动的第二阶段迈向注重规则之治的第三阶段，区块链法迎来井喷的拐点。

根据《区块链信息服务管理规定》，只要为中国境内的区块链信息服务的主体提供了技术支持或向中国居民提供服务的，即可被认定为在中国“从事区块链信息服务”。[③] 这一规定有效弥补了 2017 年《关于防范代币发行融资风险公告》发布后国内企业以海外基金会形式继续从事 ICO 业务的法律漏洞。区块链信息服务，是指基于区块链技术或者系统，通过互联网站、应用程序等形式，向社会公众提供信息服务。《区块链信息服务管理规定》对区块链信息服务提供者划出了一个较宽泛的范围，与“信息技术服务”或区块链相关的机构或组织，都有可能被纳入监管范围内，包括但

---

① 《工信部：2019 年我国区块链领域标准建设取得重大进展》，载信通院每日 ICT 要闻，http：//www. caict. ac. cn/email/hydt/202001/t20200110_273367. html。

② 《区块链信息服务管理规定》第二十三条。

③ 《区块链信息服务管理规定》第二条。

不限于涉及提供数字货币交易信息发布的、加密数字货币存储的、采用区块链技术进行媒体信息发布的、基于区块链技术开发的 App 等区块链项目、区块链技术提供方、区块链钱包、数字资产交易平台等主体。区块链已广泛应用到金融、产品溯源、医疗服务、数据保护、信息通信等各类领域，区块链法所规制的对象、领域和范围因而非常广泛。

《密码法》第二条将“密码”定义为“采用特定变换的方法对信息等进行加密保护、安全认证的技术、产品和服务”。区块链技术中的哈希算法通过计算哈希函数，将信息或数据压缩，生成一个特定的哈希值，以在信息数据的传输或者保存中起到加密的作用，符合“密码”定义。区块链技术的数字通证转账所使用的公钥、私钥就是安全认证的一种方式。因此，《密码法》也可视为一般法与区块链规制衔接的第一块法律基石。

2. 区块链技术助力多方协作与法律监管

因为区块链是实现大规模分布式协作的最关键的新兴信息基础设施，因此区块链不仅仅是“信任的机器”，更是“协作的机器”“监管的机器”，在多方协同的复杂场景下有着巨大的应用潜力。例如由杭州趣链科技有限公司开发和提供技术支持的慈善捐赠溯源平台“善踪”及时上线，利用联盟区块链网络，将从捐赠信息、物流信息到物资到位等捐赠全流程信息上链，公众可以登录查看监督。“善踪”平台还将基于区块链的“技术信任力”与杭州互联网公证处的“法律公信力”相结合，尝试打造包括慈善组织、主管机构、公众（包括捐赠人、受助人）、舆论媒体和司法机关在内的多元共治监督机制。①

广东省广州市中级人民法院电子商务课题组②指出，网络商品交易的法律关系界定区分不同交易模式和主体，网络交易平台提供者与经营者、消费者分别成立网络服务合同关系；新型纠纷中，“秒杀”的效力认定着重考察双方真实合意，团购中组织者角色的区别导致法律关系的不同，涉

---

① 洪恒飞、江耘：《面对慈善信任问题，区块链溯源平台发起抗“疫”》，载中国科技网，http：//www. stdaily. com/02/zhejiang/2020 －02/13/content_877591. shtml。

② 广东省广州市中级人民法院电子商务课题组：《“互联网 +”语境下之商事审判疑难问题研究》，载《法律适用》2017 年第 1 期。

域名纠纷中对重大误解应予综合认定；在电子数据证据的审查上，应以“电子记录系统的可靠性”作为审查认定电子数据真实性的方法。

（二）区块链法的必要性

1. 区块链技术自身存在风险

区块链系统可被划分为数据层、共识层、合约层和应用层。区块链中的记录并非绝对不可篡改。例如，数据层可能面临来自密钥泄露、哈希碰撞、量子计算的风险；区块链私钥与公钥可能因终端硬件弱点或操作系统被安装恶意软件而被盗。[①]

共识层的“链中立”原则更多地依靠自律而非法律和行业标准的强制规定。只要共谋方拥有工作量证明（PoW）系统中51%的算力，或权益证明（PoS）系统中51%的投票权，就可能人为地使区块链产生“分叉”，从而使得区块链中记录的事件序列偏离事实。此外，联盟区块链还面临将自身伪造为多重身份的Sybil节点的干扰。

近年来主要的攻击事件发生在合约层和应用层。区块链与任何计算系统一样可能存在设计瑕疵，代码复杂性越高，存在漏洞与瑕疵的可能性就越大，而加密算法的缺陷会导致数据泄露。智能合约代码透明公开，任何用户都可以下载，黑客易于研究和利用代码漏洞控制网络中的节点，进行整数溢出攻击（如美链事件）、重入攻击（如The DAO事件）、拒绝服务攻击、变量覆盖（如“蜜罐合约”）等，进而操纵区块链中的虚拟货币、交易和应用。部署在区块链上的智能合约一旦出现安全问题，很难通过升级、打补丁等措施来补救。英国学者对近100万份智能合约分析后发现，其中有34200份智能合约很容易受到黑客攻击；被抽查的3759份智能合约中3686份智能合约有漏洞，占89%。[②] 2019年，EOS公链上共发生超过60起黑客攻击事件，手法包括交易阻塞、回滚交易攻击、假EOS攻击、随

---

① 曾晶晶：《区块链应用系统若干脆弱性分析与评测》，北京邮电大学2019年硕士学位论文。

② Ivica Nikolic. Finding The Greedy, Prodigal, and Suicidal Contracts at Scale, https://arxiv.org/abs/1802.06038.

机数破解等。

第三方在区块链底层架构之上所研发的交易所、钱包、支付处理器、智能合约和区块链支付平台等应用层中介可能面临软件木马、应用程序安全漏洞、Web渗透、信息泄露等风险。分布式账本技术在上线前未经大规模网络测试，可能存在未预料的风险。由于用户需要通过计算机等终端系统来与区块链系统互动，用户访问系统所用的证件和个人数据可能被盗或者遭破坏，使交易暴露在传统网络威胁下。2019年内共发生超过28起交易所安全事件，包括资产被盗、信息泄露等，损失超过13亿美元。①

2. 区块链技术商用的妥协

去中心、匿名性和不可篡改，构成了区块链的三大技术支柱。当区块链技术付诸商用时，上述技术理念必须结合现实进行再平衡的妥协。② 区块链的应用存在“不可能三角”，即去中心化、安全和高性能这三个特性无法同时得到满足，只能符合其中两个。③

区块链解决方案和架构逐渐从分布式走向集中，由“去中心”改为“多中心”。联盟链是区块链现阶段主要的商用落地方式，可以提供节点准入控制与国家安全标准支持，确保认证准入、制定监管规则符合监管要求。微软以Azure云服务为基础率先推出区块链即服务（Blockchain as a Service，BaaS），支持私有链、联盟链或多链。区块链的分布式存储、点对点传输、加密算法等特征可以在一定程度上改变云服务现有的中心化现状，构建更为安全、隐私和高效的商业环境；用户可以利用现有的云服务基础服务设施简单、高效和便捷地搭建区块链应用，云计算可以降低区块链技术开发、研究与测试的成本。随着应用场景趋于复杂，孤链走向跨链，公有链和联盟链开始走向融合，区块链在技术拓展性、安全性、易用性等方面得到不断优化，以实现多个区块链之间的价值转移、存证和授权

---

① 《全景扫描2019区块链安全事件：数字资产被盗，项目方跑路》，载澎湃新闻，https://www.thepaper.cn/newsDetail_forward_5304333。

② 何宝宏：《区块链的理想与现实》，载《中兴通讯技术》2018年第6期，总第24卷。

③ 陈一稀：《区块链技术的“不可能三角”及需要注意的问题研究》，载《浙江金融》2016年第2期。

管理等。

商用的区块链技术和互联网行业本身一样，具有高度的垄断性。最典型的区块链应用，如区块链 1.0 的比特币和区块链 2.0 的以太坊，已形成代码、算力和财富这三个中心。[①] Bitcoin Core 软件中 7% 的文件由同一名开发人员编写，以太坊中约 20% 的文件由同一名开发人员编写。比特币社区核心小组成员仅 5 人，以太坊社区基本由创始人布特林（Vitalik Buterin）掌控。号称区块链 3.0 的企业操作系统（EOS）项目，设计了 21 个中心节点。中国集中了全世界 70% 以上的算力，1000 人掌握了全球 40% 的比特币，4.11% 的地址挖走了 96.53% 的比特币。

同时，商用的区块链技术与整个互联网行业一样不可避免地走向了实名制。区块链技术所保障的匿名性其实仅指参与者可使用化名，但流出和流进某一地址的所有交易都会被记录在区块链中，很容易追踪和分析出交易者的身份。人们开发了多重签名技术及零知识证明技术，在私有链上进行符合现行银行保密法规的隐私保护。零知识证明技术使得人们可以在不需共享账户信息的前提下，基于区块链的分布式记账系统有效地运作。基于区块链的分布式数据管理、可信身份认证的解决方案，未来可以实现既能在用户本人知情的情况下授权披露，又能让相关机构可信地追踪到用户的信息。这样既能保护隐私，又能保障公共安全。

中心化机构对异常交易可以进行回滚，某些交易会因为存在错误或违反法律而被要求进行修改、撤销。[②] 2016 年 6 月的 The DAO 事件中，以太坊团队就是通过回滚的方式追回了被黑客盗取的价值超过 6000 万美金的以太币资产。2018 年 3 月，OKEx 同样在出现异常交易现象后宣布进行数据回滚处理。2018 年，全球最大加密货币交易所之一的币安出现恶意抛售代币、部分 API 用户钓鱼事件，随后对被动涉及异常交易的账户进行了交易回滚。

① 何宝宏：《区块链的理想与现实》，载《中兴通讯技术》2018 年第 6 期，总第 24 卷。

② 曾晶晶：《区块链应用系统若干脆弱性分析与评测》，北京邮电大学 2019 年硕士学位论文。

3. 区块链技术对社会的影响

由于缺乏监管，区块链技术成为滋生犯罪的温床。区块链加密货币的匿名和无中介特质被犯罪分子利用，成为跨境逃汇、掩饰隐瞒不法资产的手段，以及毒品、数据、人口、军火贩卖等不法交易的支付手段，威胁着社会、企业和国家的安全，构成逃汇罪、掩饰隐瞒犯罪所得及其收益罪、洗钱罪。还有利用计算机漏洞恶意挖矿、勒索或盗取比特币的，构成破坏计算机信息系统罪与敲诈勒索罪。近年来，虚构或夸大某种虚拟货币种类并承诺高额回报，以资金盘、传销盘、庞氏骗局等运作模式进行非法集资或集资诈骗的案例屡见不鲜，分别构成非法集资类犯罪、组织领导传销活动罪、诈骗罪或合同诈骗罪。

区块链技术解构了中心化的中介机构和政府的权威，取而代之的是技术决定论和技术中心主义，“代码专治”成为信息时代的“灰犀牛现象”。法律制度是商业社会的支柱，区块链技术的社会化商用必然需要法律的监管。现实交易中往往存在大量无法通过逻辑编码予以表达的信任关系和影响要素。一方面，几乎所有的智能合约都是面向消费者的、条款已拟定、不允许协商变更的格式合同；另一方面，大多数消费者都不具备编写和短时间内阅读冗长、复杂的智能合约的能力，法律对交易弱势方如消费者的特殊保护和规定因此受到更严峻的挑战。用客观代码来替代合同各方对不确定的未来事件的主观解释、判断和决策，用智能合约来承载关系性的合约安排存在合同方真实意思被掩盖甚至扭曲的风险。智能合约仅仅是合同各方达成合意后用来履行合同的一个工具。The DAO 事件中关于交易回滚的争论凸显了技术理性与社会正义之间的冲突。参与者利用区块链技术规避实质性法律义务的行为，不仅损害了具体受害方的利益，更损害了社会的公序良俗和法律秩序的公信力，应负法律责任。即使“弱智能合约”可以预先针对不同合同履行情况设置相应触发条件、加入修改或停止程序并予以充分执行，诉诸仲裁机构或法院等法律机构依然是当事人必不可少的最终救济手段。

在从区块链到链下世界的“最后一公里”中，法律不可或缺。[①] 区块链 2.0 上记录和交易的是现实社会中的股权、版权和产权等，虚拟世界的权利和物理世界的权利存在映射关系，是一种 O2O 的权利登记体系。如果区块链上所映射的匿名资产缺少发行人和持有人的真实身份信息，就会成为法律意义上的无效合同。不论是电子化的票据、证券、股权等金融资产，还是著作权、专利、商标等知识产权，抑或其他可联网的实物资产，智能合约所能处理的不过是它们映射到链上的数据信息。当区块链上的某个智能合约有数据交互需求时，必须由预言机（Oracle）在链外通 API 接口收集外界数据，验证后再将获取的数据反馈回链上的智能合约。Oraclize、Chainlink 等预言机同样无法摆脱对于中心化权威信息源的依赖，只是尽可能地通过程序公正、事后追责、分布式容错的思路来降低这种依赖。区块链上的数据交易同样不能取代现实世界中的权利行使，仍需要中央证券登记结算公司、房产登记机构、工商部门、人民银行等行政执法、司法机关的介入和法律秩序的保障。

（三）区块链法的特点

对区块链这样的新兴行业进行法律监管，必须结合现有法律框架构建一种内嵌型、技术辅助型、解决政府与市场双重失灵的有机路径。

1. 政府委托企业或机构执法

一方面，区块链具有注重匿名加密、社区共识的自治式技术构造，是一个确定性的、封闭的系统环境，链内不同类型节点控制者及其电子代理法律关系、区块链参与者的实体及法律地位难以界定；另一方面，公权力机关作为非专业链外监管者，不可能耗费极大的人力物力、公共资源翻越技术壁垒来亲自进行事无巨细的审查。为了实现对区块链的有效监管，降低行政执法成本，提高行政管理效能，解决“管得着的看不见，看得见的管不着”难题，政府不得不将其执法权以立法或协议的方式部分委托给区

① 许可：《决策十字阵中的智能合约》，载《东方法学》2019 年第 3 期。

块链行业信息服务提供者或外包专业机构执行。

区块链企业的自我规制可以发挥行业参与者的专业知识，解决或缓解监管者知识不足与监管资源稀缺的问题，也体现了网络法的自律与他律相结合的原则。[①] 区块链信息服务提供者对基于其区块链开展的业务负安全管理义务。[②] 区块链信息服务提供者从用户注册开始就需要对用户进行真实身份信息认证，制定并公开管理规则和平台公约，要求用户承诺遵守法律规定和平台公约，同时对违法或违约的区块链使用者采取警示、限制功能、关闭账号等处置措施，并向有关主管部门报告。[③] 未尽前述义务的，主管部门予以警告，责令限期改正，改正前应当暂停相关业务；区块链信息服务提供者及其主管人员和其他直接责任人员作为受委托方与责任人须承担行政责任；如果构成犯罪，依法追究刑事责任。区块链企业中从事审核与合规处理的工作人员应熟知有关法律、法规、规章，具备与其服务相适应的技术条件；需要进行技术检查或者技术鉴定的违法行为，应当进行相应的技术检查或鉴定。[④] 区块链信息服务提供者在行使法规授权的行政职权时侵犯公民、法人和其他组织的合法权益造成损害的，自身为赔偿义务机关。

然而，自主规制路径无法解决企业自律意愿不足、代码与资本共谋、技术偏见、规制策略碎片化的难题，需要政府充当监督者和协调者。根据《区块链信息服务管理规定》，负责区块链信息服务的监管执法工作的行政机关为国家及省、自治区、直辖市互联网信息办公室。行政机关以协议形式委托外包机构行使区块链管理的行政职权的，有监督受托方行使行政权力的义务。行政机关可对受托机构行使委托职权的行为进行指挥、控制和制裁，应及时补正受托机构的违法或不合理行政行为，定期对受托机构进行监督评价并将评价结果公开。受托机构在行使受委托的行政职权时侵犯公民、法人和其他组织的合法权益造成损害的，委托的行政机关为赔偿义务机关。行政机关向相对方履行赔偿义务后，应当责令有故意或者重大过

① 李艳：《网络法》，中国政法大学出版社 2017 年版。

② 《区块链信息服务管理规定》第五条。

③ 《区块链信息服务管理规定》第七条。

④ 《中华人民共和国行政处罚法》第十八、十九条。

失的工作人员或者受委托机构承担部分或者全部赔偿费用。[①] 区块链企业或受托外包机构超越委托权限、滥用委托职权、未经许可擅自再委托的，行为无效并应自负法律责任，上级机关未尽到监督义务的应承担连带责任。

2. 区块链技术辅助实施法律

区块链作为一种优秀的记录机制，可应用于房管部门的产权登记、公司股东股权登记与证明、文化部门的知识产权保护、征信系统、教育部门的学历信息和学术成果的存证管理、税务部门的纳税证明、审计部门、食品药品监管部门的产品防伪溯源、财税部门的电子票据验真、金融监管部门的风险防控和事前监管等多个法律实施场景。[②] 在民商事领域大量采用区块链取代原本的第三方登记和认证机构，能够更好地体现意思自治和诚实信用的民法原则，契合安全、公平、迅捷交易的商法取向。国务院《关于加强和规范事中事后监管的指导意见》中，明确将区块链作为推动监管创新的重要新技术之一。

区块链技术成为智慧法院建设的重要支撑，有利于保障司法公正、提升司法效能、提升司法公信力。其中，私有链可用于建设智慧法院的内部体系，联盟链可用于建设智慧司法体系、智慧国际司法合作体系及智慧法院与银行等机构的外部协作体系，公有链则可应用于法院的诉讼服务、法治宣传、司法公开等开放给社会公众参与的场景。基于区块链的智慧法院建设将会加强国际司法协助，形成新的国际智慧司法合作体系。2018 年，《最高人民法院关于互联网法院审理案件若干问题的规定》正式承认了区块链证据在法律纠纷中的约束力。[③] 最高人民法院牵头搭建“司法区块链统一平台”，制定《司法区块链技术要求》《司法区块链管理规范》，联合发布《区块链司法存证应用白皮书》，指导规范全国法院数据上链。2018 年，杭州互联网法院上线了全国首家司法区块链，使电子数据生成、存

---

① 《中华人民共和国国家赔偿法》第七、十六条。

② 王毛路、陆静怡：《区块链技术及其在政府治理中的应用研究》，载《电子政务》2018 年第 2 期。

③ 《最高人民法院关于互联网法院审理案件若干问题的规定》第十一条。

储、传播、使用全流程可信。区块链由三层结构组成，即区块链程序、区块链全链路能力层、司法联盟层，可以解决互联网上电子数据全生命周期的生成、存储、传播、使用，特别是生成端的全流程可信问题。2019 年，杭州互联网法院上线首个区块链智能合约司法应用（司法区块链 2.0），通过打造网络行为“自愿签约—自动履行—履行不能智能立案—智能审判—智能执行”的全流程闭环，实现了网络数据和网络行为的全流程记录、全链路可信、全节点见证、全方位协作。①

法律制度和软件代码均属于信任机制，将区块链技术应用于法律制度的构建与运行之中即可形成“法链”。② 以代码形式表达的法律规范发挥法律的规制作用，促进法律条款和智能合约条款、法律治理程序和区块链平台的融合。智能合约中内嵌入代码化的法律法规和行业标准，既可以实现从源头上杜绝违法可能，提升监管的穿透性和高效性，又回避了实体法律程序在效率和费用上的弱点。例如 R3 公司开发的 Corda 平台，将智能合约的程序代码与合约的法律文本一起作为交易状态的附件进行存证，合约的法律文本被赋予高于程序代码的效力，智能合约程序代码中与合约的法律文本不相符的情况会被清晰地认定为程序设计缺陷。③ 在金融领域，尤其是涉及大宗资金的证券交易及票据中，智能合约的应用不仅可以降低出错概率以及违约风险，还能通过对合约中行业交易规则的细化规避欺诈、操纵等明显违法行为。除此之外，结算清算的一体化、自动化也能够省去既往的人为节点，从而控制交易成本。信息化时代的法律本体论要求权威立法机构将法律条文按规范框架、行为框架和概念描述框架的类别予以代码化，形成类似于法律条款和计算机代码相互配对的“李嘉图式合约”，便于智能合约调用。④

为维护消费者权利，更好地实现实质正义与分配正义，保障法律法规

---

① 孙占利：《运用区块链推进智慧法院建设研究》，载《法律适用》2020 年第 1 期。

② 王海波：《我国“法链”监管模式的现状、问题及优化路径》，载《财会月刊》2019 年第 21 期。

③ 刘德林：《区块链智能合约技术在金融领域的研发应用现状、问题及建议》，载《海南金融》2016 年第 10 期。

④ 许可：《决策十字阵中的智能合约》，载《东方法学》2019 年第 3 期。

得以贯彻实施，公权力机关有必要参与构建在链争议解决机制，为智能合约纠纷提供人工仲裁的权利救济选项。智能合约当事人向管理员提交异议申请仲裁，作为区块链上的节点之一，管理员能够获得完整和准确的合同信息，一旦其作出终止或撤销交易的认定，就可以签发私钥，中止智能合同或冻结与非法活动有关的账户。2018 年，阿里巴巴公司提交了允许监管者节点加入的新型区块链系统的专利申请。该系统允许监管机构或司法机构作为第三方管理员加入区块链，类似于 EOS 的链上法院，管理员节点拥有获取智能合约数据、发布特殊处理指令的权限。

3. 区块链法依附于传统法律框架

虽然区块链存在于虚拟空间，但区块链法律关系的性质和其他法律关系一样是受法律调整的社会关系。区块链的服务提供者和用户作为法律关系主体均存在于物理世界，智能合约的信息输入来自现实社会中的法律事实，输出指向现实社会中的法律客体。区块链法律关系的产生、变更和消灭前提是法律规范。[①] 区块链技术作为网络技术的一种，必然受既有的网络法上位规范的约束，区块链法与既有网络法体系存在结构相似性。而法律规则在规则语义表达的射程范围之内具有解释张力，围绕区块链技术所产生的新社会关系可以经解释后被旧有法律规范所涵摄；超出既有规范语义表达的射程范围的，可以在既有法律体系的基础上立法拟制出新社会关系的模式，将其纳入法律调整的范围。

区块链法的独特之处在于其研究对象是围绕区块链这一新型技术所产生的法律关系，主要任务是在掌握区块链的技术逻辑的基础之上，尽力将其纳入传统的法律框架之中。区块链技术的发展与应用进程拓展了静态法律体系调整的对象范围，动态法律体系则不断进行法律解释与续造以配合区块链技术的发展与应用，使试图利用区块链规避法律义务者无机可乘。例如 ICO 的法律属性、智能合约是合同还是履行手段、代币持有者之间形成的利益合作是否成立合伙关系等争论，无不令司法实践和法学界的目光

---

① 张莲英：《法律关系：法律调整的一个分析框架》，载《哈尔滨工业大学学报（社会科学版）》2019 年第 1 期，总第 21 卷。

在传统法律框架和区块链新兴现象之间来回流转。区块链法的发展就是区块链技术所涉及的各类社会关系逐渐被法律体系覆盖的过程，在区块链技术自身、应用模式和相关规范都亟待完善时，突出表现为各部门法与区块链技术的常态对话；对话是在法律基础理论的指导下，最终也将实现对法律的基础理论的验证或补足。

（四）区块链法的层级

1. 国际技术公约与标准

国际标准化组织在区块链技术参考架构、智能合约安全等相关方面开展了大量的标准化工作。ITU：同步推进区块链技术安全和场景安全分析相关议题；ISO：设立多个研究组和工作组，推进区块链安全标准研究；W3C：聚焦从细分技术层面创建安全规范的区块链标准；GSMA：关注区块链技术在通信和安全领域的应用；IRTF/IETF：研究区块链安全和隐私保护技术方案。除国际标准化组织外，以太坊、R3 CEV、Hyperledger－fabric 等国际开源平台和联盟也相继发布了以太坊开发指南、fabric 协议规范等，提出区块链开源框架、开发规范等，指导用户安全开发区块链相关程序，推动区块链技术安全发展和应用。①

国际区块链安全标准化相关工作如图 2－1 所示。

我国积极参与国际标准化组织区块链安全标准的制定，为 ITU－T 贡献了《分布式账本的参考架构》《分布式账本技术评估准则》《基于 ICN 和区块链技术的去中心化物联网通信体系结构》等数个草案。由国家互联网应急中心（CNCERT）主导的《基于区块链的数字版权管理安全要求》国际标准在国际电信联盟通信标准局安全研究组（ITU－T SG17）成功通过立项；腾讯和中国信通院、深圳税务局联合代表中国提出的《基于区块链分布式账本的电子发票通用框架》在 ITU－T SG16 获准立项。我国在国际标准组织（ISO）的区块链技术标准委员会（ISO/TC307）的标准起草工作中承担了《分类和本体》及《参考架构》的联合编辑工作。不仅如

① 中国信息通信研究院：《区块链安全白皮书——技术应用篇》2018 年版。

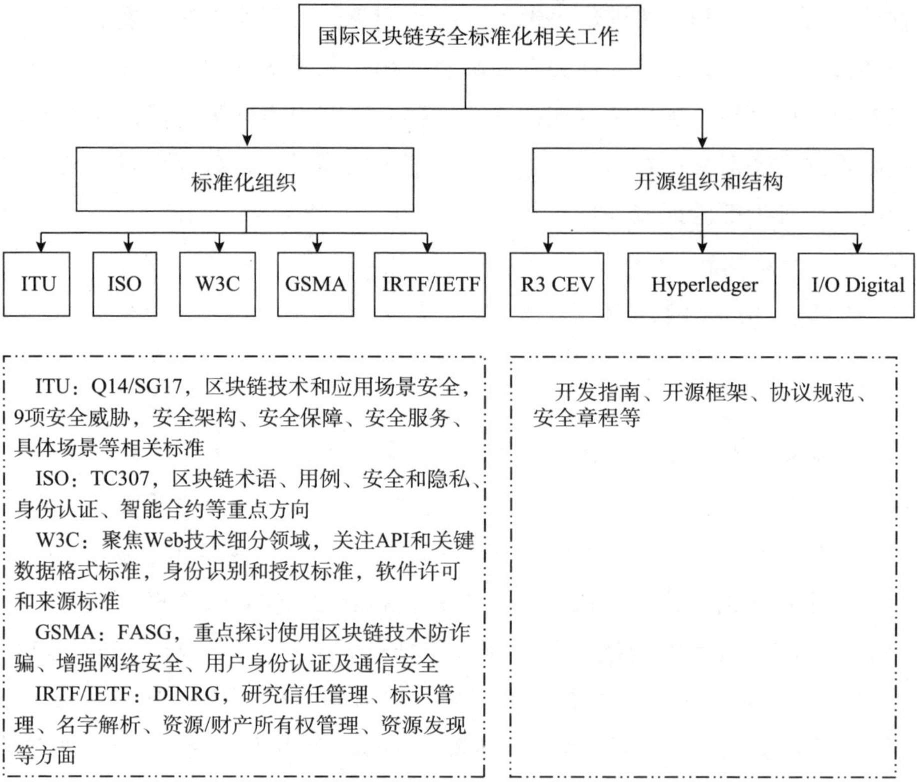

图 2－1　国际区块链安全标准化相关工作

图片来源：《区块链安全白皮书——技术应用篇》2018 年版，第 8 页图 1.5

此，中国区块链企业、中国专家还参与到 IEEE 提出的《区块链在物联网领域的应用框架（P2418.1）》《区块链系统的标准数据格式（P2418.2）》的制定过程中。

2. 国外法律法规

目前，除瑞士、马耳他等国家外，世界多数国家对区块链持拥抱技术和严密监管并重的态度，而且监管日趋严格。[①] 以拥有最多区块链项目的美国为例，在联邦层面，美国国会、国会研究局、商务部国家标准与技术研究院（NIST）等部门先后发布了《2018 年联合经济报告》《区块链：背

① 邓建鹏、孙朋磊：《区块链国际监管与合规应对》，机械工业出版社 2019 年版。

景和政策问题》《区块链和在政府应用中的适用性》《区块链技术概述》等报告，提供指导意见，引导产业理性发展；多个美国联邦政府部门开展政府试点项目，积极探索区块链应用。例如《2018 年国防授权法案》要求国防部长牵头对区块链技术可能带来的国家安全风险进行评估。由于加密货币兼具证券、大宗商品和货币的多重属性，由多个联邦监管机构分别从各自分工领域进行监管：比特币中的“挖矿”合同属于投资合同，属于美国证券交易委员会的监管范畴；美国商品期货交易委员会把比特币等加密货币界定为《商品期货交易法》所规定的“商品”，因此认为自己有权规制加密货币基础上产生的衍生金融产品，包括掉期合约；美国财政部金融犯罪执法网络（FinCEN）将区块链加密货币列入反洗钱监管对象；美国国税局则开启了针对加密税收的监管。① 在各州层面，已有至少 20 个州立法规制区块链技术及其应用，各州纷纷建立自己的监管框架，提高审核要求，对可能存在欺诈或不合规的加密投资项目展开调查。

3. 国内法律法规

我国的区块链法体系主要由三部分组成：刑法、民法等普通法律（规范）所组成的整体法律框架；既有网络法的上位规范；针对区块链的特别法。考虑到区块链的应用领域相当广泛，虽然区块链技术应用也不应违背各领域的特别法，但这部分规范与区块链技术本身并无关联，故不作为区块链法体系的组成部分。

适用于区块链的刑事普通法律规范条款包括侵犯公民个人信息罪、拒不履行信息网络安全管理义务罪、非法利用信息网络罪、帮助信息网络犯罪活动罪等；适用于区块链的民事普通法律规范包含在《民法总则》关于个人信息安全及网络财产、民事责任条款中。

上位网络法包括《网络安全法》《电子商务法》《电子签名法》等法律，《计算机信息网络国际联网安全保护管理办法》《互联网信息服务管理办法》等行政法规，《计算机信息系统安全保护条例》《涉及国家秘密的计算机信息系统分级保护管理办法》《非经营性互联网信息服务备案管理办

① 杨筱敏、伦一：《区块链监管的美国探索》，载《中国电信业》2019 年第 12 期。

法》《计算机信息系统国际联网保密管理规定》《信息安全等级保护管理办法》《电信和互联网用户个人信息保护规定》《通信网络安全防护管理办法》等部门规章。

虽然法律、行政法规层级较高、效力较强，但原则性条款居多，内容也偏重于信息安全、网络安全方面；部委规章虽然层级较低，对于区块链的规范而言却最具有全面性、针对性和可操作性。针对区块链的特别法中，《区块链信息服务管理规定》是最全面的直接规范区块链的规则集合；密码技术是区块链技术的核心技术，《密码法》对区块链加密技术的应用影响深远；司法解释方面，《最高人民法院关于互联网法院审理案件若干问题的规定》中对区块链等电子证据的认证进行了规定。

此外，国务院和各部委还发布了诸多关于区块链规划、通知等规范性文件。国务院在《"十三五"国家信息化规划》中将区块链作为一项重点前沿技术，《关于进一步扩大和升级信息消费持续释放内需潜力的指导意见》中鼓励开展基于区块链的试点应用；国务院办公厅《关于积极推进供应链创新与应用的指导意见》要求加强供应链信用和监管服务体系建设，《关于深化"互联网 + 先进制造业"发展工业互联网的指导意见》中提出促进区块链等新兴前沿技术在工业互联网中的应用研究与探索。国家知识产权局在发布的目录中将区块链列入知识产权重点支持产业之一。央行等部委发布了一系列关于区块链的通知、公告，如《关于防范比特币风险的通知》《关于防范代币发行融资风险的公告》《关于防范以"虚拟货币""区块链"名义进行非法集资的风险提示》等。工信部印发《工业互联网发展行动计划（2018—2020 年）》，鼓励推进区块链在工业互联网的应用研究。

4. 行业标准与自律章程

中国区块链技术和产业发展论坛是国内从事区块链技术和标准化研究的组织，率先提出中国区块链标准体系框架，将区块链标准分为基础、过程和方法、可信和互操作性、业务和应用、信息安全五大类。[①] 我国区块

① 中国区块链技术和产业发展论坛：《中国区块链技术和应用发展白皮书（2016）》。

链安全标准化工作主要集中在安全体系架构、应用和平台安全要求等方面。其中，在国家标准方面，信息安全标准化技术委员会（TC260）的信息安全评估工作组（WG5）致力于规范基于区块链的审计信息基础设施的设计和建设，以应对审计记录篡改、敏感信息泄露等安全威胁；信息安全管理工作组（WG7）通过研究区块链应用安全管理的原则、角色、模型，提出区块链应用安全管理的内容，制定区块链应用安全管理基本控制措施；大数据安全特别工作组（SWG-BDS）已启动区块链安全标准体系研究项目，并制定区块链风险模型，识别区块链关键资产和主要威胁，提出支持规划、设计和实施区块链安全的一致架构，并针对该架构的关键组件明确其具体的安全能力要求。在通信行业标准方面，区块链安全标准化工作主要由中国通信标准化协会－网络与信息安全－安全基础组（CCSA TC8 WG4）负责推进，聚焦区块链安全，开展实施包括区块链开发平台网络与数据安全技术要求、区块链数字资产存储与交互防护技术规范等标准项目，以及基于区块链技术的数字证书管理技术研究、区块链平台安全机制与协议研究等研究项目。

我国区块链安全标准化相关工作如图 2－2 所示。

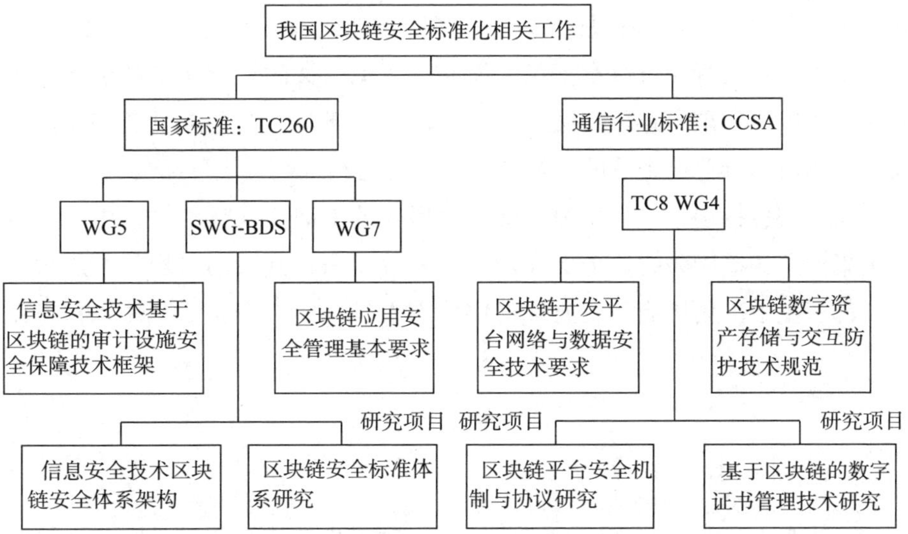

图 2－2　我国区块链安全标准化相关工作

图片来源：《区块链安全白皮书——技术应用篇》2018 年版，第 15 页图 1.8

国家鼓励区块链行业组织加强行业自律，建立健全行业自律制度和行业准则，指导区块链信息服务提供者建立健全服务规范，推动行业信用评价体系建设，督促区块链信息服务提供者依法提供服务、接受社会监督，提高区块链信息服务从业人员的职业素养，促进行业健康有序发展。[①] 国家密码管理部门及相关行政主管部门共同制定商用密码的国家与行业标准、商用密码检测认证技术的规则规范，鼓励商用密码从业单位自愿接受商用密码检测认证。国家鼓励商用密码从业单位在达到强制国家、行业标准要求的基础上，利用自主创新技术制定高于国家、行业标准的企业标准。[②]

目前，不少区块链相关行业领头企业、机构通过起草相关技术标准、服务标准，举办行业论坛等方式，对区块链领域标准化及相关规范进行先行探索，形成了《中国区块链技术和应用发展白皮书》《区块链参考构架》《区块链数据格式规范》等成果，不仅为法律工作者研究相关立法与法律实践提供重要参考，而且对行业行为提出规范性建议。2017 年，上海市互联网金融行业协会技术专业委员会发布国内首个《互联网金融从业机构区块链技术应用自律规则》。可信区块链推进计划于 2018 年发布《区块链行业自律倡议书》，接受社会公众和媒体共同监督（内设除名公告机制）。[③] 深圳市信息服务业区块链协会发布《深圳市区块链行业自律公约》。[④] 目前，多数区块链行业自律章程条文简略，所拟条文的专业水平和法律水平有限，尚停留在重申企业守法义务的阶段，缺乏具体的制度创新和制度保障，说明目前行业内企业的自治意愿与能力有待提高。

现代信息社会，以公司为主要法律形式的工商企业特别是跨国互联网巨头集聚了日益庞大的资金、技术、人才等要素，其活动对雇员、用户及社会都产生了深刻影响；企业有责任尊重人权，预防企业活动在人权方面

---

① 《区块链信息服务管理规定》第四条。

② 《中华人民共和国密码法》第二十二、二十四条。

③ 《可信区块链推进计划在京发布〈区块链行业自律倡议书〉》，载中国信通院－行业动态，http：//www. caict. ac. cn/xwdt/hyxw/201810/t20181031_187896. html。

④ 张智伟：《深圳市信息服务业区块链协会昨成立》，载《深圳特区报》，http：//sztqb. sznews. com/PC/content/202001/11/content_806577. html。

的负面影响并对人权的实现情况负有审慎义务。① 贯彻落实人权显然不能只寄希望于私营企业主的社会责任自觉，涉及技术伦理的问题可由行业协会制定自律性准则。在美国、日本均有相当活跃的行业自律组织，由区块链企业联合发起，获得官方认可，积极制定适用于组织成员企业的自律章程，向监管机构递交指南和倡议，对区块链市场应用起到了积极的示范性作用。区块链行业协会活跃于作为区块链产业与行政系统缓冲层的公共领域，可以及时代表区块链企业和一线从业人员与政府监管机构进行信息交流与协商合作，一方面可以极大地降低执法成本，为立法决策建言献策；另一方面，可以通过荣誉奖励制度等参与和引导形成健康的行业性群体认同和共识，鼓励创新争优，实现精准和柔性治理，使行业亚文化融入社会主流。

二、数字货币法律问题

（一）数字货币概述

1. 数字货币的概念

数字货币并不是作为一个法律概念出现的，其起源于2008年中本聪在其发表的论文 *Bitcoin: A Peer-to-Peer Electronic Cash System* 中提出的一种关于电子货币的新设想——比特币。中本聪在论文中对比特币的运行模式和基本原理进行了说明。比特币与现有的货币不同，其不依靠特定的发行机构发行，而是根据特定算法通过大量的计算即“挖矿”产生。通过控制比特币的数量保障其稀缺性和价值，利用区块链中的分布式数据库确认和记录比特币的交易行为，运用密码学保障交易安全。比特币具有去中心化、全球性流通、无隐藏成本、匿名性等特点。

数字货币从出现到发展，依托于区块链技术的发展和适用范围的逐渐扩大，显现出了极大的经济价值和研究意义。相对于其他常见的货币种类

---

① 黄志雄、左文君：《企业人权责任的新发展——从2003年〈责任准则〉草案到2011年〈指导原则〉》，载《哈尔滨工业大学学报（社会科学版）》2012年第3期。

而言，数字货币属于新兴事物，其概念、定义及范围都尚未明确。

国际清算银行（BIS）的报告中提出，数字货币是电子货币的一种，但是又明显有别于传统的电子货币。数字货币是一种数据表现价值的形式，通过交换数据来发挥交易流通、会计单位和价值储存的作用。[①] 国际货币基金组织（IMF）的报告认为，数字货币包括虚拟货币（即价值的数字化表现，由私人机构发行并且使用的自有的记账单位）和电子货币（即以法定货币表示的电子支付机制）。[②] 欧洲银行管理局（EBA）则将数字货币称为"虚拟货币"，数字货币是价值的数字代表，不是由中央银行或当局发布，不与法定货币挂钩，但可以作为一种支付手段。[③]

目前我国国内对数字货币并没有一个统一的、精确的定义，学界对于数字货币的定义主要包括以下几种观点：

第一，数字货币包含电子货币和虚拟货币。温信祥、张蓓认为，电子货币和虚拟货币都是无形的，电子货币是法定货币的电子化，而虚拟货币是非法定货币的电子化，两者发行主体不同；[④] 张竹一认为数字货币是一种电子货币形式的替代货币，广义的数字货币包括法定货币的电子化、互联网公司发行的虚拟货币、非法定加密数字货币和各国正积极研究的法定数字货币。[⑤]

第二，数字货币属于虚拟货币。朱阁认为没有实物形态的货币都可以称为广义的"虚拟货币"，数字货币属于广义的虚拟货币，是一种基于节点网络和数字加密算法的虚拟货币，与网络企业发行的虚拟货币相比，在发行主体、适用范围、发行数量、储存形式、流通方式、交易安全等方面都存在本质区别；[⑥] 宋玉山、赵连发、崔贵兴认为数字货币是区分于实物

① 荣刚、李纯、杨学成：《数字货币与支付关系研究》，载《金融纵横》2017 年第 1 期。

② Dong He，Karl F Habermeier，Ross B Leckow et al. Virtual Currencies and Beyond：Initial Considerations（January 20，2016），https：//www. imf. org/en/Publications/Staff – Discussion – Notes/Issues/2016/12/31/Virtual – Currencies – and – Beyond – Initial – Considerations – 43618.

③ 孟冠宇：《数字货币法律问题研究》，北京邮电大学 2019 年硕士学位论文。

④ 温信祥、张蓓：《数字货币对货币政策的影响》，载《中国金融》2016 年第 17 期。

⑤ 张竹一：《基于区块链技术的数字货币加以法律规制研究——以白俄罗斯数字经济立法为视角》，上海外国语大学 2019 年硕士学位论文。

⑥ 朱阁：《数字货币的概念辨析与问题争议》，载《价值工程》2015 年第 31 期。

货币的无形货币，本质是法定货币的一种电子化，属于虚拟货币的一种。[①]

第三，数字货币等于电子货币。刘向民认为数字货币就是以数字形式存在的货币，广义的数字货币等同于电子货币。[②]

第四，数字货币、电子货币和虚拟货币是平行并列的概念，都属于非实物货币。施婉蓉、王文涛、孟慧燕认为非实物货币是指不存在于现实世界、不以物理介质为载体的货币形式，非实物货币又分为电子货币、狭义的虚拟货币和数字货币。其中，电子货币是法定货币的电子化，虚拟货币由网络运营商提供并用于虚拟网络空间，数字货币与狭义的虚拟货币的区别在于其基于节点网络并采用数字加密算法。[③]

第五，数字货币等于由政府当局发行的法定数字货币。王永红认为数字货币是“法定电子现金”，是由政府当局发行的、具有现金特性的、存储于电子设备的价值载体；[④] 姚前认为以比特币为代表的私人数字货币不具备成为货币的条件，无法有效履行货币的职能，应该定义为“准数字货币”，数字货币应为政府发行的法定数字货币。[⑤]

第六，数字货币是一种价值转移电子媒介。荣刚、李纯、杨学成在综合国内外各方观点后提出数字货币是指基于区块链等底层技术，以加密算法为核心的价值转移电子媒介。[⑥]

第七，数字货币是一种新的货币类型，以发行主体为区分标准，可分为私人数字货币和法定数字货币。孟冠宇认为，广义上的数字货币是以国家或私人为发行主体，以区块链技术为根本技术依托，以数字信息为存在形式，以密码学、金融学为理论支撑，以互联网为交易流通平台的独立的货币类型，包括私人数字货币和法定数字货币。[⑦]

---

① 宋玉山、赵连发、崔贵兴：《数字货币对基础货币的影响探究》，载《吉林金融研究》2017 年第 3 期。

② 刘向民：《央行发行数字货币的法律问题》，载《央行数字货币探讨与研究》2016 年第 17 期。

③ 施婉蓉、王文涛、孟慧燕：《数字货币发展概况、影响及前景展望》，载《金融纵横》2016 年第 7 期。

④ 王永红：《数字货币技术实现框架构想》，载《中国金融》2016 年第 8 期。

⑤ 姚前：《数字货币的发展与监管》，载《中国金融》2017 年第 14 期。

⑥ 荣刚、李纯、杨学成：《数字货币与支付关系研究》，载《金融纵横》2017 年第 1 期。

⑦ 孟冠宇：《数字货币法律问题研究》，北京邮电大学 2019 年硕士学位论文。

上述观点从不同的角度对数字货币进行了定义，但数字货币作为一种新兴事物，目前为止学术理论界并没有形成统一的概念界定，更有一些文章将数字货币、虚拟货币、电子货币三者混用[①]，使数字货币的定义和范围更加模糊。综合现有的理论研究成果和数字货币的技术特点，上述第七种观点显得更为合理。但是，由于数字货币依托的技术处于高速发展的阶段，是不可预测的，过分强调和关注数字货币的定义属于一种思维僵化。因此，在数字货币的定义这一问题上，应该以实用性为先对其进行研究，不应拘泥于主语是否真正属于"数字货币"，以保证对问题的研究尽量全面。

2. 数字货币的类型

广义上的数字货币包括私人数字货币和法定数字货币，两者都是以区块链技术为根本技术依托，以数字信息为存在形式，以密码学、金融学为理论支撑，以互联网为交易流通平台的独立的货币类型。两者的区别在于发行主体不同。

（1）私人数字货币。私人数字货币是以私人为发行主体的数字货币。私人数字货币的发行没有国家信用做背书，不受国家法律保护。私人数字货币具有去中心化、匿名性、全球性、总量固定、避免重复支付等特点和优势。[②] 但是这些特点同时也带来了法律问题，即无法进行有效监管、容易被犯罪分子利用、引发 ICO 相关的刑事法律问题等。因此，大部分国家对于私人数字货币的态度都较为谨慎，有的国家则通过积极立法对其进行监管。

（2）法定数字货币。法定数字货币是指由中央银行或其授权的商业银行发行，以区块链等技术为依托，并以数字化信息形式存在的法偿货币。[③] 目前，有多个国家在"央行数字货币"的研发上有实质性进展或有意发行"央行数字货币"，包括法国、瑞典、沙特阿拉伯、泰国、土耳其、巴哈马

① 张荣丰、董媛：《关于数字货币的发行与监管初探》，载《华北金融》2017 年第 14 期。

② 孟冠宇：《数字货币法律问题研究》，北京邮电大学 2019 年硕士学位论文。

③ 刘少军：《金融法学》，中国政法大学出版社 2016 年版。

等。我国央行在2014年就开始了对数字货币的研究，并在2016年召开数字货币研讨会。2017年，我国央行在深圳设立数字货币研究所并成功试运行数字票据交易平台。目前央行对数字货币的研究取得了积极进展，未来将会把数字货币和电子支付工具结合起来，目标是替代一部分现金。① 法定数字货币的发行主体决定了其受到法律的保障和监管，具备完整的货币属性，可以履行货币职能。我国的法定数字货币不同于私人数字货币，由于法定数字货币的属性，其仍由中央银行对社会公众负责，而出于加强宏观调控的目的，我国的法定数字货币将不会以去中心化的模式发行。通过账户松耦合形式，实现法定数字货币的简易流通和可控匿名，既有利于我国货币的流通和国际化，又可以对其进行必要的监管。②

3. 数字货币的特征

（1）私人数字货币的特征。私人数字货币具有去中心化、数量稳定、价格剧烈波动、全球性、匿名性和安全性的特点。

私人数字货币来源于某些开放的算法，没有发行主体，因此没有任何人或任何机构能够控制它的发行；由于算法解的数量确定，所以数字货币的总量固定，从根本上消除了滥发导致通货膨胀的可能；私人数字货币交易过程中网络节点的认可保障了交易过程的安全性。③ 数字货币具有价格波动剧烈的特征，这使得其难以作为交易媒介。④ 私人数字货币不由任何主权国家发行，是天然的国际货币。⑤ 相较于传统货币，数字货币具有高度匿名性，支持远程的点对点支付，无需第三方作为中介，这种高度匿名性在保护交易者隐私的同时也为网络犯罪提供了新的手段。⑥

---

① 《“央行数字货币”破茧还有多久》，载新华网，http：//www. xinhuanet. com/money/2019 - 12/19/c_1125363223. htm。

② 《央行20天三次发声谈数字货币》，载新京报网2019年8月22日，https：//www. bjnews. com. cn/finance/2019/08/22/617992. html。

③ 朱阁：《数字货币的概念辨析与问题争议》，载《价值工程》2015年第31期。

④ 施婉蓉、王文涛、孟慧燕：《数字货币发展概况、影响及前景展望》，载《金融纵横》2016年第7期。

⑤ 孟冠宇：《数字货币法律问题研究》，北京邮电大学2019年硕士学位论文。

⑥ 张荣丰、董媛：《关于数字货币的发行与监管初探》，载《华北金融》2017年第14期。

(2) 法定数字货币的特征。法定数字货币具有去中心化、法偿性、便捷性、安全性和低成本的特点。柯达①认为法定数字货币是指由中央银行或其授权的商业银行发行，以区块链等技术为依托，并以数字化信息形式存在的法偿货币。理想状态下，法定数字货币具有不可伪造、可追踪、匿名性等特点。法定数字货币不是“去中心化”货币，尽管通过运用区块链技术会造成一定程度上的“去中心化”，但这种“去中心化”主要体现在记录货币移转信息，保证交易信息难以篡改，而不是去除中心化机构的管理。在发行发面，法定数字货币采用的是二元中心化发行机制，由中央银行和商业银行合作发行，通过电子钱包存储。在流通过程中，法定数字货币采用的是分布式结算，可以实现去中介化的点对点的清算与结算，这种结算方式可以提升交易与监管效益，降低货币流通成本；由于货币转移信息不可篡改，降低了货币信用风险，减少了重复支付的可能。流通过程中的匿名化交易保障了交易双方的个人隐私，减少了信息泄露，提升了金融监管和调控的有效性和精确性，加大了对金融类犯罪的打击力度。

（二）数字货币的研究现状

1. 域外研究现状概述

域外对于数字货币的研究始于 2008 年中本聪在自己的论文中第一次提出比特币这一概念，并就其基本原理和运作模式作出说明。在 2009 年，中本聪发行了首个比特币。比特币是目前最具代表性的数字货币，国内外对其研究相对较多和较为成熟。域外对于数字货币的研究，早期主要集中在对数字货币的定义上，研究主体主要是以各国央行为代表的金融机构或政府组织。欧洲银行管理局（EBA），在 *EBA Opinion on 'virtual currencies'* 中对数字货币的概念和法律地位作出阐述，认为数字货币并非法定货币，而是具有一定货币功能的数字价值代表。与此相同，国外学者的关注点也大都放在数字货币的内涵上，但都莫衷一是，并未得出主导性的结论。随着近些年比特币的发展和流通，关于如何监管数字货币的问题成为国外学术

① 柯达：《论我国法定数字货币的法律属性》，载《科技与法律》2019 年第 4 期。

研究领域的新热点。①

2. 我国对数字货币的态度及立法现状

针对流通范围日益广泛的私人数字货币，目前我国现有的主要规范性文件有《关于防范比特币风险的通知》《关于防范代币发行融资风险的公告》。

《关于防范比特币风险的通知》提出，虽然比特币被称为“货币”，但由于其不是由货币当局发行的，不具有法偿性与强制性等货币属性，并不是真正意义上的货币。从性质上看，比特币应当是一种特定的虚拟商品，不具有与货币等同的法律地位，不能且不应作为货币在市场上流通使用。比特币交易作为一种互联网上的商品买卖行为，普通民众在自担风险的前提下，拥有参与的自由。各金融机构和支付机构不得开展与比特币相关的业务；同时应加强对比特币互联网站的管理，防范比特币可能产生的洗钱风险。②

《关于防范代币发行融资风险的公告》强调，代币发行融资活动本质是一种未经批准的非法公开融资的行为，涉嫌违法犯罪活动，任何组织和个人不得非法从事代币发行融资活动。其内容与《关于防范比特币风险的通知》相似，目的是提醒社会公众高度警惕代币发行融资与交易的风险隐患，要求各类金融行业自觉远离相关交易活动。③

由两个文件的主要内容可以看出，与研究和发行法定数字货币的积极态度相反，我国对于私人数字货币持相对消极、严格防范的态度。针对数字货币的立法还处于空白阶段，滞后于数字货币在我国目前的发展情况。

3. 国内学界的研究现状概述

我国早期对于数字货币的研究重点在于其基本内涵，形成了多种观点，但尚未形成统一的概念。近年来，研究重点逐渐转向数字货币的发行

① 孟冠宇：《数字货币法律问题研究》，北京邮电大学2019年硕士学位论文。

② 《中国人民银行、工业和信息化部、中国银行业监督管理委员会等关于防范比特币风险的通知》，银发〔2013〕289号，2013年12月3日发布。

③ 《中国人民银行、中央网信办、工业和信息化部等关于防范代币发行融资风险的公告》，2017年9月4日发布。

主体、因素考量、发行后的监管等问题。随着数字货币在国内的流通和区块链技术的发展，出现了以数字货币为研究主题的各类研讨会。2016 年 1 月 20 日，中国人民银行数字货币研讨会在北京召开，来自人民银行、花旗银行和德勤公司的数字货币研究专家分别就数字货币发行的总体框架、货币演进中的国家数字货币、国家发行的加密货币等专题进行了研讨和交流。① 该会议正式拉开了中国央行发行法定数字货币的序幕，也使国内学者的研究焦点集中在了法定数字货币的研究上。2018 年 6 月在西安举办的区块链应用及法律研究高峰论坛上，参会人员作了题为“亚洲各国数字货币监管法律制度及我国政策法律趋势研判”的报告；② 2018 年 6 月在北京召开的新时代中国金融市场基础设施法制体系建设论坛会议上，与会专家和学者对数字货币的相关理论和监管问题进行了热烈的讨论；③ 2019 年 12 月在北京召开了数字经济与金融的法律治理学术研讨会，其主要内容包括区块链法治、数字货币监管、数字经济立法。④ 此外，我国近年来相继出台了关于私人数字货币的规范性文件，包括中国人民银行及其他四部委在 2013 年联合出台的《关于防范比特币风险的通知》、中国人民银行和其他六个部门在 2017 年联合出台的《关于防范代币发行融资风险的公告》，以及中国互联网金融协会在 2018 年出台的《关于防范境外 ICO 与“比特币”交易风险提示》。

（三）数字货币的主要法律问题

1. 数字货币发行的运行框架

（1）数字货币的发行主体问题。私人数字货币以私人为发行主体，目

---

① 《中国人民银行数字货币研讨会在京召开》，载中国经济网 2016 年 1 月 20 日，http：//finance. ce. cn/rolling/201601/20/t20160120_8416166. shtml。

② 《区块链应用及法律研究高峰论坛在西安举办》，载中国新闻网 2018 年 6 月 22 日，https：//www. chinanews. com/cj/2018/06－22/8544408. shtml。

③ 《中国法学会证券法研究会 2018 年年会在中国人民大学隆重举行》，载法制网 2018 年 7 月 3 日，https：//www. chinalaw. org. cn/portal/article/index/id/11917/cid/28. html。

④ 《“数字经济与金融的法律治理”研讨会在京召开》，载东方财富网 2019 年 12 月 16 日，http：//www. finance. eastmoney. com/a/20191216/325431288. html。

前数字货币的定义尚未明确，如果数字货币具有货币的法律属性，私人是否拥有合法的数字货币发行权值得讨论。法定数字货币的发行主体是中央银行。货币发行权是一国主权的重要组成部分，我国法律明确授权中国人民银行代表国家行使货币发行权①，但当前对于货币的定义只包括纸币和硬币，相关规定并未将数字货币纳入人民币范畴②，无法适用于数字货币的发行、使用问题上的法律规制和保障。③

（2）数字货币发行的其他考量因素。国家发行法定数字货币会对现有的金融体系和基础货币产生巨大影响。

宋玉山、赵连发、崔贵兴提出发行法定数字货币会对基础货币产生影响，包括对基础货币内涵及表现形式的影响、对基础货币结构和总量的影响。发行法定数字货币后，法定数字货币将与现存的基础货币长期共存，而随着法定数字货币的发行量增加、流通速度加快，基础货币的供应量将会降低，法定数字货币会逐步替代基础货币。④

姜立文、胡玥认为，数字货币存在着与现行法定货币和金融体系难以兼容、监管难度大、分布和持有不平等、接受程度小众化等诸多风险。⑤王刚和冯志勇认为数字货币的法律地位不明确，交易平台存在脆弱性且数字货币容易被用于洗钱等非法行为。⑥

施婉蓉、王文涛、孟慧燕提出数字货币会对金融业产生影响。发行数字货币能够有效降低货币发行、流通成本，改变现有传统的支付清算流程，对点对点进行的数字货币交易进行有效监管需要更高的监管手段和技术；数字货币的普及将会大量压缩银行的支付业务生存空间和利润空间，影响银行体系流动性；此外，数字货币的发行和流通还能促进创造新兴金

---

① 《中华人民共和国中国人民银行法》第四条第（三）项。

② 《中华人民共和国人民币管理条例》第二条。

③ 刘向民：《央行发行数字货币的法律问题》，载《央行数字货币探讨与研究》2016年第17期。

④ 宋玉山、赵连发、崔贵兴：《数字货币对基础货币的影响探究》，载《吉林金融研究》2017年第3期。

⑤ 姜立文、胡玥：《比特币对传统货币理念的挑战》，载《南方金融》2013年第10期。

⑥ 王刚、冯志勇：《关于比特币的风险特征最新监管动态与政策建议》载《金融与经济》2013年第9期。

融业态，利用区块链技术降低金融业经营成本，提高透明度从而减少欺诈行为；分布式记账模式和交易信息永久保留有利于降低监管成本，提高监管效能。①

荣刚、李纯、杨学成认为央行数字货币会对金融体系产生较大影响，应该审慎推进。发行央行数字货币后，我国货币结构将发生变化，货币乘数增大；实物货币需求将会持续下降，金融资产相互转换速度加快；能够更好地运用大数据分析货币结构；数字货币能够降低监管成本，提升监管效率。②

刘林指出，发行数字货币将对我国的民众生活、政治经济、金融体系产生重要的影响。数字货币的推行会给人民生活带来一定程度上的便利，降低货币发行成本，提高流通效率；数字货币具有的可控匿名性的特点有利于提高交易的透明度，从而减少偷税漏税等违法行为；发行后，数字货币将会长时间与纸币并行，影响银行业的传统业务。③

李兴勃④提出影响数字货币发行的关键因素包括三个方面，其一是供应方面，其二是需求方面，其三是监管安排方面。供应方面的问题包括保证数字货币流通的技术支持、数字货币的使用规模以及由于数字货币非实名制的特点而降低某些交易方的使用意愿；需求方面的问题则体现在数字货币的安全性、支付成本和实用性上；数字货币的发展还会给我国现有的监管工作带来巨大挑战，促进我国的监管系统逐步完善。此外，他认为发行数字货币将对我国银行产生重大影响，将影响我国现有的银行支付系统、我国金融市场的稳定和货币政策。

邱勋⑤认为发行法定数字货币能够降低货币发行和流通成本，提高央行货币政策的精确性和有效性，保障国家经济的平稳增长，促进我国向无现金社会过渡，提高社会的安全感、公平感和认同感，有利于构建稳健高

---

① 施婉蓉、王文涛、孟慧燕：《数字货币发展概况、影响及前景展望》，载《金融纵横》2016 年第 7 期。

② 荣刚、李纯、杨学成：《数字货币与支付关系研究》，载《金融纵横》2017 年第 1 期。

③ 刘林：《关于中国推行数字货币的思考》，载《现代工业经济和信息化》2017 年第 7 期。

④ 李兴勃：《数字货币发行对银行的影响研究》，载《金融经济》2017 年第 20 期。

⑤ 邱勋：《中国央行发行数字货币：路径、问题及其应对策略》，载《西南金融》2017 年第 3 期。

效的新金融体系。同时，发行数字货币也面临着许多问题，如我国现行的法律法规不能满足监管需求，发行后的流通环节需要设备建设和投资的成本巨大，对现有的金融体系造成冲击，能否保证数字货币正常、安全流通的技术问题等。

刘向民提出，发行法定数字货币还应考虑货币法偿性问题和货币所有权转移问题。由于我国现有法规尚未规定人民币包括数字货币，因此保障人民币法偿性的法律条款①无法适用于数字货币。数字货币的特殊性也导致在实践中可能会出现由于缺少设备而无法使用的情况，影响法偿性的权威。刘向民认为从维护法定货币的权威性和立法稳定性的角度考虑，不宜设置法偿性条款的例外条款，但为了兼顾实际需求，可以针对特定情形下的拒收数字货币的行为免于处罚。关于数字货币所有权的转移问题，刘向民认为相较于传统的纸币和硬币，数字货币的无形性使其所有权转移较难认定，应该在立法上予以清晰界定。结合物权法的相关规定，他总结了两种转移数字货币所有权的方式，分别为“交付转移”和“登记转移”；提出可以通过绑定身份信息与匹配数字货币使用人的密钥，增强数字货币的安全性。②

2. 数字货币的优势和风险

（1）数字货币的优势。施婉蓉、王文涛、孟慧燕认为数字货币具有其他形式货币无可比拟的优点。与传统货币相比，数字货币在发行和交易方面具有低成本、高效率的特点，使用数字货币能够有效降低银行业经营成本。数字货币在技术和制度层面都契合了共享金融的核心理念，有助于互联网金融的发展。此外，数字货币的核心区块链技术还可在物流、信息等多个领域应用，促进相关领域的发展。③

① 《中华人民共和国中国人民银行法》第十六条，《中华人民共和国人民币管理条例》第三条。

② 刘向民：《央行发行数字货币的法律问题》，载《央行数字货币探讨与研究》2016 年第 17 期。

③ 施婉蓉、王文涛、孟慧燕：《数字货币发展概况、影响及前景展望》，载《金融纵横》2016 年第 7 期。

（2）数字货币可能产生的安全风险预估。

第一，数字货币的安全性问题。数字货币的安全性直接影响消费者的采纳和接受程度。崔屹东、郑晓彤以比特币为例，认为从技术设计的角度上来说比特币的流通不存在安全问题，具有安全性。[①] 万伟认为数字货币并没有现实货币的防伪技术，技术上存在伪造伪币或盗取的可能。[②] 一些学者认为数字货币交易的匿名化和相对现有金融体系的独立性导致其非常容易被利用从事非法交易。

刘向民提出数字货币的造假和传统货币造假的表现形式完全不同，目前针对伪造、变造的传统货币的当面收缴，加盖"假币"字样戳印的措施无法用于数字货币。[③]

施婉蓉、王文涛、孟慧燕提出当前数字货币交易系统存在明显漏洞，容易被不法分子利用。一是数字货币资产无法与所有人建立强大的映射关系，数据有可能被窃取或遗忘，或被不法分子用于洗钱；二是并非所有的数字货币都完全开源，存在数字货币运营商不法窃取投资者数字货币的可能。[④]

兰立宏提出在服务过程中，数字货币交易商或提供相关服务的机构可能会利用用户的个人信息监守自盗，窃取客户的数字货币。黑客也有可能会利用计算机技术入侵客户账户进行盗窃活动。[⑤]

除假币问题外，由于数字货币本身的特征，它比传统货币面临更为严峻的个人信息保护问题。一旦个人信息泄露，不仅发生侵犯个人隐私的事情，而且有可能失去对数字货币的控制，财产权利受到侵害。[⑥] 目前针对数字货币的监管制度仍有待健全。

施婉蓉、王文涛、孟慧燕提出目前仍然没有针对数字货币的监管制度。数字货币实质是一个独立于任何机构的网络程序，当前监管体系对电

---

① 崔屹东、郑晓彤：《对新型货币比特币的经济学分析》，载《现代经济信息》2012 年第 16 期。

② 万伟：《从比特币看我国虚拟货币的风险及对策》，载《金融与经济》2014 年第 7 期。

③ 刘向民：《央行发行数字货币的法律问题》，载《央行数字货币探讨与研究》2016 年第 17 期。

④ 施婉蓉、王文涛、孟慧燕：《数字货币发展概况、影响及前景展望》，载《金融纵横》2016 年第 7 期。

⑤ 兰立宏：《论虚拟货币的犯罪风险及其防控策略》，载《南方金融》2018 年第 10 期。

⑥ 刘向民：《央行发行数字货币的法律问题》，载《央行数字货币探讨与研究》2016 年第 17 期。

子货币发行机构的准入或行为监管模式对于数字货币并不完全适用，而且通过技术手段对有关程序的开发和放出管理实际实施难度非常大，无法对数字货币实施高效的监管。除此以外，随着私人数字货币的数量逐渐减少，私人数字货币低成本、高效率的优势或难以持续。施婉蓉、王文涛、孟慧燕认为，目前数字货币无发行成本、无管理费用、交易高效且无通货膨胀的优势或许难以持续，因为数字货币的高效来自挖矿组织的积极的记账，随着剩余数字货币的数量递减，挖矿组织的积极性和效率稳定性都会下降。①

在数字货币是否真的值得信任的问题上，吴洪、方引青和张莹认为数字货币没有解决网络支付的安全问题，更有可能被非法交易者利用，因此数字货币不值得信任也不值得投资。② 张光炜、薛京晶认为数字货币与金本位具有相似性，他们利用金本位崩塌的原因指出典型的数字货币比特币的固有缺陷，认为比特币只是金本位“复辟”的“一厢情愿”，不值得信任。③ 王娜分析认为数字货币不具备货币本质，对其进行有限的监管非常有必要。④ 朱阁提出当前数字货币价格被疯狂炒作属于数字货币最初基本化的必经过程，虽然这一过程并未创造真正价值，还会造成市场风险，不利于确定数字货币的货币属性，但这也是资本市场对数字货币未来发展具有信心的表现。他提出随着数字货币的创新性应用的推广，随着使用人数、使用范围和影响力的扩大，数字货币的信用将逐步提高。⑤

第二，数字货币的犯罪风险。数字货币的自身特点以及其依托的区块链技术、去中心化的特点，使得其存在被滥用于犯罪活动的风险。

私人数字货币为不法分子的洗钱提供了新的途径。数字货币具有去中

① 施婉蓉、王文涛、孟慧燕：《数字货币发展概况、影响及前景展望》，载《金融纵横》2016 年第 7 期。

② 吴洪、方引青、张莹：《疯狂的数字化货币——比特币的性质与启示》，载《北京邮电大学学报（社会科学版）》2013 年第 3 期。

③ 张光炜、薛京晶：《比特币：金本文复辟式的一厢情愿》，载《现代经济信息》2013 年第 10 期。

④ 王娜：《从货币本质角度看比特币的属性》，载《商业时代》2014 年第 19 期。

⑤ 朱阁：《数字货币的概念辨析与问题争议》，载《价值工程》2015 年第 31 期。

心化、匿名性、跨国性、交易不可撤销等特点，是犯罪分子洗钱的重要工具。[①] 数字货币具有的交易便捷、隐蔽等特征使其极有可能被不法分子利用，成为洗钱活动的新载体，这将使我国反洗钱形势进一步复杂化。数字货币不经过任何金融机构的“点对点”交易过程将会改变履行反洗钱义务的主体，这种支付结算方式在一定程度上绕开了现有银行机构和结算体系，可能会削弱现有反洗钱制度的有效性。[②]

私人数字货币可能被用于逃避税收。国际社会对于私人数字货币是否应该予以征税、应该征收何种税种、如何征税存在较大争议。由于其自身特点，私人数字货币很容易沦为犯罪分子跨境转移资产、逃避政府税收监管的工具。

私人数字货币可能会被用于非法集资或诈骗。近年来，我国以虚拟货币为幌子的诈骗案件频发。犯罪分子可能将私人数字货币作为非法集资或是集资诈骗的支付工具，以投资发行私人数字货币、开发底层技术等多种借口为由，进行非法集资或诈骗。除此之外，还存在私人数字货币被用于恐怖融资或是敲诈勒索的风险。[③]

3. 数字货币的发行监管

针对上述发行数字货币可能或已经带来的风险，我国学者就相关风险管控措施进行了大量研究和讨论。

柯达认为私人数字货币是金融科技背景下补充货币形态的新发展，法定数字货币对传统法定货币起到了一定的补充作用，同时私人数字货币对法定数字货币也可进行功能补充。私人数字货币、法定数字货币与传统法定货币之间分别存在竞争的补充性特征而需要监管，同时需要解决私人数字货币与法定数字货币之间存在的功能冲突。首先，需对私人数字货币与法定货币的兑换渠道进行规制，与证券监管者进行监管协作，同时对私人数字货币的交易实施实名制，限制持有者身份与持有数额；其次，对法定

---

① 兰立宏：《论虚拟货币的犯罪风险及其防控策略》，载《南方金融》2018 年第 10 期。

② 刘向民：《央行发行数字货币的法律问题》，载《央行数字货币探讨与研究》2016 年第 17 期。

③ 兰立宏：《论虚拟货币的犯罪风险及其防控策略》，载《南方金融》2018 年第 10 期。

数字货币的法偿属性和身份属性进行限制；最后，私人数字货币的发行者或维护者应当实时或定期公开私人数字货币的发行总量、移转分布情况等货币流通数据。此外，不应当对私人数字货币施加其他业务上的特殊限制。[①] 在另一篇文章中柯达提出，通过扩大传统货币法中的货币定义，承认数字货币作为支付工具的合法性，对数字货币进行有效的法律规制。学习借鉴域外对数字货币监管的经验，采取对消费者的保护措施，如建立市场准入制度、反洗钱措施等。[②]

崔志伟认为，针对运用区块链和数字货币的监管应该形成平台监管和业务监管的双层监管模式。一方面要加强对平台运营资质和用户身份的审核，另一方面要根据不同的业务将相匹配的监管权属划分给不同机构，如针对数字货币的发行可以由央行监管，而证券交易所则负责监管证券发行业务等。[③]

宋亚琼、王新军提出，要明确数字货币的法律地位，建立相关的法律体系，完善监管制度和监管措施。除此之外还要发展基础技术，适度调控，既要保证数字货币的安全性、流通性，也要做到有效监管，加强国家间合作，共同维护金融系统的稳定。[④]

施婉蓉、王文涛、孟慧燕提出，应跟进对数字货币领域的调控和监管职能，调整监管方式和监管思路，提高监管能力，减少监管空白；促进与数字货币相关的立法，完善法律体系。[⑤]

邓建鹏认为，应学习借鉴英国的监管机制，适当引入沙盒（沙箱）机制，在交易平台通过沙盒测试后再允许其正式向市场推出；应参考美国和日本的立法经验教训，推动我国有关立法，防范违法犯罪行为，促进整个

---

① 柯达：《论补充性货币的法律规制——兼论数字货币的补充性监管》，载《中南大学学报（社会科学版）》2019 年第 5 期。

② 柯达：《数字货币监管路径的反思与重构——从“货币的法律”到“作为法律的货币”》，载《商业研究》2019 年第 7 期。

③ 崔志伟：《区块链金融：创新、风险及其法律规制》，载《东方法学》2019 年第 3 期。

④ 宋亚琼、王新军：《数字货币的发行机制与监管模式》，载《学术交流》2016 年第 7 期。

⑤ 施婉蓉、王文涛、孟慧燕：《数字货币发展概况、影响及前景展望》，载《金融纵横》2016 年第 7 期。

数字产业健康发展。①

针对数字货币发行的问题，张荣丰、董媛认为，应当由人民银行主导发行法定数字货币；针对数字货币的发行、流通、管理等进行立法，完善相关的法律体系；明确所发行数字货币的性质和地位，只作为现流通的法币的补充；加强基础技术开发，确保发行的数字货币的安全性。②

刘林认为，应该重视发行数字货币所带来的风险，包括技术上的风险、互联网安全性的风险以及数据储存的风险，针对相关风险采取风险防范措施。③

邱勋提出可以通过尽快制定中国数字货币法，完善法律体系，解决数字货币发行和流通的法律问题；做好信息系统架构，为数字货币的应用提供技术支持；成立检测分析部门，降低对原有金融体系的负面影响；采取多种措施推广数字货币，提高使用者的信心。④

针对数字货币的安全性问题，朱阁认为任何技术的安全性都是相对的，虽然目前数字货币运行体系存在安全隐患，但其交易机制和加密算法的技术依托决定了其安全级别远高于电子货币，如果能够给予数字货币相应的法律认可和保障，对现有的金融体制进行调整创新，加强对数字货币的管理，数字货币的安全性是可控的。⑤

针对假币问题，刘向民提出应当结合数字货币的技术特征，从主体角度对制作数字货币假币的行为进行界定；制定相关规定，扩大举报人的范围，尽可能降低影响，挽回损失。⑥

针对数字货币中涉及的个人信息保护问题，刘向民提出除了可以采取技术保护措施之外，还应该建立相应的法律保护制度；通过立法明确

---

① 邓建鹏：《探寻数字资产监管之路——基于国外经验教训的思索》，载《银行家》2017 年第 9 期。

② 张荣丰、董媛：《关于数字货币的发行与监管初探》，载《华北金融》2017 年第 14 期。

③ 刘林：《关于中国银行推行数字货币的思考》，载《现代工业经济和信息化》2017 年第 7 期。

④ 邱勋：《中国央行发行数字货币：路径、问题及其应对策略》，载《西南金融》2017 年第 3 期。

⑤ 朱阁：《数字货币的概念辨析与问题争议》，载《价值工程》2015 年第 31 期。

⑥ 刘向民：《央行发行数字货币的法律问题》，载《央行数字货币探讨与研究》2016 年第 17 期。

电子认证服务中心的法律地位和信息保护责任，在立法中作出针对信息非法采集、获取的禁止性规定；另外，为数字货币的保存、交易提供服务的机构或受理数字货币的商户应该配备符合规定的技术设施和保密手段。①

针对利用数字货币的洗钱问题，刘向民认为央行发行数字货币后需针对数字货币特殊的支付结算方式更新、完善现有的反洗钱规则体系，探讨中国人民银行直接履行反洗钱职责的可能性。刘向民提出，一般而言，解决法律冲突的基本思路包括修改既有法律、作出司法解释以及立法机关出台特别规定。② 兰立宏、庄海燕提出为了有效地防范虚拟货币的洗钱和恐怖融资风险，有必要参考国际反洗钱和反恐怖融资标准，结合我国实际情况，借鉴域外国家的做法，明确虚拟货币、虚拟财产的性质，遵循以风险为本的监管思路，明确相关主体的反洗钱和反恐怖融资义务，完善虚拟货币反洗钱和反恐怖融资跨部门协作机制和国际合作。③

关于数字货币涉及的犯罪风险问题。兰立宏认为由于数字货币具有去中心化、匿名性、跨国性、交易不可撤销等特点，数字货币涉及的犯罪风险包括利用数字货币洗钱、进行恐怖融资、逃税、进行非法集资诈骗与集资诈骗、盗窃和敲诈勒索的风险，其中最突出的是洗钱和恐怖融资的风险。针对这些风险，我国首先要加深对数字货币本质及其风险的认识，了解其所依托的区块链技术，采取适当的防控犯罪风险的策略和方法，如参考域外其他国家对数字货币的监管策略，逐步完善我国的法律体系和监管策略。此外还要提升我国相关的技术手段，加强国际合作。④ 谢杰认为，针对在区块链技术背景下利用数字货币进行金融犯罪的犯罪行为，我国的法律体系应该作出全维度的优化。在立法层面上，应通过拓宽证券法中证券概念的覆盖范围，将数字货币集中交易平台及其市场行为整体纳入证券

---

① 刘向民：《央行发行数字货币的法律问题》，载《央行数字货币探讨与研究》2016年第17期。

② 刘向民：《央行发行数字货币的法律问题》，载《央行数字货币探讨与研究》2016年第17期。

③ 兰立宏、庄海燕：《论虚拟货币反洗钱和反恐怖融资监管的策略》，载2019年总第7期。

④ 兰立宏：《论虚拟货币的犯罪风险及其防控策略》，载《南方金融》2018年第10期。

监管法律框架。在司法层面上，完善数字货币交易与金融犯罪之间的规范解释，建构相应的司法定量规则。在执法层面上，执法机关应针对数字货币特点对其进行有效的刑法规制。①

综上，我国在发行数字货币前，应完善法律体系，为数字货币的发行和应用提供法律保障；应全面发展底层技术，保障数字货币发行后的应用效率和安全性；针对数字货币的特点及可能对金融体系造成的影响，提前采取应对措施，实现逐步过渡，保障我国金融体系的稳健发展，重视发行后的监管问题。在发行数字货币后，相关部门应针对数字货币自身特征，调整监管方式和监管思路，提高监管的技术水平，减少监管领域的空白，降低利用数字货币实施犯罪的风险，促进数字货币产业的发展。

三、智能合约法律问题

智能合约概念并不是随着区块链技术的发展而提出的，早在 1996 年萨博便以自动售货机为模型，提出了最早的智能合约概念，但在当时受技术水平的桎梏，难以实现。随着区块链技术的不断发展，其去中心化、去信任化、不可篡改的特征使得智能合约的应用成为可能。同时，智能合约技术被称为区块链 2.0。智能合约是区块链中的合约层，在区块链 1.0 时代，合约层设计相当简单，并没有为参与者自主设计合约留下空间，仅能满足数字货币传输和储存的需要；而智能合约的发展赋予区块链技术更多的可能性，大大扩大了其应用范围。简言之，区块链技术重塑了智能合约，而智能合约又拓展了区块链技术的应用空间。智能合约是法律与技术的结合体，具备许多传统合约所不具备的特征和功能，也对传统的合同法甚至私法领域产生了冲击；并且任何新生事物的存在都不可能有利无害，在对智能合约的潜力进行研究时，不可忽视其中可能蕴藏的潜在风险与问题。

① 谢杰：《区块链技术背景下金融刑法的风险与应对——以比特币交易对外汇犯罪刑法规制的冲击为视角》，载《人民检察》2017 年第 8 期。

（一）智能合约的概念与内部体系

1. 智能合约的概念

智能合约在初始并非作为法律概念被提出，而是作为一种计算机技术，从密码学角度被提出的。萨博在1996年将之定义为“一套以数学形式定义的承诺，包括合约参与方可以在上面执行这些承诺的协议”。他期待智能合约能够与物理世界中的设备相连，从而产生各种灵活可控的智能资产。[①] 有的观点将法学概念融入其中，认为“智能合约是利用代码表现，确认和促进合同条款的自动执行”[②]，或是“通过电子方法控制资产所有权，以限制违约现象的产生”[③]。工信部发布的《2018年中国区块链产业白皮书》认为“智能合约是由事件驱动的、具有状态的、获得多方承认的、运行在区块链之上的且能够根据预设条件自动处理资产的程序，智能合约最大的优势是利用程序算法替代人为仲裁和执行合同。本质上讲，智能合约是一段程序，且具有数据透明、不可篡改、永久运行等特性”。[④]

由于智能合约在不同的维度上具有不同的含义，在此难以简单地得出一个统一的概念。郭少飞认为“最简单、最流行的定义是，智能合约是可自动履行的协议”。[⑤]

2. 智能合约的特征

（1）智能合约具有自动性。柴振国认为，智能合约在构建完成后便开始自动运行，不需要合同双方的介入。一旦智能合约将双方的要约承诺转化为可执行的语言，通过计算机程序代码，智能合约本身便具有信息的接收和反馈机制，可以完成合同的运转。这种代码化并不是静态意义上的合

---

① 陈吉栋：《智能合约的法律构造》，载《东方法学》2019年第3期。

② 倪蕴帷：《区块链技术下智能合约的民法分析、应用与启示》，载《重庆大学学报（社会科学版）》2019年第3期。

③ 倪蕴帷：《区块链技术下智能合约的民法分析、应用与启示》，载《重庆大学学报（社会科学版）》2019年第3期。

④ 中华人民共和国工信部信息中心：《2018年中国区块链产业白皮书》。

⑤ 郭少飞：《区块链智能合约的合同法分析》，载《东方法学》2019年第3期。

同语义转化，不是将文字转化为计算机代码便束之高阁，而是包含着合同运转执行的动态化的过程。①

（2）智能合约具有执行性。柴振国认为，“智能合约具有执行性的特征。这是与传统合同法最大的不同，智能合约具有在自动性的基础上的执行性，也就是一种权力下放，第三方核查工作的执行情况。这样就在一定程度上突破合同的相对性，把合同相对方从合同中解放出来，合同双方不必有更谨慎的注意义务，时刻关注合同的情况，由可信的第三方技术自动执行合同。这样就将合同双方当事人的权利下放到第三方。在智能合约中，使缔约方能够使用性能标准、具有一般定义的合同条款，创建执行的协议。智能合约依托区块链技术在区块链上分散的协议，在网络上直接执行。在这种执行中不需要完全了解将来可能发生的情况，因为这种标准将商业习惯纳入协议中，进行明确规定，以避免重复的商业谈判。一旦缔约双方的协议成立并被执行，双方都可以自由地通过非正式的修改或有选择地强制执行违规行为来动态地塑造双方的关系，这样就大大提高了商业效率”。②

（3）智能合约具有去意志性。王延川在关于智能合约特征的论述之中，从智能合约自动执行性的另外一个方面着眼，即自动执行与交易当事人之间的关系，认为智能合约具有去意志性。去意志性并不意味着智能合约完全排除了交易双方的意志，而是指在代码已然吸收了交易双方的意志之后，一旦上链，并且经过了“矿工”挖矿完成共识程序，记录在所有节点之上，交易双方便再也不可能掌控代码的运行，即便双方后续达成了另外的协议，也无法变更与撤销已上链合约。可见，其去意志性仅存在于智能合约上链之后。③

上述三点便是智能合约相较于传统合约最为核心的区别，即“去意志的自动执行”。一旦代码语言固定下来，合同的执行便拥有确定的触发条件。智能合约将会自动地运转，当合同中预设的触发条件满足后，便直接

① 柴振国：《区块链下智能合约的合同法思考》，载《广东社会科学》2019 年第 4 期。

② 柴振国：《区块链下智能合约的合同法思考》，载《广东社会科学》2019 年第 4 期。

③ 王延川：《智能合约的构造与风险防治》，载《法学杂志》2019 年第 2 期。

开始执行，当事人双方不需要也无法干预执行。

（4）去中心性。王延川认为传统交易建立在权威机构的信用之上，即交易方意志有效和执行均需借助于第三方权威机构。之所以如此，是因为交易方的意志里包含追求法律效力和法律强制执行的意志。例如货款的支付需要银行进行，产生纠纷后需要诉诸于法院或仲裁机构来认定合约的法律效力并要求强制执行。而智能合约的运行模式摆脱了传统合约对于中心权威的依赖，不论是双方达成协议、对合同履行结果的判断，还是最终的执行，都不需要中心权威的参与，甚至任何人都无法干预。在区块链技术的支撑下，对于中心权威的信赖转换为了对于技术或者数学的信赖，改变了传统合同的架构。①

（5）匿名性。由于区块链上的每个节点间的交换遵循固定的算法，数据交互由区块链中的程序自动判断，无需交易双方公开身份。柴振国认为这消除了使用的商业背景，赋予协议条款本身应有的意义。区块链创造出一种“技术信任”，在区块链技术上的数据可以被有效地确权，通过构建不可伪造、不可篡改和可追溯的块链式数据结构，从而提高安全性能。协议赋予其本身价值——代码价值，在可信化的环境中执行这些协议。在区块链中，缔约方是区块链的参与者，无需显现真实的信息，而是在区块链中操作，协议赋予智能合约的自动执行性使得商业背景在商业交易中的影响因素降低，从而构建了一种可视化的平等，实现了合同缔约双方的实质平等。当然这是一种内置型的操作。智能合约允许匿名化交易，法律不会对拥有私密钥匙或比特币的主体加以限制，私密钥匙被视为合格主体。②

（6）技术与法律的双重属性。郭少飞认为智能合约作为区块链技术的一部分，是一种在区块链底层技术基础上构建的基本功能。智能合约拥有信息的接收和反馈机制，是价值的储存者和传输者，在这个意义之上，智能合约是一套技术装置，也可以称为“区块链智能合约技术”。区块链可以分为公链、联盟链与私链，不同的区块链类型具有不同的性质，包括是否具有中心化的节点、参与是否需要中心节点的审批、各个节点是否具有

① 王延川：《智能合约的构造与风险防治》，载《法学杂志》2019 年第 2 期。

② 柴振国：《区块链下智能合约的合同法思考》，载《广东社会科学》2019 年第 4 期。

匿名化要求等；不同区块链之上的智能合约的适用场景十分不同，即具有不同的主体、智能财产或账户、履行执行措施、反映承诺内容的预示状态等。据此，能够总结概括合约当事人关系，将其简化为具有法律意义的当事人之间的一个或多个承诺，即“区块链智能法律合约”。智能合约技术采用的代码程序只是技术构造，是以计算机语言来编制的。区块链智能法律合约有别于但又嵌套于代码程序，其技术与法律属性是同一对象的一体两面之物。①

可以看出，学者关于智能合约特点的论述具有较高的一致性，总体而言都是着眼于其法律与技术的结合性，并且几个特征之间彼此交织，围绕技术层面上的技术信任、匿名操作与代码自动执行展开。

3. 智能合约的运行与架构

郭少飞在《区块链智能合约的合同法分析》一文中对于智能合约的框架进行了较为详尽的描述。其认为智能合约兼顾人类与机器，存在双层结构，其一是适合人类的合约文本层，其二是适合机器的合约代码层。前者与传统的合同并无二致，都使用自然语言描述；后者则是基于前者，将文本层之中的具体条款或者规则通过计算机语言进行表述，使其能够被计算机读取、运行，之后再发布于区块链。

虽然智能合约存在两层框架，但却不是每一个智能合约都同时具备合约文本与合约代码。两者存在对应、互补与独立的关系，而两者不同的关系也就是智能合约不同的运行模式。对应是指合约文本内容与合约代码内容大致相对应，相互反映。互补则是文本不直接描述代码，而是向用户补充解释代码之中所不具备的事项。而独立是可能并不存在合约文本，仅存在合约代码，所有的行为规则、当事人的权利义务关系都通过合约代码加以规范和约束。②

由此可见，智能合约的运行模式大致可以分为以下两种。

（1）合约文本与合约代码同时存在。此种情况下，交易当事人可以进

---

① 郭少飞：《区块链智能合约的合同法分析》，载《东方法学》2019 年第 3 期。

② 郭少飞：《区块链智能合约的合同法分析》，载《东方法学》2019 年第 3 期。

行链下的磋商，当事人之间首先达成传统意义上的合约文本，之后再将该合约文本转化为合约代码，进行上链。这样的运行之中双方仅仅借助智能合约的形式来简化合同的履行，促使合同的自动执行。例如 A 与 B 在现实中签订了一份货物买卖合同，之后双方将该合同转化为合约代码上链，以期到期后可以自动执行价款的划拨，避免纠纷。有人将此种模式概括为三步：第一步，参与缔约的双方或多方用户商定后将共同合意制定成一份智能合约；第二步，该智能合约通过区块链网络向全球各个区块链的节点广播并由各个节点存储；第三步，构建成功的智能合约等待条件达成后自动执行合约内容。①

（2）仅存在合约代码。此种情况下，交易当事人完全匿名化，无法进行线下的磋商。智能是一方当事人首先在区块链上发布一条信息，如汽车出租，一个比特币一天，当交易相对方在区块链上看到此条消息后，通过行为的方式，即将一个比特币放入账户中，作出承诺。此时智能合约成立，当计算机检测到一个比特币进入账户后，便将汽车的启动密码告知交易相对方，交易相对方再使用私钥获取密码。在这样的运行模式中，交易相对方完全匿名化，彼此只能通过区块链的方式进行要约与承诺。

陈吉栋也认为，“智能合约可以是线下协议的代码表现，在此种情况下，在区块链上发布合约往往仅意在保证线下合同的执行。智能合约也可以是区块链上直接以代码呈现的意思表示，此意思表示通常尚需对方当事人的相应行为才能进一步达成并履行合约内容”②。无论是何种运行模式，都没有改变智能合约最本质的特征，即完全自动执行。倪蕴帷则明了地将智能合约的运行模式概括为“要约 + 担保机制”与“合同 + 担保机制”。其中要约是指交易双方仅通过区块链订立合同，只存在合约代码的情形；而合同是同时具备合约文本与合约代码，此时智能合约只是双方合同的另外一种载体。

除此之外，为了使自动执行成为可能，需要一些配套措施。而桎梏自动执行实现最关键的问题，便在于链上信息对于链下事务的无能。智能合

① 夏沅：《区块链智能合约技术应用》，载《中国金融》2018 年第 6 期。

② 陈吉栋：《智能合约的法律构造》，载《东方法学》2019 年第 3 期。

约与区块链纯粹是一套线上代码，对于现实生活中的任何信息并不具备直接的反应能力，同时对于现实中任何物品财产也并没有直接处分的能力。为了解决这一问题，王延川提出了两个配套措施。第一，为了使自动执行成为可能，交易方必须提供“担保”，交易相对方在缔结智能合约之前，必须事先将虚拟货币或虚拟财产储存于区块链之上，一旦执行的条件触发，系统便可以直接划拨货币财产，即提前将线下财产上链。第二，区块链只能对各类代码程序加以反应，在涉及实物的合同中便无法获知现实之中合同履行情况究竟如何。由此，判断执行条件是否触发需要借助预言机。[①]“预言机是一种可信任的实体，通过签名引入链下现实世界的信息，从而允许智能合约对不确定的外部世界作出反应。”[②]

（二）智能合约的私法冲击

1. 智能合约与传统合同的区别与联系

一方面，智能合约与传统合同之间存在联系是没有争议的。柴振国认为智能合约只是执行预先存在的合同的计算机程序，只是传统合同的计算机表达；同时，柴振国将智能合约与电子合同联系起来，认为电子合同是将纸质合同电子化，而智能合约是将电子合同代码化。[③] 陈吉栋则认为智能合约是电子合同的升级，电子合同是通过计算机网络缔结的合同，而智能合约使得计算机能够读取合同并且自动执行。[④] 郭少飞也认为智能合约基于纸质合同、电子合同、可计算合同等之上。[⑤]

另一方面，智能合约与传统合同的区别。前述智能合约的特征便可以清晰地说明其与传统合同的区别。无论是去意志、去中心、匿名化、自动执行、不可变更撤销，还是最为表征的形式不同，都是智能合约与传统合同的分别，不再赘述。

---

① 王延川：《智能合约的构造与风险防治》，载《法学杂志》2019 年第 2 期。
② 王延川：《智能合约的构造与风险防治》，载《法学杂志》2019 年第 2 期。
③ 柴振国：《区块链下智能合约的合同法思考》，载《广东社会科学》2019 年第 4 期。
④ 陈吉栋：《智能合约的法律构造》，载《东方法学》2019 年第 3 期。
⑤ 郭少飞：《区块链智能合约的合同法分析》，载《东方法学》2019 年第 3 期。

2. 智能合约的私法属性

关于智能合约是否为法律合同，学界争论颇多，大致可以分为肯定说与否定说，并且在肯定说内还存在不同见解。

(1) 肯定说，具体又可以分为三种。

第一种是电子合同说。陈吉栋认为，智能合约首先是一种书面法律行为。当事人发布智能合约具有改变当事人权利的意思，合约的发布方和接收方都基于自己的意思形成法律关系，应当认定为是一种法律行为。智能合约是电子合同的升级，因为合约内容体现在计算机代码组成的程序中，而不单单是典型电子合同中使用的计算机代码。智能合约中，用计算机代码起草可自动执行的电子指令使得计算机能够“读取”合同，甚至在很多情况下还可以自动实现预设的指令。[①] 自动执行也是智能合约与其他电子合同之间的关键区别，也是升级所在。郭少飞同样将电子合同认为是智能合约的基础之一。[②]

第二种是多类说。郭少飞将智能合约依据不同的法律关系，细分为多种类别，其中只有一种智能合约具备法律合同的性质。具体而言，这一观点承认了智能合约的私法属性，认为其属于一种法律合同，但仅限于智能合约之中的一个具体类别。首先，这一观点认为区块链智能合约可能是合同等私法关系，但也可能由于实施的主体不同而属于行政监管等公法关系。其次，即便在私法关系之中，根据具体法律关系的内容，又可以分为合同型智能合约和实体型智能合约，其中只有合同型智能合约才能被认定为法律合同。最后，合同型智能合约是当事人的意思表示的代码表征，是法律合同的载体或外在形式，可以从中推出权利义务关系；而实体型智能合约同样也是当事人之间的协议，但并非法律合同，而是蕴含着当事人经营特定事务之目的，设置有权益份额、表决方式、治理机制等，这种智能合约具有组织性，被视为是一种新型经济实体的基础，如去中心化的自治

① 陈吉栋：《智能合约的法律构造》，载《东方法学》2019 年第 3 期。

② 郭少飞：《区块链智能合约的合同法分析》，载《东方法学》2019 年第 3 期。

组织 DAO。[①]

第三种是担保工具说。倪蕴帷同样认为智能合约具备法律合同的性质，但从作用和特征上来看，智能合约与信用证极为类似，应当被认定为是一种担保工具。具体而言，这一学说认为智能合约相对于传统的合同架构并没有根本性的改变，只是在传统的合同之外，又附加了一定的担保机制，即将智能合约认定为一种类似于信用证的独立担保工具。智能合约并不建立在对任何人或机构的信任之上，因为其本身就是建立信任的一种手段。通过对区块链资产的控制，实现满足一定条件时的自动履行，并且这样的履行仅仅考虑代码意义上的条件满足，而不会对于现实中的实际履行加以考虑和反应。这就类似于信用证的原理，只要满足部分条件，银行便必须无条件地向受益人完成支付，之后再进行追责。而担保机制必须提高优先性或者扩大责任财产，因此智能合约担保功能的实现便使得债权人具有了事实上的优先性。智能合约交易之前当事人必须提前将数字资产打入合约地址，使这一部分资产置于区块链的控制之下，一旦触发条件就立刻划拨。简言之，智能合约是一种基于技术的信用担保，它以区块链公开透明、不可篡改的技术特性，保障合同条款在约定条件下被安全可信地自动执行。[②]

（2）否定说。王延川否认智能合约具备法律合同的性质。事实上，否定说更偏向于智能合约的技术特征方面，从智能合约适用法律的不能方面着眼，智能合约只是一种结构性行为，不存在传统合约意志产生、有效与执行的断裂，其存在的目的就是实现缔结和履行的一体化；代码化的合约并不关注对交易双方意志的承载，仅仅追求其可以按照技术的逻辑运行；虽然智能合约不属于法律合同，但其涉及交易方权利义务的变动，仍然属于具有法律意义的合约。[③] 陈吉栋认为智能合约只是合同履行的辅助手段，旨在消除当事人事后请求法律强制执行的必要，其核心特征是在执行过程中没有必要甚至不可能实施法律。换言之，由于智能合约的执行过程完全自动且不可修改，智能合约并不需要法律参与强制执行的过程。从这个意

---

① 郭少飞：《区块链智能合约的合同法分析》，载《东方法学》2019 年第 3 期。

② 倪蕴帷：《区块链技术下智能合约的民法分析、应用与启示》，载《重庆大学学报（社会科学版）》2019 年第 3 期。

③ 王延川：《智能合约的构造与风险防治》，载《法学杂志》2019 年第 2 期。

义上说，智能合同本身并不支持任何人乃至法律程序强制中断或中止合约内容的执行。这些协议看起来仅旨在执行，并未打算诉诸法庭。[①] 并且，从我国工信部发布的《2018 年中国区块链产业白皮书》中对于智能合约概念的界定可以看出，智能合约的定义为一种程序而非合同。

总体而言，对智能合约的法律合同属性持否定态度的观点，都是基于智能合约的代码化与自动执行完全排斥法律适用这一特征的。

3. 智能合约对于合同法的冲击

（1）智能合约对于意思表示规则的冲击。

第一，意思表示一致的概括认定。由于智能合约有两种不同的运行模式，因此两种模式下意思表示是否达成一致的判断规则也存在差异。郭少飞认为当同时存在合约文本与合约代码时，首先判断两者的内容是否完全一致。若内容相辅相成，则意思表示达成一致；若内容相互冲突，则必须考察两者成立的先后顺序。之后还要明晰在后合约的目的，若其目的为反映明确前者，则以前者为准；若为修订前者，则以后者为准。当仅存在合约代码而不存在合约文本时，郭少飞认为当事人在此情形下难以协商，并且当事人大多是外行，难以理解合约代码或计算机语言，此时就需要借鉴对于新型合同的理解，使用推定的方式来判断意思表示是否达成一致。区块链智能合约意思表示一致的认定，应与传统合同理论有所区分，根植于信息条件下人们的交易方式、行为规则及特点，如果确认当事人具有共同概括认知，即可推定意思表示一致。应当说，通过输入数据、关联智能财产或账户，提交私钥，把财产资源控制权给予智能合约，使智能合约得以持续运行，足以表明当事人受约束的意思。[②] 在此情况下，即便当事人为匿名，基于缔结智能合约复杂的流程以及多次自主的决定，也足以认定其更加注重交易本身，而不是交易对象，由此应当推定达成一致的意思表示。

第二，智能合约对意思表示解释规则的限制。王潺、杨辉旭认为传统

① 陈吉栋：《智能合约的法律构造》，载《东方法学》2019 年第 3 期。

② 郭少飞：《区块链智能合约的合同法分析》，载《东方法学》2019 年第 3 期。

合约关系中，即使在意思表示自由的情况下，表意人的内心意志与外在表示也可能出现不一致的情况。当事人的意思以自然语言为载体写入合同条款，但由于主客观的原因，合同常常不能正确或准确反映当事人的真实意愿。此时可借助意思表示制度的法律补充功能和解释功能对合约予以完善。显然，智能合约对条款的修改和变更严格受限，引起人们的不适。[①] 郭少飞进一步认为由于智能合约的自动性，其对于意思表示的解释更多的是限制，即便确有错误，当事人在智能合约开始之后也很难对其进行进一步解释和变更；同时，当事人意思表示的解释也更加复杂。“由于需要考量区块链智能合约文本、代码、底层规则或传统合同等诸多事物，意思表示确定必然面临解释问题……故区块链智能合约当事人意思表示一致判定依据中，以自然语言呈现之文档可根据常规解释方法探究意思……而计算机语言构造之代码程序及其运行机理、过程及结果，尚存意思认定偏颇可能，当慎重。”[②]

（2）智能合约对于“要约—承诺”结构的冲击。传统法律合同的订立必然需要经过“要约—承诺”的过程，而智能合约对于这一传统的合同订立过程同样产生了冲击。

第一，智能合约要约的认定。智能合约的要约认定应当区分不同的运行模式。合约文本与合约代码同时存在时，智能合约的作用仅仅是双方当事人已达成的传统合同的技术性代码表达，双方协商确定具体内容，再将合同转化为合约代码放入区块链。智能合约从开始便是一个完备的合同。而在仅存在合约代码的运行模式中，一方当事人先将自己的交易意愿、交易条件等具体内容放入区块链，等待承诺人通过特定的行为作出承诺，此时发出但尚未获得承诺的智能合约，则应属于要约。倪蕴帷将这两种模式概括为“要约 + 独立担保”或者“合同 + 独立担保”两种。[③] 可见，智能合约仅在部分情形下可以被视作要约。陈吉栋从传统要约的特性之中挖掘出智能合约的要约属性与传统要约的相似性，从而肯定了一定情形下的智

① 王潺、杨辉旭：《智能合约的私法挑战与应对思考》，载《云南社会科学》2019 年第 4 期。

② 郭少飞：《区块链智能合约的合同法分析》，载《东方法学》2019 年第 3 期。

③ 倪蕴帷：《区块链技术下智能合约的民法分析、应用与启示》，载《重庆大学学报（社会科学版）》2019 年第 3 期。

能合约属于要约。首先，智能合约为了使代码得以正常运行，必须将代码语句设计得清晰、明确、足够具体；并且由于此时交易双方匿名操作，协商成本极高，要约人必须确保潜在的承诺人能够从其设计的代码中明确读出具体的条款内容，更加强调作为要约的智能合约必须足够具体且确定。其次，由于智能合约的自动化执行机制，要约人明知一旦承诺人采取特殊行为作出承诺，合约便自动运行，因此要约人有受到其发布的智能合约内容拘束的意思便不彰自明。[①] 由此可知，当一方当事人在区块链中发布智能合约，以期另一方作出承诺时，智能合约当属于要约；同时，作为要约的智能合约同样具备传统要约的必备特征。

第二，智能合约承诺的特殊形式。陈吉栋认为智能合约中的承诺需要调用代码并且执行，可以界定为意思实现。所谓意思实现，是指行为人的一种行为，它并不是通过行为人表达法律行为意思的方式而使法律后果产生，而是以创设相应状态的方式，使行为人所希冀的法律后果实现。这就是说，意思实现纯粹是一种实施行为，而不是表示行为。[②] 意思实现之中当事人的表示并不重要，并不需要承诺人将承诺这一意思表示告知对方，而是直接通过履行行为进行承诺。“一个人发起一份智能合约，可以将代码作为要约发布到区块链，一旦一个行为启动接受，例如通过将对一定数量的资金的控制权交给代码，就形成合同……当承诺人执行代码满足智能合约中的预设条件时，即为承诺行为。一经承诺人承诺，即符合智能合约的条件，智能合约即告成立。”[③] 简言之，智能合约中的承诺是意思实现行为，由履行行为作出，并不注重承诺人的承诺是否到达要约人。

第三，智能合约要约与承诺生效的时间。当智能合约作为要约时，双方当事人完全通过区块链完成合同的缔结行为，换言之双方之间不可能存在对话。以非对话的方式发出的要约何时生效，学界的通说观点为到达主义，即要约到达相对人可以了解、支配的范围内，便生效。由此，在智能合约中存在的问题便是如何认定该要约到达潜在的交易相对人。我国《合

① 陈吉栋，《智能合约的法律构造》，载《东方法学》2019 年第 3 期。
② 韩世远：《默示的承诺与意思实现》，载《法律科学》2003 年第 1 期。
③ 陈吉栋：《智能合约的法律构造》，载《东方法学》2019 年第 3 期。

同法》第十六条规定："收件人指定特定系统接收数据电文的，该数据电文进入该特定系统的时间，视为到达时间；未指定特定系统的，该数据电文进入收件人的任何系统的首次时间，视为达到时间。"《民法总则》第一百三十七条第二款进行了补正规定，即以非对话方式作出的意思表示，未指定特定系统的，相对人知道或者应当知道该数据电文进入其系统时生效，由此容易得这一时间即为要约到达受要约人系统的时间。对于智能合约而言，其是运行在区块链之中的数据代码，区块链则是交易双方都可以使用的平台，故而当要约人将要约的程序代码发布到区块链上时，便可以视为"进入特定系统"，要约生效。① 智能合约的承诺属于意思实现，韩世远认为意思实现在本质上属于无需受领的意思表示，是承诺须经受领的例外，所以在承诺的行为作出时生效。王延川则更加具体地指出，不论是要约还是承诺，行为人执行代码的行为与该代码被实际记录在区块链之间仍有时间差。发布到区块链并不一定意味着被区块链确实记录，还需经过区块链节点的验证。因此，不能仅仅将生效时间认定为上链，而是应当认定为经过节点验证。②

（3）智能合约与对合同效力认定的冲击，主要包括四个问题。

第一，智能合约主体民事行为能力认定问题。郭少飞对不同类型区块链上的智能合约进行了分类，发现不同类型的智能合约对当事人行为能力的认定有不同的规则。在联盟链与私链中，参与区块链节点的当事人身份需要预先经过中心点的确认，其行为能力易于判断。但是在公链上，所有的节点都是匿名化地参与区块链，难以判断主体的行为能力。并且，由于智能合约的提前担保和自动执行，交易双方当事人并不注重交易对象，也不需要对交易对象有一定程度的信赖。智能合约本身通过技术方式增强完全陌生的主体之间的信赖，并且一旦智能合约缔结完成，便开始按照程序运转，违约的风险极低，导致交易主体的行为能力无法也没有必要发挥作用。在智能合约的影响下，加上商业活动的特殊性，民事行为能力的标准

① 陈吉栋：《智能合约的法律构造》，载《东方法学》2019 年第 3 期。

② 王延川：《智能合约的构造与风险防治》，载《法学杂志》2019 年第 2 期。

可能被“架空”。[①] 仅从技术层面考虑确实如此，智能合约交易只需要公钥、私钥和数据信赖便可完成，但是法律必须考虑到实际生活。区块链并不禁止行为能力欠缺之人拥有数字货币和私钥，对于欠缺行为能力人缔结智能合约的行为必须加以限制，但是又无法从交易过程中识别主体并判断其行为能力，这便是智能合约对于民事行为能力认定的冲击。[②] 陈吉栋认为，当事人行为能力判断可以借鉴《电子商务法》中的推定制度。《民法总则》第一百四十三条要求当事人具备相应的民事行为能力，《电子商务法》第四十八条第二款设计了电子合同缔约双方民事行为能力的推定制度，但规定有相反证据足以推翻的除外。本条规定可以适用于智能合约。[③]

第二，欺诈与胁迫问题。郭少飞认为，即便存在欺诈的情形，当事人由于匿名化状态不可能知晓交易对方的行为能力、主体状态，也不可能知晓欺诈的存在，即对于欺诈情形无法救济；但不管主体匿名与否、当事人是否知晓，受到胁迫订立的智能合约一律可以撤销。[④] 只是在智能合约的自动执行之下，因胁迫签订智能合约的撤销是否有实现的可能尚值得思考。

第三，单方错误。郭少飞认为在智能合约的缔结过程中会存在主观认识与客观事实不符的情况，包括动机错误、内容错误、表示行为错误、性质错误等。就区块链智能合约而言，一方当事人动机错误，该方承担风险，不影响合同效力；双方当事人动机错误，可由双方协商变更，也可解除合同；表示行为错误、内容错误或性质错误，必须错误达到“重大”程度，方可撤销合同，但错误一方当事人对相对方的信赖利益损失应承担赔偿责任。[⑤] 这些错误的情况确实有可能存在，但还是同上述问题一样，在一个可接受的成本范围之内，智能合约被撤销的可能性有多大？又该如何操作？

第四，智能合约中的无效因素认定。首先，周润、卢迎认为智能合约

---

① 周润、卢迎：《智能合约对我国合同制度的影响与对策》，载《南方金融》2018 年第 5 期。
② 郭少飞：《区块链智能合约的合同法分析》，载《东方法学》2019 年第 3 期。
③ 陈吉栋：《智能合约的法律构造》，载《东方法学》2019 年第 3 期。
④ 郭少飞：《区块链智能合约的合同法分析》，载《东方法学》2019 年第 3 期。
⑤ 郭少飞：《区块链智能合约的合同法分析》，载《东方法学》2019 年第 3 期。

应增加格式合同设计者的提示和说明义务。智能合约与格式合同确实具备相当的一致性。倪蕴帷认为智能合约当前的应用形态更接近格式条款，而非完整合同。[①] 柴振国也认为与格式合同相类似，智能合约可以避免重复谈判，降低交易成本，提高交易的效率，节省交易的时间。[②] 具体而言，周润、卢迎认为："由于智能合约是按照计算机程序代码形式订立的，对于根本不了解计算机程序代码的普通人而言，往往是处于弱势地位。合同双方掌握的信息和拥有的资源不匹配、不对称，其中一方只能依赖于对方的告知。如果智能合约代码设计中存在设计者免除自身责任、加重交易对手方责任的情形，那么就不利于保护交易对手方的合法权利。"[③] 其次，周润、卢迎还认为智能合约加大了合同无效的认定难度。这一冲击也是由于合约代码的技术性极强，在采用自然语言订立的合同中，判断其是否具有《合同法》五十二条所规定的无效事由已是十分困难，更何况采用了常人难以理解的计算机代码语言。[④]

（4）智能合约对于合同履行方式的冲击。不论是当事人线下先达成协议再将其转化为合约代码上链，还是双方完全依托区块链完成要约与承诺，其选择使用智能合约的目的都是简化合同的执行过程，增强双方的信任，增强担保。换言之，智能合约的一大亮点便在于去意志的自动执行。传统的合同履行需要双方当事人各自付诸实际行动，履行自己的合同义务，并且由当事人时刻自行判断对方当事人的履约状况，每时每刻都在进行应对。简言之，传统合同的履行需要双方当事人行动，并且时刻判断对方当事人的履约状况。周润、卢迎认为智能合约完全是自动运转的计算机程序代码，只能操控链上的虚拟财产，并且无法对于链下的执行行为进行识别判断。仅凭智能合约中的计算机程序不能对双方当事人提交的资产或者产品等标的物进行及时的检验，不能完全确保双方当事人履行合同确实符合合同订立目的，这是因为计算机程序不具有交易主体主观上的识别与

---

① 倪蕴帷：《区块链技术下智能合约的民法分析、应用与启示》，载《重庆大学学报（社会科学版）》2019 年第 3 期。

② 柴振国：《区块链下智能合约的合同法思考》，载《广东社会科学》2019 年第 4 期。

③ 周润、卢迎：《智能合约对我国合同制度的影响与对策》，载《南方金融》2018 年第 5 期。

④ 周润、卢迎：《智能合约对我国合同制度的影响与对策》，载《南方金融》2018 年第 5 期。

辨认能力。[①]为了解决链下执行与链上代码之间的互动沟通，王延川提出了预言机概念。选择一个与交易无关的第三方监督链下合同的履行，并且将履行情况转化为代码上链，以供智能合约代码对其作出反应，从而触发最终的执行。[②]

（5）智能合约对于违约救济途径的冲击主要体现在三个方面。

第一，司法救济的困难。在传统的合同法中，当事人若基于合同产生纠纷，常见的救济途径便是诉诸法院或仲裁机构，由中立机构为交易当事人提供居间裁判。但在智能合约当中完全排除了合同执行过程中法律的参与，即便出现纠纷，也没有为法律救济提供介入的空间，这也是否认智能合约合同性质的观点之所在。柴振国认为智能合约在设计之初的前提就是假定违约不存在，依靠计算机密码学等的发展，排除人为的主观因素，让技术客观顺利地运行，以防止违约的发生；技术信任和代码信任是智能合约的基本；基于此，区块链的履行过程是客观的。[③] 可见在智能合约的救济方式中，传统的司法救济手段难以适用。

第二，违约风险仍然存在。首先，受制于合约代码的不周延，传统合同全周期中所可能出现的情况难以通过代码语言表述出来。正如郭少飞所说，"区块链智能合约无力把合同缔结、变更、履行、解除、撤销、终止等一系列活动完全编码置入合约机制；出自人类之手的智能合约难免疏漏，机器易生错误和偏见"[④]。其次，柴振国指出智能合约面临外部化违约的风险，因为智能合约作为嵌入区块链的代码，在设计之初就有人的主观因素，当代码漏洞和系统性的风险导致结果出现问题时，法律角度的评价就是违约。[⑤] 最后，最常见的违约风险便是代码运行与实际执行的脱节，只要满足代码意义上的触发条件，智能合约便自动执行，不会也无法审查实际上的履行情况，而且即便出现偏差，自动合约已执行完毕，也难以回溯。

---

① 周润、卢迎：《智能合约对我国合同制度的影响与对策》，载《南方金融》2018 年第 5 期。
② 王延川，《智能合约的构造与风险防治》，载《法学杂志》2019 年第 2 期。
③ 柴振国：《区块链下智能合约的合同法思考》，载《广东社会科学》2019 年第 4 期。
④ 郭少飞：《区块链智能合约的合同法分析》，载《东方法学》2019 年第 3 期。
⑤ 柴振国：《区块链下智能合约的合同法思考》，载《广东社会科学》2019 年第 4 期。

第三，智能合约可能的救济措施。郭少飞、王延川都认为，智能合约的救济途径大概可以分为自力救济与公力救济。自力救济有如下几种途径。首先，郭少飞认为将一些可以自动执行的举措在缔约时就完成编码，作为智能合约的一部分。例如汽车租赁合同，如果承租人到期不续租而继续使用，智能合约便自动锁死汽车，并且从承租人的区块链账户中直接划拨违约金。① 但这样的救济措施存在着合法性障碍，若这种自力救济属于自助行为，需要满足请求权受到威胁，并且威胁具有现实性、紧迫性的条件。其次，王延川也提出了自力救济的具体措施，主要是在代码设计时便加入人为因素，让第三方对智能合约进行判断，以预防交易风险的发生。具体包括将智能合约制定为混合协议，即智能合约主要用传统法律语言撰写，同时将其纳入代码，这种同时要求区块链和法院执行的智能法律合约就是数字和自然语言的混合；通过多重签名的方式引入第三方，三方联合签署智能合约。如果交易双方同意，他们的密钥就足以完成交易；如果一方不同意，第三把密钥的持有人就可以通过自己的判断来打破僵局。② 公力救济主要包括寻求政府救济以及寻求司法救济。王延川认为可以寻求政府的管理机制进行救济，如将政府设置为超级用户，让政府作为管理者，其可以在一定的程序之下修改数据库；或者采用离线模式，政府并不直接进行修改，而是追踪存在风险的特定用户，迫使他们修改记录。③ 柴振国则认为寻求司法救济应当将智能合约规定与传统合同法规定结合起来。"因为区块链的技术信任，不可干预性是其根本，也不能奢求技术可以自我修复排查。因此，智能合约仍需纳入传统合同法的违约救济方式中进行救济，与合同法相协调和相适应，共同服务经济发展。"④ 郭少飞进一步认识到传统的法律如何与智能合约衔接是一个较大的问题，包括智能合约代码争议需要专家证言或鉴定意见书；证明标准是能够真实客观地表明智能合约代码蕴含的技术程式及其形构的当事人行为方式与关系模式。⑤ 在

① 郭少飞：《区块链智能合约的合同法分析》，载《东方法学》2019 年第 3 期。
② 王延川：《智能合约的构造与风险防治》，载《法学杂志》2019 年第 2 期。
③ 王延川，《智能合约的构造与风险防治》，载《法学杂志》2019 年第 2 期。
④ 柴振国：《区块链下智能合约的合同法思考》，载《广东社会科学》2019 年第 4 期。
⑤ 郭少飞：《区块链智能合约的合同法分析》，载《东方法学》2019 年第 3 期。

“代码即法律”的互联网之中，许多行为虽然违约，但是完全符合代码逻辑，对于这部分行为的认定以及是否能够提供司法救济，仍需进一步研究。

（三）智能合约的风险与问题

1. 技术风险

（1）代码漏洞。倪蕴帷认为，当合同的履行状况与代码相关联时，就不可避免地受编码错误的影响，因为任何计算机程序都有可能产生漏洞；不可篡改、自动执行的特质仅仅使其排除履约过程中人为因素的介入，但同时又引入了新的风险，即合同的履行可能因代码漏洞出现瑕疵甚至无法进行；由于智能合约通过数字化合同标的并控制其移转，代码漏洞会导致标的灭失，以致履行不能。①

（2）代码错误。倪蕴帷还认为在漏洞之外，代码同样可能存在各种错误。一方面，当自然语言的合同文本被转化成代码时，很可能由于机器语言的转化和代码表述的局限，最终成立的合同扭曲或者完全丧失合同的原本真意。特别是许多模糊但重要的法律用语，如“尽最大努力”“诚实信用”等，代码完全无法反映。另一方面，代码可能无法应对现实交易中的复杂性，或即便可以应对但成本过高。现实中的交易往往十分复杂，涉及多个环节，各式各样的执行行为，甚至许多行为已然超出自然语言的表述范围，更何况代码语言。对于复杂的交易，若采用智能合约的方式则存在很多的错误风险，并且由于智能合约自动执行，及时止损都陷入困难。②

（3）其他技术风险。智能合约以区块链为基础，意味着完全的公开化。合同可以反映一个公司的经营情况、经营策略、经营方针，而智能合约一旦订立便被发布，任何人都可以接触，导致经营计划等商业秘密极易

---

① 倪蕴帷：《区块链技术下智能合约的民法分析、应用与启示》，载《重庆大学学报（社会科学版）》2019 年第 3 期。

② 倪蕴帷：《区块链技术下智能合约的民法分析、应用与启示》，载《重庆大学学报（社会科学版）》2019 年第 3 期；王延川：《智能合约的构造与风险防治》，载《法学杂志》2019 年第 2 期。

被交易竞争者所探知。此外，柴振国还认为智能合约交易存在集中化的风险，即将智能合约应用于数字技术，需要特定的硬件和计算算法速度，因此应解决可伸缩性问题。可伸缩性是合约执行的速度问题，这取决于网络速度，仅有一些大型实体才可以访问。这种少数实体访问的特权也会带来集中化的风险，有可能产生共谋的恶意交易。①

2. 适用范围狭窄

代码本身的局限性大大限制了智能合约的适用范围。倪蕴帷认为智能合约一经订立则无法修改，因此在智能合约订立的过程中，必须对该合同的整个生命周期中可能发生的所有事项进行预测，并且将所有情况全部编码。一旦智能合约订立完成，再作修改是不现实的。而对于复杂的交易而言，预测到合同周期中所有的可能性是不现实的。也就是说，智能合约是不可能顺畅地自动执行一个复杂的合同的。同时，智能合约的代码化外观使阅读合同存在困难，在实践中难以应用。

综合智能合约一经订立便脱离当事人一致的自动执行特征，以及合约代码本身的局限性，智能合约的适用范围被大大限制。智能合约适用于一些重复率高、在各项环节拥有准确的数据、操作相当简单的交易。

3. 链上链下交互困难

倪蕴帷认为技术上区分链上与链下两种信息源，时间序列、区块信息、代币移转等属于链上事件，其余全部物理实体和活动都属于无法被区块链原始识别的链下事件。② 在合同的执行过程中，大部分事件都是链下发生的物理活动，代码程序无法感知，必须通过预言机制度或者物联网制度来沟通链上链下信息。但链下信息错综复杂，有的信息易被发现，有的信息则难以被当事人之外的人所探知，预言机系统也不可能全面反映。此外，根据物联网系统在现阶段的发展水平来看，其很难直接应用于智能合约中。

---

① 柴振国：《区块链下智能合约的合同法思考》，载《广东社会科学》2019 年第 4 期。

② 倪蕴帷：《区块链技术下智能合约的民法分析、应用与启示》，载《重庆大学学报（社会科学版）》2019 年第 3 期。

4. 监管风险

（1）匿名化风险。公链上的各个节点完全匿名化，这给监管带来了较大的困难，从合同缔结的角度看影响对当事人行为能力的判断。而在刑事犯罪领域，对于犯罪嫌疑人也难以追究。

（2）合规风险。区块链并非法外之地，同样受到法律的约束。柴振国认为智能合约作为一种规则一旦被部署，即为形成生效。因此，必须对智能合约进行合规化验证，防止非法交易出现，这需要很高的技术要求，需要对密码学的代码与法律语言进行严谨的对应。同时，还应该防范智能合约代码软件的安全漏洞，进行合规化验证。扩展智能合约的技术应用，需要区块链技术的创新和发展。[①] 赵志华认为智能合约由于其代码化、匿名化、隐蔽性的特征，可能成为犯罪行为的完美载体，刺激新的犯罪形式。传统的信息互联网的定罪量刑的规则体系在智能合约犯罪中适用会遇到障碍，故而必须确认新生事物的法律属性，建立智能合约犯罪的罪名体系，以延长刑法打击的半径，防范新型价值网络犯罪生态系统的风险。[②]

四、区块链的司法应用

随着互联网的不断普及、区块链技术的日益发展，“区块链 +”也拓展到了司法应用当中。

（一）区块链技术下的去中心化争议解决机制

高薇认为，随着区块链技术的发展，去中心化的数字执行方式将逐渐兴起。对互联网架构下的商业模式从过去到未来进行审视，网络市场的交易规则可以分为三个阶段：过去的辐射式交易模式，即大型网络公司向消费者提供商品，消费中的交易规则由大公司制定；现在的共享经济模式，

① 柴振国：《区块链下智能合约的合同法思考》，载《广东社会科学》2019 年第 4 期。
② 赵志华：《区块链技术驱动下智能合约犯罪研究》，载《中国刑事法杂志》，2019 年第 4 期。

即个人消费者通过中介平台与作为商品提供者的微型和中小型企业进行交易，交易规则由中介平台制定；未来架构在区块链之上的“点对点”交易模式，即交易规则由交易双方直接规定。① 在现在的互联网交易模式下，司法介入在理论层面上可行，但实践操作中已然面临重重障碍。至“点对点”交易模式之时，因区块链技术的去中心化、更为彻底的匿名性、智能合约从成立到执行的完全电子化等特性，传统司法机制介入后的可适用性将面临巨大挑战。区块链作为一种基于代码之上的自治系统，要求一种内部治理方案。因此，需要建构比特币和智能合约争议解决的去中心化机制。首先，在比特币托管交易出现争议时，运用第三方公证人介入的方式解决争议，该第三方公证人是争议双方在其所在的公开市场随机挑选并信任的网络用户。正是通过这种用户之间的互动以及信誉评分系统，保证了争议得到去中心化的公正裁决。其次，针对智能合约的事后争议，区块链技术下提出了去中心化司法的应用，即构建“将争议解决、众包、在线公民参与、透明度等概念融合在一起”的去中心化法庭。阿拉贡是这一应用的典型代表，其主要依靠众包机制解决争议，利用代币激励参与并执行裁决。总之，区块链“点对点”的交易模式下，传统司法机制介入困难，中心化司法机构的地位被一定程度地限制，一种颠覆以往争议解决形态的去中心化争议解决方式将逐步呈现，也有学者称其为分散式司法权。因此，区块链被认为是一种“有潜力改变现有的争议解决机制，实现一种不依赖第三方的去中心化司法系统”。这种数字执行机制和由中心化到去中心化的解决机制转变，无疑是技术对法律制度的又一冲击，亟待法律层面作出积极回应。

（二）区块链赋能刑事侦查

李康震、陈刚、周芮指出，目前侦查领域存在侦查信息资源管理规则建设滞后、侦查部门应对大数据时代的适应性改革欠缺、侦查信息资源未

① 高薇：《互联网争议解决中的执行问题——从司法、私人到去中心化数字执行》，载《法商研究》2018 年第 6 期。

能有效助力犯罪打击等诸多问题。区块链技术作为一种全新的分布式基础架构与计算范式，其独特的技术规则为难题解决提供了新路径。诚然，目前区块链技术在国内的侦查领域尚无具体应用，且缺乏系统化的理论设计，但基于区块链现行的技术发展与应用现状，仍可就区块链技术赋能刑事侦查展开论证与研讨，并在此基础上，提出区块链技术应用于侦查领域的路径。该路径中，区块链技术首先实现侦查信息资源的分布收集、安全存储、可信共享、规范运行与价值提升；其次，区块链技术将带动侦查改革，通过技术规则补强法律规则、通过设置技术规则降低线上侦查行为风险、通过多方共识确保最佳决策的产生；最后，区块链技术下的犯罪打击能实现动态监测与危机预警、可溯追踪与证据固定以及多方协作的高效打击手段。[①] 区块链技术应用于侦察领域预设路径背后的困难与挑战也不可避免。数据化侦查生态尚未建立、区块链技术发展尚不成熟、传统侦查行为路径依赖较难克服等问题都成为区块链技术能否成功应用于侦查领域的关键所在。不仅如此，区块链技术在帮助解决侦查难题的同时也面临着新的挑战，如区块链技术规则与目前侦查运行规则的冲突如何解决、主权区块链应用带来的技术风险如何规避等。寻找人治与技术之治的科学平衡点，以实现法律规制下的技术之治是区块链真正赋能刑事侦查的必要路径。

（三）区块链技术下的电子存证

区块链技术与电子证据的结合，是区块链技术法律化应用的一大创新。2017 年 8 月杭州互联网法院正式揭牌，是全国首家线上审理案件的司法机构，开启了“互联网 + 司法”的新模式。在这种模式下，法律凭证再也不能局限于传统载体，电子证据保全受到学界的重点关注。2018 年 6 月，杭州互联网法院在一起案件中使用区块链技术对电子数据进行取证并公开审理，首次将信息技术用于电子数据作为法院证据，实现了对传统司

① 李康震、陈刚、周芮：《区块链技术在侦查领域中的应用研究》，载《信息资源管理学报》2018 年第 3 期。

法举证的突破。继而，2018 年 9 月，最高人民法院出台的《关于互联网法院审理案件若干问题的规定》第十一条首次对区块链技术与电子证据的结合作出规定，更是促进了学界对于有关区块链存证所涉法律问题的广泛探讨。

1. 区块链证据的证据类型界定与司法生成

张玉洁[①]认为，通过对全国首例运用区块链证据的案件进行个案反思，对于区块链存证方式的司法适用有如下两个疑问：第一，区块链存证能否纳入电子证据的范畴，尚有待推敲；第二，在司法领域，区块链证据类型的确定是基于区块链技术的载体身份——以此为依据，区块链技术下的电子数据往往转变为“书证”，还是基于区块链特性而被视为一种实体证据。进而，深入挖掘该案的裁判文书可以发现，区块链的证据应用大致可划分为三阶段。首先，区块链证据的技术生成。原告通过第三方网络存证平台进行侵权网页的自动抓取及侵权页面的源码识别，再将该两项内容和调用日志等的压缩包通过相应技术上传至区块链中。其次，对区块链证据的司法审查。法院分别从区块链的法律性质、存证平台的资质审查、取证手段的可信度审查，以及区块链证据的完整性审查四个方面，对涉案区块链证据作出系统论证。最后，区块链证据的司法认定。法院认为，区块链存证应该受到客观、公正的对待，不得因其技术特征而被赋予无可置疑的证据地位。该案中，法院仅将区块链证据作为证据链中的一个普通证据予以对待；区块链技术去中心化、去信任化等特征并未真正体现，该案仅是区块链技术的表层应用。但应当承认，区块链证据在未来将逐步发挥更为重要的作用，基础法律问题的明晰是保证其良好发展的前提。

2. 针对区块链证据的抗辩事由及司法审查重点

雷蕾[②]认为，通过分析相关司法裁判可知，当事人对于区块链证据的

---

① 张玉洁：《区块链技术的司法适用、体系难题与证据法革新》，载《东方法学》2019 年第 3 期。

② 雷蕾：《从时间戳到区块链：网络著作权纠纷中电子存证的抗辩事由与司法审查》，载《出版广角》2018 年第 15 期。

抗辩绝大多数围绕区块链存证数据的生成、储存、传递、认证、验证等阶段可能发生的存证瑕疵展开，进而将抗辩事由分为以下两类："一类源自对时间戳技术本身的不信任，包括存证平台是否具有专业、合法的资质，存证技术是否具有保证数据不易被篡改的可靠性等方面；另一类主要是针对存证具体操作过程提出的质疑，包括待保全数据是否被真实、完整地固定并上传至存证平台，是否存在被人为替换或删减的可能等。"抗辩事由类别的不同导致原告请求权防御重点的不同，因此司法审查重点也不尽相同。因此，针对不同抗辩事由的司法审查重点分为两种情形。其一是现行司法实践对存证技术本身的审查主要围绕两点，即存证平台是否权威、中立，在现有技术环境下存证数据是否一般不易被篡改。其二是对于时间戳、区块链存证过程的审查，重点关注存证数据被伪造或被删改的可能性。汇总相关判决可知，法官主要参照公证证据的司法审查规则。在此基础上，法官应当进一步结合具体案情判断不同司法审查重点的法律属性，以便在具体审查中选择更为准确的司法审查路径。

3. 区块链证据的司法审查路径

（1）区块链证据之证据资格的审查认定。雷蕾①认为，应当"坚持严格审查证据'三性'"。第一，关于存证的真实性，提供证据的一方应当证明存证平台具有专业能力、与提供证据一方无利害关系、存证数据难以被攻击和篡改，以及整个过程是科学规范地完成的；第二，关于存证的合法性，主要审查证据收集是否违背证据持有人意愿或侵犯他人隐私，以及存证机构是否缺少法定资质，但根据我国相关现行立法和司法解释可知，此两者并非认定证据非法与否的必然依据；第三，关于存证的关联性，应注重逻辑推理和日常生活经验法则的运用，并且结合相关技术知识，综合判断。总之，对区块链存证的质疑主要来自对技术手段本身和存证过程中具体操作的不信任，提供证据的一方应当全力证明这两方面不会对证据属性产生不利影响。

---

① 雷蕾：《从时间戳到区块链：网络著作权纠纷中电子存证的抗辩事由与司法审查》，载《出版广角》2018 年第 15 期。

刘学在、阮崇翔从区块链证据相较于传统电子证据的差异入手，探究区块链证据属性在审查认定上的变化。他们将区块链证据分为两类，其中A类为通过区块链存证系统直接生成的电子证据，B类为区块链存证系统上传的电子数据。首先，对于真实性认定，应从电子证据载体的真实性、电子数据的真实性和电子证据内容的真实性三个维度进行考察。其一是电子证据载体的真实性，包含载体来源的真实性与电子证据载体在诉讼流转中的真实性两方面。在载体形式上，区块链证据与传统电子证据并无差别，但A类证据载体来源的真实性由区块链存证系统保证，具有明显的优越性，而B类证据的载体来源是当事人上传之前的电子证据载体，其真实性认定类似于传统电子证据。在诉讼流转方面，区块链证据经过多项技术加密，其在流转中具备不被污染的优势。其二是电子数据的真实性，借由区块链的技术特性，能够保证电子证据在纳入区块链之后的完整性与同一性，但B类证据未上传之前的情况仍需采取传统电子证据的证明方法。其三是电子证据内容的真实性，区块链证据与传统电子证据均需法官结合案件具体情况综合判定。其次，对于关联性认定而言，区块链技术对电子证据内容和载体的关联性认定均未产生实质性影响。最后，对于合法性认定，其标准主要由法律规定，《最高人民法院关于互联网法院审理案件若干问题的规定》第十一条赋予了区块链证据合法的法律地位，但有关区块链证据的取证主体、取证程序等合法性标准仍有待进一步细化。以此，通过对区块链证据相较于传统电子证据的变化分析，为区块链证据属性的审查认定找准了着力点。①

张玉洁②基于实践，从区块链存证应用的第一案入手，对区块链证据属性的分析认定进行了论证。第一是区块链证据的真实性，主要从电子证据内容的真实性、电子数据的真实性以及电子证据载体的真实性进行了论证。该案中，区块链证据的内容均由电子数据直接生成，其真实性得以确认；区块链数据的生成虽存在多个主体的介入行为，但该介入行为并未对

---

① 刘学在、阮崇翔：《区块链电子证据的研究与思考》，载《西北民族大学学报（哲学社会科学版）》2020年第1期。

② 张玉洁：《区块链技术的司法适用、体系难题与证据法革新》，载《东方法学》2019年第3期。

数据信息作出任何改动，因此区块链电子数据的真实性具有可信性；而基于区块链技术的证据载体，本身便具有不可篡改、不可删除等特性，确保了完整性和真实性。第二是区块链证据的关联性。证据的关联性要求证据能够进一步印证待证事实的可能性或不可能性，或者粘合案件事实碎片，或者补强现有证据证明力。区块链技术的不可篡改特征和时间戳功能，使其比侵权网页截图、源代码调取和调用信息打印等电子证据具备更强的证明力，具备补强现有证据证明力的功能。第三是区块链证据的合法性。证据的合法性是“证据认定主体机械式对比法条的过程，其中不掺杂证据认定主体的私人价值评价”。因此，证据的合法性无关案件事实，而是与法律规定密切相关。在该案审理时，尚无相关法律规定，但是“科技的中立性、价值无涉性以及科学性等特征”为区块链技术与法律之间建立了天然的正当关系，使区块链证据的合法性得以论证。因此，区块链证据在法律层面获得了相应的证据资格和证明能力。诚然，区块链技术具有明显的优势，但区块链证据的真实性、关联性都应成为每一起案件的必要前置程序，以避免由此带来的技术风险。

（2）准确适用证明责任分配规则。雷蕾①认为，当具备“三性”的证据初步证明其主张的基础事实之后，法官应当根据抗辩情况分配当事人的证明责任。首先，对于事实抗辩，不以对方当事人是否主张为前提，由原告承担证明责任。其次，对于一方当事人在承认对方请求权存在的基础上提出的权利抗辩，应当结合请求权的类型和权利抗辩的具体内容，“依据‘谁主张，谁举证’的一般规则、法定情形下的证明责任倒置规则、特殊情形下的证明责任衡平规则之中的一种进行确定”。其中，由于现行法律并未明确证明责任衡平规则，当依据司法解释无法确定举证责任承担时，法院应当根据公平原则和诚实信用原则，综合当事人的举证能力等因素确定。

（3）合理适用证据推定规则。雷蕾②认为，对于单纯否认对方主张的

---

① 雷蕾：《从时间戳到区块链：网络著作权纠纷中电子存证的抗辩事由与司法审查》，载《出版广角》2018 年第 15 期。

② 雷蕾：《从时间戳到区块链：网络著作权纠纷中电子存证的抗辩事由与司法审查》，载《出版广角》2018 年第 15 期。

泛化抗辩，否认的一方无需承担证明责任。但是，在很多采用区块链存证证明著作权权属的案件中，客观存证只能证明作品上传时间，无法证明上传作品者即为著作权人或其委托代理人。根据我国法定的著作权权属署名推定规则，如无相反证据，存证在作品上所显示的署名者即为作者。由此，这种法律上的推定规则应当明确，即“如果另一方已经初步证明基础事实成立，且举证手段基本穷尽，那么该方当事人继续承担举证责任将导致明显不公。这种情况下，证明责任分配规则已难以适用，法官可在遵循公正原则的前提下，根据法律规定，或者为了避免不必要的诉讼迟延和司法资源浪费，适用证明责任免除规则中的推定规则”。

4. 区块链证据对传统电子证据的冲击及带来的变革

刘学在、阮崇翔结合区块链证据的特性，探讨了区块链证据对传统电子证据在采纳、采信上所面临的困境的改善情况。传统电子证据不被采纳、采信主要有以下三种原因。第一，电子证据原件与复制件的区分难。传统电子证据具有较强的“技术性”，除非进行专业鉴定，否则难以区分其复制件与原件；在用原件生成复制件的过程中，信息极易被采取隐蔽的技术手段篡改。区块链技术具有分布式记账的本质特征，由区块链系统内产生的电子证据不存在复制件与原件的区分问题。当然，如果是在区块链司法存证系统以外生成后上传的电子证据，仍然存在该电子证据为复制件的可能性。第二，电子证据未经公证。传统电子证据具有“易改性”，非经技术鉴定难以察觉。因此，有些法院对未经公证的电子证据直接不予采纳。对于区块链证据而言，其存证服务平台主要有两种：由互联网法院、公证处所组建的区块链司法存证系统，平台单位的司法公信力为其提供的区块链证据提供背书；由专业从事区块链技术研发与应用的互联网公司所组建、管理的区块链证据存证系统，为提升其公信力，此类平台积极谋求与地方公证处的合作开发。第三，无法核实社交类电子证据的双方真实身份。社交软件聊天记录是常见的传统的电子证据形式，但因无法核实双方身份而面临适用的困境。然而，区块链技术因其自身匿名化的特点，对该问题尚无对策。[①]

史明洲[②]也指出，区块链存证这一区块链技术的近期司法应用，为民事诉讼中电子数据认定难的司法困境开辟了新的解决方案。电子数据具有易伪造性、易修改性和修改后不易留下痕迹等技术特性，因此在民事案件中，法院往往要求对电子数据进行公证或者鉴定，且采取排除合理怀疑的认定标准，从而导致电子证据的真实性难以认定、被采信的可能性较低。区块链存证依据其自身的技术特性，使得经区块链验证的电子数据更具真实性，因此有助于缓解传统电子数据认定难的司法实践困境。截至 2019 年 1 月，我国现有的三家互联网法院均采纳了区块链存证。依据区块链存证平台组织形式的不同，司法区块链和第三方存证应当适用不同的真实性审查模式。对于前者而言，流程较为简单，标准较为确定。互联网法院对于采用司法区块链验证的电子数据的证据能力基本认可，继而只需依照传统证据的判断标准对其关联性及证明力进行认定即可。但是，对于第三方存证而言，审查判断将较为复杂、细致，应当从电子数据来源的真实性、电子数据存储的可靠性、电子数据内容的完整性三个方面逐一进行审查认定，在此基础上再进行证据关联性和证明力的判断。

对此，张玉洁[③]认为，区块链证据借由区块链技术对传统电子证据的实践难题实现重大突破，主要体现在三个方面。第一，电子证据的真实性、合法性、可信性等证据属性证明难度大，法院也缺乏足够的分辨技术及能力，致使传统电子证据的司法采信度普遍较低，并且出现了电子证据的虚置与转换应用，即司法机关将电子证据转化为书证、物证、言词证据等证据类型加以采信。区块链技术分布式记账的特征，弥补了传统电子证据易被篡改的缺陷；同时，区块链技术的高信任机制，使其本身实现了高证明力的自我背书，以此有效地改变了传统电子证据采信率低的现状。第二，传统电子证据对国家公证机构有高度依赖性，区块链的“时间戳”技

---

① 刘学在、阮崇翔：《区块链电子证据的研究与思考》，载《西北民族大学学报（哲学社会科学版）》2020 年第 1 期。

② 史明洲：《区块链时代的民事司法》，载《东方法学》2019 年第 3 期。

③ 张玉洁：《区块链技术的司法适用、体系难题与证据法革新》，载《东方法学》2019 年第 3 期。

术与不可篡改特性将有效替代公证机构的公证职能，体现了我国电子证据的证明体系正在从“国家公证”向“技术自证”转变。第三，化解了电子证据原件与复制件的区分难题。尽管我国司法机关已经意识到电子证据原件取证的难度，并在一定程度上承认电子证据复制件的证据效力，但司法实践始终坚持电子证据的原件审查，使得传统电子证据出现认定难的问题。这一问题上，作者结合区块链存证应用第一案指出，“倘若某种技术能够保证复制件证据与原件证据的天然一致性，那么，传统电子证据理论关于证明力补充的‘原件证据’与‘复制件证据’之分，便不再具备法律意义了”。区块链证据正是借助区块链分布式记账、难以篡改的技术特性，避免了复杂的电子证据原件与复制件区分的问题。

5. 区块链证据法律证据价值实现的必要条件

周祺、张照余指出，在司法实践中，越来越多的案件事实需要通过电子证据甚至区块链证据予以证明。为了使其法律证据价值得以充分发挥，必须得到多方的保障与支持，具体表现为三个层面。第一，相关法律的完善。目前的立法体现了其对信息技术应用中立、保守的态度及对可信技术的不完全信任。但在司法实践中，杭州互联网法院通过对区块链技术的分析、判断，最终确认区块链技术对电子数据取证的法律效力。这对于现行法律而言是一次较为超前的做法，同时也是对我国《证据法》的一次革新。最高人民法院在其发布实施的《关于互联网法院审理案件若干问题的规定》中认可了区块链技术取证的合法性，但也暴露了现行法律的滞后性，以及司法机构在法律没有规定时技术取证层面面临的被动与不确定性。第二，取证流程及证据平台的规范性建设。目前，杭州、广州互联网法院已陆续确立通过司法区块链形成的证据认定规则及区块链存证平台数据保全的相关规定。但是，全社会范围内的取证体系仍不成熟，亟待进一步研究确立。第三，电子数据长期保存规划。其中，区块链技术是否经得住时间的考验，使电子数据长期可用需要进一步探究。①

① 周祺、张照余：《关于电子文件法律证据价值可行性的研究》，载《学术园地》2019 年 5 月。

6. 区块链时代的证据思考与未来展望

（1）区块链证据的自身悖论。刘学在、阮崇翔通过观察区块链证据的先行运作，发现了区块链证据在区块链技术应用上的四点自身悖论。[①] 第一，区块链证据的“中心化”操作。去中心化是区块链技术的核心理念，其通过程序设计保护节点之间交易的隐秘性，进而规避行政机关的监管。然而反观区块链司法存证平台，不论是营利性的存证平台，还是互联网法院“司法区块链”，都并未摆脱“中心化”的应用场景。因此，现行所谓的区块链司法存证系统只是利用区块链技术对电子证据进行验证、加密，与其他没有利用区块链相关技术的数据系统一样，其逻辑与区块链存在最本质的特性冲突。第二，区块链的“分布式”存储。“分布式”存储不仅要求较高的技术门槛，而且其所需求的存储服务器节点运行成本巨大。对于不具备专业技术支持的法院、公证处等司法行政机关而言，只能通过与专业的区块链技术企业寻求合作，以组建相关系统，但这在增加司法成本的同时，也带来了数据外泄的风险。第三，生成后上传至区块链存证系统的区块链证据的证明困境。区块链证据分为两类，一类是在区块链司法存证系统内直接产生，另一类则是用户根据自己的需求自行向区块链司法存证系统上传电子证据。对于后者上传前的举证与传统电子证据别无二致，因此区块链司法存证系统的现有技术不能完全解决传统电子证据认定难的司法困境。第四，区块链的系统效率缺陷与标准化操作。从技术角度来看，符合严格意义上的区块链技术应用都存在效率低下的先天缺陷；再者，实现区块链证据的标准化操作是区块链证据存证系统大规模应用的前提，但目前主流的区块链证据存证系统采取不同的操作标准，导致共识算法无法兼容。换言之，如果区块链证据存证系统不能发展出一套整个行业统一适用的准则与标准，该系统应用于司法的影响力将是微乎其微的。[②] 由此足以可见，现行的区块链证据或许只是区块链技术司法应用的一次浅

① 刘学在、阮崇翔：《区块链电子证据的研究与思考》，载《西北民族大学学报（哲学社会科学版）》2020 年第 1 期。

② 刘学在、阮崇翔：《区块链电子证据的研究与思考》，载《西北民族大学学报（哲学社会科学版）》2020 年第 1 期。

层尝试，未来能否有更大发展仍需立足于法律层面的继续探索。

（2）区块链证据的未来展望。尽管区块链技术与电子证据的结合仍处于初级阶段，也正如刘学在、阮崇翔所述，虽然从目前的司法实践来看尚不完美，但不可否认，区块链技术的司法应用为今后电子证据以及其他种类证据的发展提供了差异化的视角。[①] 第一，区块链证据存证系统为证据保全路径提供新思路。在此之前的电子证据保全主要是将当事人申请的需要保全的电子证据复制、存储于清洁的存储设备，被保全的电子证据的安全性、完整性与同一性均难以得到有效保障，而区块链操作系统基于区块链的技术特性可以有效保障电子证据在保全期间的安全性与完整性。第二，区块链证据在一定条件下能够提升庭审的工作效率，降低司法成本。区块链存证系统下的电子证据在真实性认定上比传统电子证据更具有优势。因此，如果不断改进以建立完善的区块链存证系统，法官在审查此类证据时，便可将关注焦点集中于证据关联性与合法性的认定，避免在电子证据真实性的问题上耗费大量的司法资源。届时，区块链证据若在全国大范围应用，则有助于极大地促进庭审工作效率。第三，互联网大数据时代，互联网记录了大量的公民日常生活的活动信息。在纠纷面前，这些数据也是关键的信息来源。此时，若将区块链技术嵌入各种各样的互联网应用中，凭借其加密、验证、固定技术的便利性与安全性，不仅会大大降低公民的法律风险，还会为可能发生的诉讼预备证据。可见，区块链电子证据存证系统的建立与完善将为证据制度提供更多的可能性。

（3）区块链时代的证据法变革。张玉洁[②]指出，区块链证据将如何改变整个证据法的结构，成为在日益火爆的区块链技术面前更值得思考的深层问题，这一问题可从三个方面展开。首先，把握“法治主义”与“技治主义”的互动。在新技术不断涌现的今天，以国家强制力为后盾的证据法治论往往陷入解释力不足的困境，因此，这种以国家信用背书为根本的“法治主义”证据观受到一定的冲击。区块链存证的应用表明了证据法在

---

① 刘学在、阮崇翔：《区块链电子证据的研究与思考》，载《西北民族大学学报（哲学社会科学版）》2020 年第 1 期。

② 张玉洁：《区块链技术的司法适用、体系难题与证据法革新》，载《东方法学》2019 年第 3 期。

某些案件中也将承认科技的科学性与自证性。“技治主义”的应用开始由违章拍照、医保异地结算等领域向证据法发展。对于证据法而言，“技治主义”具有开创性、建设性，更是对传统证据法理论的补充与扩展，“法治主义”与“技治主义”的互动将构建一种更为高效的证据法形式。其次，证明规则将实现“二重化”构建。区块链等先进技术的司法应用正在悄悄地改变着传统证据规则的运行机制。承袭“法治主义”与“技治主义”证据观的影响，证据规则也迎来了全新的变化。在有关互联网法院审理的法律规定中，线上证据审查认定规则予以确立，即通过互联网实现证据审查与认定的新型证据规则。由此，我国出现了以“物质（如书证、物证、证人证言）”形态的线下证据规则与“虚拟”形态的线上证据规则为内容的“二重化”证据规则。并且，线上证据审查认定规则的构建应当参照线下证据规则，具体分三步，即以司法机关电子数据对接平台革新电子证据举证程序，以技术印证方式改革电子证据的质证程序，以电子证据调取机制来弥补举证责任分配机制。最后，应当为电子证据设定法律边界。证据法结构在科技的影响之下产生变化，而科技在证据法中的应用也将受到科技自身的内部抑制和外部环境的阻却。一方面，科技本身的彼此可印证性是司法机关接纳电子证据的基础，因此，能够加以验证的科技成果才能够成为电子证据的合格载体。另一方面，合法性是电子证据的首要要求，合法的电子证据具有明确的法律依据，但是科技创新是对技术、制度和道德等方面既有内容的突破，这与证据法的合法性要求相矛盾。对此，司法机关兼顾合法性和道德性的评判，为中立性新技术打开了合理适用的大门。区块链证据的司法确认，“在短期看来是一种司法活力的展现，而对长期而言，它无异于新型证据法的开端”。

（四）区块链应用的犯罪行为及刑事法应对

张庆立[①]认为，区块链技术的不断发展，促使“区块链＋”的应用前景不断开阔。虽然技术具有中立性，但行为人以违法犯罪为目的的应用，

---

① 张庆立：《区块链应用的不法风险与刑事法应对》，载《东方法学》2019年第3期。

使一些有关区块链的行为构成了刑法意义上的危害行为。目前的行为方式主要有三种。第一种是以区块链技术为名实施犯罪行为，这种情形下并没有真实的区块链技术，技术仅是行为人实施犯罪的幌子；第二种是以区块链技术为工具实施犯罪行为，根据有意的社会行为论的刑法理论，中立性的技术与行为人的不法目的相结合，可能构成刑法中的危害行为；第三种是将区块链技术作为中立帮助行为，也称为日常性行为，区别于一般帮助行为。就目前学界的观点来看，限制其入罪是达成共识的评价结果，但具体如何限定的理论观点主要有主观说、客观说及主客观折中说。张庆立认为，行为是主观意志支配下的行为，采用主观说更为妥当。在此基础上，他就上述危害行为的具体刑法认定作出论述。第一，发行虚拟货币的非法集资行为可能构成非法吸收公众存款罪、集资诈骗罪等非法集资类犯罪；第二，传播勒索病毒索取比特币的行为，将涉嫌敲诈勒索罪或诈骗罪及破坏计算机信息系统罪的牵连犯；第三，利用比特币跨境逃汇、掩饰隐瞒不法资产的行为，分别构成逃汇罪、掩饰隐瞒犯罪所得及其收益罪或洗钱罪；第四，利用虚拟货币开展网络传销的行为，构成组织、领导传销活动罪；第五，直接涉及区块链的犯罪，可能构成普通诈骗罪、合同诈骗罪、虚假广告罪，以及擅自发行股票、公司企业债券罪等多种犯罪，应结合具体案情综合认定。由此可见，涉区块链犯罪基本属于涉财犯罪，且以非法集资类犯罪为主要类型。转向程序法层面，对于涉区块链的非法集资类犯罪，在侦查过程中应注意采取羁押性强制措施要谨慎、侦查取证以满足诉讼需要即可、及时查获和追缴犯罪所得及其收益、电子数据取证应当规范和完整、采用区块链技术取证的合法性认定这五个方面。总之，“法主链辅”的秩序维护模式应是解决区块链技术与法律融合问题的出口。

（五）区块链技术下的债权行为“可视化”

史明洲①认为，区块链技术的远期应用前景是，将实现债权债务行为的“可视化”系统，以帮助解决虚假诉讼的司法困境。当前大陆法系理论

① 史明洲：《区块链时代的民事司法》，载《东方法学》2019 年第 3 期。

的通说原则——基于判决即判力的相对性原则，即“诉讼的判决对于未参加诉讼的第三人（原告的债权人等）而言不产生任何‘法律上的效力’”，在我国的司法实践中遇到了极大的阻力。因此，立法和司法实践都呈现出向本土司法经验妥协的路径，加之民事法官调查能力有限、诉讼耗费大等事实原因，在大多数案件中法院无法纠正虚假诉讼行为。归根结底，债权行为的相对性，即当事人之外的第三人难以获知相对人之间真实的交易情况，是虚假诉讼难以规制的根本原因。可以设想，当区块链的远期司法应用阶段来临时，“任何两个主体之间的债权行为有可能在‘区块链＋物联网＋智能合约’的系统下，获得一种图示化的展示，成为一种可以被人类认知的对象”。链接、联动、公示三要素共同构成这套系统的基础。首先，链接指经济活动中的一次次法律行为将参与交易的社会主体连接到交易的“锁链”当中；其次，联动表示锁链网内部的动态性，新的交易主体、交易行为使锁链不断延伸，主体消灭、交易终止也将导致锁链的消失；最后，公示指将涵盖所有参与主体的全部锁链视为一个大的区块链系统，需要时可通过合理申请对相关信息进行查阅。总而言之，在区块链技术下，虚假诉讼所主张的事实不存在现存或者合法消失的锁链，因此，虚假诉讼可通过技术手段被轻松识别。

（六）区块链技术助力“执行难”

史明洲①指出，强制执行难是我国现行的司法困境之一，借助区块链技术下对于法定数字货币的财产查控，将成为未来区块链技术的中期司法应用形式。所谓“执行难”，根本症结在于信息机制缺失、信息获取难。而信息获取难的深层原因在于，社会财富的高度金融化以及金融资产隐私性、分散性和流动性等特点。这一深层原因是经济发展的必然产物，而且在当前的技术条件下无法取得根本性解决。如今，金融不断发展的另一产物即是基于区块链技术的去中心化的数字货币。虽然其所依赖的区块链这一底层技术尚不成熟，但去中心化数字货币却给各国当局提供了新的研究

① 史明洲：《区块链时代的民事司法》，载《东方法学》2019年第3期。

方向，相关研究纷纷展开。这一技术能够实现交易流程全记录，这一特性为“执行难”问题提供了远期的解决方案。可以设想，当数字货币高度普及后，大部分交易通过数字货币支付，与此同时，所有交易的全流程节点信息都将被货币发行者中国人民银行所掌握，时下信息获取难的深层困境将迎刃而解。

五、区块链的知识产权保护应用

（一）区块链技术下的知识产权保护概述

知识产权是人们依法对自己特定智力成果、商誉和其他特定相关客体等享有的权利。① 我国《民法总则》第一百二十三条规定，特定客体包括作品、发明、实用新型、外观设计、商标、地理标志、商业秘密等。② 传统知识产权大致可以分为著作权、专利权和商标权，根据应用的领域不同，著作权自成一体，专利权和商标权则合称为工业产权。③

近年来，我国知识产权保护意识大大提高，相关立法也逐渐完善，我国知识产权保护虽然仍有不足但进步明显。随着互联网技术的不断发展、应用，各类信息快速流转，知识产权的保护面临严峻挑战。数字环境下，传统的保障方法难以奏效，我国学者进而开始研究如何利用区块链技术对知识产权进行保护。区块链技术的许多特点都能够应用于知识产权保护，目前我国学者关于区块链知识产权保护应用的研究可以分为两个方向，一是区块链技术下的数字版权保护，二是区块链技术下的其他知识产权保护。其中，关于数字版权保护应用的研究占大部分。

（二）区块链技术下的数字版权保护

随着互联网技术的发展，网络传播的数字化内容呈现出爆炸式增长，

---

① 王迁：《知识产权法教程》，中国人民大学出版社 2016 年版。

② 《中华人民共和国民法总则》第一百二十三条。

③ 王迁：《知识产权法教程》，中国人民大学出版社 2016 年版。

我国网络版权产业进入了快速发展阶段。2018 年 4 月 23 日国家版权局发布的《中国网络版权产业发展报告（2018）》显示，2018 年我国网络版权产业规模达 7423 亿元，连续五年高速增长，同比增长 16.6%，市场空间增长约 1059 亿元，当前的数字环境背景下，涉及的网络版权产业包括数字阅读、网络视频、网络漫画、网络音乐等。数字版权产业的健康发展离不开对数字版权的有力保护，但数字作品表现形式多样，传播途径广，传播速度快，相比传统的版权保护，数字版权保护更加困难。[①]

2010 年，中国版权保护中心提出了以"数字版权唯一标识符"（Digital Copyright Identifier，DCI）为基础的数字版权公共服务新模式——DCI 体系，以区块链技术、人工智能和国家版权信息基础数据库为基础设施，以数字作品在线版权登记的创新模式为基本手段，为互联网上的数字作品分配永久的 DCI 码、DCI 标，颁发数字版权登记证书，并利用电子签名和数字证书建立起可信赖、可查验的安全认证体系，从而为版权相关方在数字网络环境下的版权确权、授权和维权等提供基础公共服务支撑。[②] 2016 年 10 月，工信部发布《中国区块链技术和应用发展白皮书》，其中专门阐述区块链技术如何用于版权保护，明确了区块链技术用于版权保护在司法取证中的作用。[③]

《2018 年中国网络版权保护年度报告》指出，数字版权保护是制约数字出版和数字版权交易的突出问题。当前我国网络版权保护面临诸多挑战：一是现行著作权法律制度不能适应产业发展新需求，立法滞后和已有规则缺陷长期存在，法律适用混乱；二是当前逐渐盛行的"去中心化"的侵权盗版方式增加了版权保护难度；三是在商业利益和流量的驱动影响下，数字内容产业"重产轻质"，创新性逐渐下降，且整体内容质量不高；四是随着国际交流逐渐增加，我国知识产权保护发展成为关注重点，版权

---

① 中华人民共和国国家版权局网站，http：//www.ncac.gov.cn/chinacopyright/upload/files/2019/4/2817404494.pdf，2020 年 3 月 9 日访问。

② 中国版权保护中心网站，http：//www.ccopyright.com.cn/index.php？optionid = 980，2020 年 3 月 9 日访问。

③ 中国信息通信研究院网站，http：//www.caict.ac.cn/kxyj/qwfb/ztbg/201904/P020190429564006047715.pdf，2020 年 3 月 9 日访问。

涉外应对形势也愈加复杂。① 穆向明在其关于《2018 年中国网络版权保护年度报告》的评述中总结到，《2018 年中国网络版权保护年度报告》中系统论证了应用区块链技术增强数字版权交易与监管效能的可行性与必要性，提出了区块链版权保护的新思路。他认为《2018 年中国网络版权保护年度报告》的创新之处在于构建了基于区块链技术的数字版权交易框架，区块链技术的特点在数字版权登记、交易和监管中能得到充分利用，全面、高效地保护数字版权。此外，他认为《2018 年中国网络版权保护年度报告》提出的新思路能够有效建立版权人与受众的利益平衡机制、版权人与出版商利益的平衡机制以及出版商和受众的利益平衡机制。②

1. 数字时代下数字版权保护面临困境

聂静认为，当前我国数字出版面临愈发严重的网络侵权行为，由于网络的虚拟性和自由性，网络盗版相比传统盗版的传播速度更快，范围更广，成本更低，对传统出版行业造成巨大打击。此外传统的版权保护措施在数字环境下效果较差，目前的版权交易方式成本高、效率低、过程烦琐，实践中对盗版行为追诉难，权利人维权成本高，举证困难。我国数字版权保护面临的问题可以总结为“确权难、收益难、维权难”。③

毛宁、张小红提出互联网技术的发展对于网络作品而言是一把双刃剑。一方面，网络技术丰富了作品形式，丰富了作品的种类和内容，但另一方面，网络技术也使侵权行为变得更加容易和隐蔽，给网络版权的保护提出了更高的要求。他们认为目前我国网络版权保护的主要困境包括三个方面。第一是确权难，在互联网环境下，原有的“中心化”登记模式滞后性突显。此外，还存在大量网络作品的产生具有即时性和碎片化特征而无法一一确权、网络的虚拟性导致无法对用户进行实名认证从而确定作品归属、网络作品流转速度快导致难以确定原作者、难以确定相似或整合网络

---

① 中国信息通信研究院：《2018 年中国网络版权保护年度报告》，载中文互联网数据咨询网：http：//www.199it.com/archives/869531.html，2020 年 4 月 29 日访问。

② 穆向明：《基于区块链技术的数字版权保护新思路——〈2018 年中国网络版权保护年度报告〉评述》，载《出版广角》2019 年第 19 期。

③ 聂静：《基于区块链的数字出版版权保护》，载《出版发行研究》2017 年第 9 期。

作品著作权人的问题。第二是在网络版权侵权民事诉讼中，著作权人有举证的义务，但在网络时代，信息极易被修改或删除，导致权利人取证难。第三是在网络虚拟环境中无法准确确定权利人的实际损失，法定赔偿适用的泛化无法弥补权利人的实际损失，实现保护权利人合法权益的目的，更有可能致使更多的侵权人由于侵权成本低而继续实施侵权行为。①

彭辉认为在目前这一大数据时代，数字版权保护面临着“四难”。一是由于数字内容传播速度快、范围广，侵权行为成本低，打击数字作品盗版难。二是传统的确权方式成本高、效率低，不利于网络作品的确权、维权和交易。三是传统版权交易流程复杂、透明度低，版权交易难。四是由于网上侵权行为大多是分散用户所为，权利人维权成本高，维权难。②

张冰清、李琳认为随着数字出版的发展，传统版权中相对平衡的版权利益关系被打破，数字版权权益存在多重失衡。由于传播方式改变，侵权现象更为普遍，数字版权无法完全适用传统版权登记方式，难以保障版权人的利益，因此，数字版权人与社会公众之间存在显著的数字版权利益失衡；在数字时代，数字版权人在与出版商之间的关系中，版权人处于弱势地位，他们之间也存在利益失衡的问题；此外，在数字时代，公众对于数字作品的“合理使用”难以认定，出版商与公众之间也存在数字版权权利失衡问题。③

贾引狮提出在当前互联网时代下，数字版权的交易过程中存在利益分配严重失衡、版权收益结算不畅、数字作品确权与授权纠纷频发、数字作品侵权泛滥、网络版权维权艰难、维权效果堪忧等问题。早期的交易模式弊端逐渐显现，必须运用新的技术形态适应新时代对数字作品的保护需要。④

孙婧选取100本医学杂志作为样本期刊，通过搜索研究后发现其中99本存在被盗版现象，被盗版率高达99%。数字时代下，数字作品侵权现象

① 毛宁、张小红：《基于区块链技术的网络版权保护》，载《图书馆论坛》2019年第8期。
② 彭辉：《大数据时代网络新闻聚合平台的版权保护研究》，载《中国出版》2019年第11期。
③ 张冰清、李琳：《基于区块链技术的数字版权利益平衡》，载《中国出版》2019年第11期。
④ 贾引狮：《基于区块链技术的网络版权交易问题研究》，载《科技与出版》2018年第7期。

频发。①

陈前进、代永生提出，在数字信息时代，网络版权执法面临诸多问题和挑战。一是由于数字时代下作品传播速度快、作品形式多样、侵权边界难以界定，加大了网络版权执法难度。二是我国网络版权保护相关法律法规尚未完善，而传统业态已无法满足实际需求；民众版权保护观念淡薄也影响了网络版权保护机制效能。此外，随着网络和信息技术的发展，侵权行为成本降低，侵权人更加“大众化”“业余化”，且我国网络执法队伍专业化水平不高，严重损害了网络版权人的利益，也阻碍了网络版权保护工作。②

王清、陈潇婷认为在信息时代，数字作品侵权问题愈发严重，侵权行为难以追踪认定，在数字版权侵权案件中，权利人因取证难、举证难、维权成本高，利益难以得到保护。传统版权确权登记和注册方式效率低、成本高，不适用于现代数字出版。权利人在通过平台进行数字作品的交易过程中，由于我国没有形成尊重著作权的制度环境，技术上没有进行有效的管理，导致侵权行为多发，权利人未必能充分有效获得收益，这不利于数字版权产业的持续发展。③

石丹认为当前网络环境下数字版权保护面临许多现实问题。目前在版权领域普遍适用的集体管理组织方式具有一定的缺陷，无法实现跨境数据流动和多领域的版权许可，导致权利人不信任集体管理机构，政府主导的制度安排无法适应网络版权产业的市场发展和社会需求。在数字化时代，权利人难以实现对数字作品的实际控制，技术的发展大大降低了盗版成本，但权利人维权成本高昂。在实际维权中，权属证明困难加上数字版权人的实际损失难以认定，权利人举证成本高、举证难度大，维权工作困难重重。④

---

① 孙婧：《科技期刊数字侵权现状与版权保护——区块链技术可行性初探》，载《中国科技期刊研究》2018 年第 10 期。

② 陈前进、代永生：《新时代网络版权执法监管的新挑战》，载《出版广角》2018 年第 15 期。

③ 王清、陈潇婷：《区块链技术在数字著作权保护中的运用与法律规制》，载《湖北大学学报（哲学社会科学版）》2019 年第 3 期。

④ 石丹：《论区块链技术对于数字版权治理的价值与风险》，载《科技与出版》2019 年第 6 期。

陈卓威、唐英提出在当前以大数据、人工智能、区块链为代表的新技术快速发展的时代，网络版权保护面临新的挑战。技术发展带来了产业模式的变革，各种新出现的新型业态突破了现有版权法律制度框架，暴露了现有法律法规的滞后性。新技术过度拆分版权，共同创作作品版权主体不明确，且目前我国缺乏有限授权平台，授权机制不完善，难以保障版权确权的真实性和授权规制的准确性。技术发展刺激新业态发展的同时也使侵权难度降低，给维权和执法带来困难。①

夏朝羡认为在网络环境下，作者身份认定较为困难，加上抄袭手段多样，网络服务供应商需顾及用户隐私及信息安全，网上作品流转次数较多，导致作品权属难以确定。网络版权案件中的权利人举证困难且举证方式受限。根据“谁主张谁举证”的民事诉讼证据基本规则，在版权侵权案件中，权利人应承担举证责任，但网络环境下，作品会多次传播，权利人固定证据成本高、效率低，且网络侵权的相关证据具有不易收集、容易灭失的特点，加重了权利人的举证责任。此外，在网络环境下，运用网络技术传播侵权作品成本几乎为零，多次侵权后追踪困难，权利人实际损失无法计算。②

2. 区块链数字版权保护应用的可行性分析

我国大部分学者在讨论运用区块链技术对数字版权进行保护的可行性问题时，会结合区块链基础技术及其特点进行分析。因此关于这一部分，许多学者的观点是趋同的。

聂静简单介绍了区块链技术的概念及特点，认为引入区块链技术对数字版权进行保护是非常有利的。区块链不可篡改的特性可以实现完整记录作品所有变化过程，有利于实现版权交易的透明化和真实性。区块链中的智能合约可以自动规范所有权利的行使和追溯，降低了确权成本，提高了交易效率。共识信任方便作者在统一平台上管理版权授权情况，利用平台

① 陈卓威、唐英：《新技术下网络版权保护的新局面、难点和治理对策》，载《中国出版》2019 年第 9 期。

② 夏朝羡：《区块链技术视角下网络版权保护问题研究》，载《电子知识产权》2018 年第 11 期。

区块链记录用户的每一次行为，据此支付版权费用。①

毛宁、张小红认为运用区块链技术保护网络版权具有理论可行性和现实可行性。理论上，相对传统的通过某些“平台”进行信息交换的方式、区块链的分布式记账技术和去中心化的特征能够使网络信息的流转省去中介步骤，提高效率，有效降低网络版权保护的成本；区块链技术的加密算法和强大的运算能力，使其具有难以篡改的特点，在网络版权登记中能够使登记更为便捷，明确版权产生时间的同时节省确权成本；区块链技术的溯源记录和自动存证方式能够提高侵权取证效率，保证证据的完整性和有效性。在实践中，我国目前已有法院认可利用区块链技术保护网络版权，综合分析审查后认可区块链电子证据的法律效力，证明利用区块链技术固化保存证据具有现实可行性。②

张冰清、李琳认为，运用区块链技术能够改变目前数字版权利益失衡的现状。利用区块链进行数字版权登记，能够高效、便捷、低成本保障数字版权的确权、维权，有效遏制数字版权侵权，平衡版权人与公众之间的利益。在发行方面，利用区块链技术能够实现去中心化的数字发行，由版权人主导发行的条件，在保证透明性的同时充分保障版权人的利益，平衡版权人与出版商之间的利益。通过区块链智能合约，保障公众对于数字作品“合理使用”权利的同时实现对数字版权的灵活管理，平衡出版商与公众之间的利益。除了解决各方利益失衡的问题，运用区块链技术还可以降低版权交易成本，通过实现数字作品的二级市场交易扩大版权人收益，从而促进数字版权产业的健康发展。③

贾引狮提出通过运用区块链技术能够有效解决互联网环境下版权确权、授权、维权、利益分配等问题。传统的版权登记存在登记成本高、时间长、法律证明力不理想等缺点，不利于网络版权交易的推进，而区块链技术中的时间戳和哈希值能够为版权登记提供无法篡改的有效证明。他提出，当前网络版权交易中出现的信用缺失和监管不力的问题制约了网络版

① 聂静：《基于区块链的数字出版版权保护》，载《出版发行研究》2017 年第 9 期。
② 毛宁、张小红：《基于区块链技术的网络版权保护》，载《图书馆论坛》2019 年第 8 期。
③ 张冰清、李琳：《基于区块链技术的数字版权利益平衡》，载《中国出版》2019 年第 11 期。

权交易，而通过区块链的数字签名机制，能够将版权信息和版权交易记录于区块链中，实现信息透明化，通过利用“来源大众的监管”实现去中心化监管，减少欺诈行为。除此之外，运用区块链技术还能够有效解决协同创作中的网络版权交易问题和小微作品的版权交易问题，促进数字产业多样化发展。①

孙婧认为，与传统的数字版权保护技术相比，区块链技术具有去中心化、不可篡改及不可撤销、公开透明、可靠性强、拓展性强的特点。运用区块链技术能够降低数字版权管理成本，提高版权登记效率和法律效力，提升登记证明力和安全性。②

黄龙认为区块链数字版权保护原理在于运用区块链技术能够针对数字版权保护的核心作出应对，链式数据结构和加密算法保证版权注册数据的唯一性、完整性和防篡改性。区块链数字版权保护机制是基于版权溯源机制，完整记录整个版权流转过程，使从确权开始，全程可追踪、证明，这不仅仅有利于权利人对作品的管理，更有利于为司法活动提供有效证据；区块链在版权管理方面具有独特的技术优势，通过智能合约技术高效管理版权确权、维权和版权交易。区块链技术为数字作品版权维权提供了新的思路和解决机制，成熟地运用区块链技术能够降低维权难度、简化维权流程、提高维权效率。长远来看，运用区块链进行数字版权保护将会逐步淡化技术与法律的边界，通过技术手段在违法犯罪行为产生之前对其加以限制，提高版权法律监管和执行能力，能够推动构建大版权管理模式，降低版权管理成本，提高版权管理效率。③

石丹认为区块链技术在版权许可和版权保护中能够得到有价值的应用，为版权许可和保护带来创新。相比于现有的中心化管理制度，区块链技术的去中心化机制能够通过点对点的方式连接交易双方，解决原有的信任危机，降低交易成本，促进版权流转。运用数字签名和时间戳验证能够有效阻止盗版内容传播，直接打击盗版行为，维护版权人权益。运用时间

① 贾引狮：《基于区块链技术的网络版权交易问题研究》，载《科技与出版》2018 年第 7 期。

② 孙婧：《科技期刊数字侵权现状与版权保护——区块链技术可行性初探》，载《中国科技期刊研究》2018 年第 10 期。

③ 黄龙：《区块链数字版权保护：原理、机制与影响》，载《出版广角》2018 年第 23 期。

戳技术还能将所有相关信息整合在区块链中，高效率进行版权确权，区块链技术本身不可篡改的特征也为之后权利人维权提供了有力证据。区块链技术中的智能合约能够自动执行作品的上传、改变、发行分销和付费，根据预定标准执行协议，确保合约履行，避免欺诈行为，提高交易透明度，保障版权人收益。①

夏朝羡提出区块链不易篡改、去中心化、去信任化的技术特点和原理，能够用来有效地解决网络作品传播、司法保护、损失确认中的实际难题。在作品传播阶段，运用区块链技术能够完整记载全阶段的权利管理信息，在全网公开，保证信息透明度，有利于避免侵权行为发生和快速确权，提升作品流转和使用效率。将区块链技术运用至司法阶段，其不可篡改的特征使得利用区块链取证的证据具有真实性和可靠性，加入得到司法机构认可的平台共同搭建联盟链，进一步增强存证公信力。在区块链平台注册成本极低，区块链技术可提供高效率、低成本的取证存证。权利人能通过区块链对侵权行为进行追踪，链上透明的价值链信息有助于计算权利人的实际损失，以确定损害赔偿数额。②

王清、陈潇婷认为区块链技术在数字著作权领域中的应用具有优势。在登记确权方面，作品产生后，运用区块链能将相关信息转换成一个带有时间戳的哈希值，这些内容具有透明性特征，其他人可以通过客户端查询。权利人能对自己的作品进行修改，也可以进行授权、交易等。传统的数据储存模式容易遭到黑客攻击，而将数据储存在区块链中后，其不可篡改性保障了储存内容的真实性。通过加密数字进行著作权交易能够大量减少数据传播和储存，在一定程度上降低了交易的成本，并且设立自动与需求方形成交易的智能合约能够提高交易效率。利用区块链技术能够对作品的确权、储存、交易等作出完整记录，著作权人身份信息清晰透明，分布式储存的特点能够保证快速定位侵权行为，这些都有利于权利人对侵权行

① 石丹：《论区块链技术对于数字版权治理的价值与风险》，载《科技与出版》2019 年第 6 期。

② 夏朝羡：《区块链技术视角下网络版权保护问题研究》，载《电子知识产权》2018 年第 11 期。

为的维权。[①]

3. 区块链数字版权保护的具体应用模式

聂静提出构建一个基于区块链的数字版权管理服务平台，将数字版权的“确权”和“交易”集中于一体，平台由账户区块链、版权区块链和交易区块链构成。账户区块链主要是为平台用户提供认证和基本信息服务；版权区块链细分为作品上传模块、版权登记模块、授权模块和内容审核模块，能够高效运转；交易区块链包含产品推广、传播管理、数据统计和监控报警，更好地保护版权人的权利。[②]

毛宁、张小红提出建立统一的区块链版权服务平台，从网络版权确权、交易与版权存证三方面构建网络版权保护的新模式，平台包括三个模块，分别是版权登记模块、版权交易模块和版权存证模块。版权登记模块对作者进行实名认证，识别作品独创性并生成唯一哈希值和具有时间戳的区块链版权登记证书；在版权交易模块中，由版权人自己设置作品的传播渠道和交易模式；在版权存证模块中，平台对全流程进行记录、存证，保证电子证据的完整性和真实性，还可以通过与司法机构联合的方式，构建司法联盟体系，提高区块链存证的权威性和可信度。[③]

彭辉认为要解决网络时代数字版权保护问题，应建立健全基于区块链的数字版权治理体系。区块链具有的去中心化、难以篡改、扩展性大等技术特征能够在数字版权保护中得到很好的应用。在版权确权阶段，通过区块链技术写入具有唯一性的、无法篡改的信息，达到数字登记和确权的要求。数字版权的交易与流转在安全可靠的环境中完成，能够最大限度地保护原创者权益。在版权执法方面，执法机构直接采信这一具有公信力的区块链技术作为证据支撑，简化了维权手续，降低了维权成本，有利于版权执法部门高效执法。[④]

---

① 王清、陈潇婷：《区块链技术在数字著作权保护中的运用与法律规制》，载《湖北大学学报（哲学社会科学版）》2019 年第 3 期。

② 聂静：《基于区块链的数字出版版权保护》，载《出版发行研究》2017 年第 9 期。

③ 毛宁、张小红：《基于区块链技术的网络版权保护》，载《图书馆论坛》2019 年第 8 期。

④ 彭辉：《大数据时代网络新闻聚合平台的版权保护研究》，载《中国出版》2019 年第 11 期。

刘桢、马治国认为，在版权保护中运用区块链技术，要充分考虑版权制度运行原则和区块链技术的特点，使区块链技术得到最大发挥。将运用区块链技术实施版权保护的客体限定在同一平台内，以避免作品多元化特性与区块链登记的代码化特征之间的矛盾。为版权交易创建智能合约，提高缔结版权保护协议的效率，提高版权流转流畅性，有效阻断盗版侵权行为。提高目前市场上第三方版权数字备案机构的公信力，为司法裁判提供低成本、高效率、高可信度的版权存证。①

王清、陈潇婷提出区块链拥有的技术价值可以有效弥补传统著作权保护的不足。在具体应用上，可以运用区块链技术实现著作权人身保护，通过加密技术保障作者隐私权，运用“分布式账本 - 嵌入式”确权模式实时保障作品完整性。在著作财产权的保护中，运用区块链中的智能合约技术能够自动执行合约，最大限度地保证著作财产权；构建运用区块链技术搭建的交易平台也能够最大限度地保证著作财产权。②

4. 区块链数字版权保护的挑战与应对

聂静认为基于区块链的数字版权管理服务应用研究具有巨大价值，但在实际操作中仍面临巨大挑战。目前运行中的各个平台各有一套认证方式，平台间相互认证割裂，无法兼容操作。为形成统一认证，未来各平台可以与中国版权保护中心进行合作，采用统一的识别体系。此外区块链应用存在一定的安全隐患，在运行时难以实现高度的实时同步，大量重复的数据会造成存储资源浪费以及明显的算力资源浪费。③

毛宁、张小红认为，当前运用区块链对网络版权保护面临一些挑战。一是区块链技术目前无法按著作权的标准判断作品的独创性与作者，关于作品的独创性与作者的认定仍需要法官根据传统的理论进行判断，区块链技术只能提供有限的辅助作用。二是区块链技术难以监控侵权行为的发

① 刘桢、马治国：《利用区块链开展版权保护的局限与应用路径》，载《出版发行研究》2019 年第 9 期。

② 王清、陈潇婷：《区块链技术在数字著作权保护中的运用与法律规制》，载《湖北大学学报（哲学社会科学版）》2019 年第 3 期。

③ 聂静：《基于区块链的数字出版版权保护》，载《出版发行研究》2017 年第 9 期。

生。区块链只是担任了一个记录者的身份，遇到侵权行为发生，并不会主动告知权利人。对此，可以建立区块链侵权监控平台，实时监管，自动抓取分析，及时锁定侵权人并通知权利人采取维权措施。此外，当前普遍存在的问题还包括难以确定网络侵权行为的赔偿金额，对此，可以利用区块链技术去中心化和分布式的特点，对侵犯版权行为进行跟踪记录，以此为依据计算权利人的损失或侵权人因侵权行为获得的不法收益。当前各认证平台尚未形成统一标准，平台间无法兼容操作，可以统一采用中国版权保护中心提供的DCI体系，构建一个规范、统一的区块链版权（交易）服务平台。除了利用区块链技术外，还要完善相关立法，使得利用区块链技术进行网络版权保护有法律依据；出台相关政策，使区块链技术保护与传统方式保护互相融合促进，更好地、全方位保护网络版权。①

刘桢、马治国认为基于区块链的技术特征，当前已经提出并开展的部分实践没有充分考虑著作权理论制度和发展实际的协调性，存在一些问题。一是借助时间戳保障登记时间的不可篡改性，忽视了我国对版权采取的是自动产生的保护范式，即作品完成后，作者无需登记也自动享有版权，时间戳不能保证事实的可信性，且如果大范围实施数据量过大，可操作性未知。著作权保护的作品要满足独创性的要求，仅仅利用哈希值是无法有效辨识、甄别作品的，可能造成具有严重破坏性的后果，损害原创作品的权益。区块链的公开透明性与我国《著作权法》中的发表权存在明显冲突，增加了作者隐私暴露的风险。此外，过度运用技术手段可能会对既有利益平衡造成冲击和破坏，不利于版权产业的发展。②

石丹提出在版权领域应用区块链技术存在现实风险。技术方面，区块链版权管理技术构架需要大量的用户和文化产品数量支撑，形成规模才能具有实际价值，但当用户数量增加后数据储存和计算能力问题就会凸显，存储成本也制约着方案的有效性和实际可操作性。在法律方面，区块链版权管理技术对个人信息保护、隐私安全形成巨大冲击，在保障交易信息完

---

① 毛宁、张小红：《基于区块链技术的网络版权保护》，载《图书馆论坛》2019年第8期。

② 刘桢、马治国：《利用区块链开展版权保护的局限与应用路径》，载《出版发行研究》2019年第9期。

全透明公开和尊重个人隐私和自由间陷入两难。区块链平台在服务中承担什么样的责任，智能合约是否适用我国《合同法》，合约双方法律责任如何界定，以及区块链技术对社会治理架构的实施程度，这些问题在短时间内都没有清晰的答案。要真正有效利用区块链技术对数字版权进行登记、保护，需要我们不断进行研究调整，利益平衡，将有关法律与区块链技术特征互相调和，实现区块链技术在版权保护中的应用前景。①

谢欣、彭丽霞认为如果将区块链技术运用于版权保护领域，由于其具有技术特征能够高效证明数字产品的存在性、真实性和唯一性，整个过程都能实现可追溯、可追踪，为司法取证提供具有强大技术性和结论性证据，但区块链技术仍面临一些技术困境。哈希算法和哈希值能够保证记录的不可篡改性、可信度，两段信息完全相同的情况下会换算出同一个字符串，但如果两段信息稍有不同，换算出的字符串将完全不同且毫无关联，因此在盗版手段、方式、形式不断更新的今天，仅通过哈希值无法智能识别各种盗版模式，权利人也无法通过对比哈希值验证其权利是否遭受侵害，这是区块链技术推广适用的限制。由于原则上区块链平台具有时空局限性，难以实现在全球互联网内跨区块链进行哈希值对比和智能合约，因此运用区块链技术进行版权登记存在一定的限制。②

夏朝羡提出在版权保护中运用区块链技术有可能会放大侵权行为的隐蔽性，这是因为在各节点能够实现完全匿名化，无法确定盗版者的身份信息。区块链技术判断侵权的标准是哈希值，但两个实质性相似作品之间的哈希值也是不一样的，区块链技术无法判定。到目前为止，区块链技术用于司法实践中的合法性仍有待进一步明确。针对这些问题，在运用区块链技术保护网络版权的同时，要注意加强监管，防止匿名性侵权的发生；针对“实质性相似”的问题，仍需要通过传统的“三步检验”；关于区块链技术存取证据的合法性问题，《最高人民法院关于互联网法院审理案件若干问题的规定》已经有相关规定。实践中，互联网法院也确定了区块链电

---

① 石丹：《论区块链技术对于数字版权治理的价值与风险》，载《科技与出版》2019 年第 6 期。

② 谢欣、彭丽霞：《区块链与数字版权反思：困境与重述》，载《青年记者》2019 年第 6 期。

子存证的法律效力。[①]

王清、陈潇婷认为目前区块链技术在数字化著作权领域的应用仍存在区块链技术本身规范标准不明、运用区块链技术不一定能完全遏制侵权现象甚至可能会限制创作发挥、无法判断作品间是否存在“实质性相似”、权利人对作品的绝对控制会影响发表自由等问题。针对这些问题，应该出台相应的统一区块链技术规范标准，形成行业规范标准；完善关于智能合约的法律规范，运用特定技术必须符合一般法律原则，避免技术机械主义影响社会正义；通过一贯采取的职能性监管抑制网络著作权侵权的发生。[②]

（三）区块链技术下的其他知识产权保护

1. 区块链技术对商业秘密保护的影响

张怀印认为商业秘密是企业具有较高商业价值的无形资产，但在数字化环境下，商业秘密保护面临严峻挑战。在数字化时代，大量商业秘密以数字形式存放在网络空间，极易遭受不法侵权，且侵权形式更为隐蔽，难以察觉和举证。传统的《反不正当竞争法》应对新时代下数字化侵权行为显得力不从心，需要发掘新的保护途径。他提出目前在数字环境下商业秘密的保护面临三大困境，一是商业秘密的秘密性边界难以确定，二是保密措施难以实施，三是电子证据的证明难度大。他认为可以通过运用区块链技术对商业秘密进行保护。区块链中的时间戳是一个能证明一份数据在某个特定时间之前就存在的、完整的、可验证的数据，通常是一个字符序列，唯一地标识某一刻的时间。时间戳技术目前已经应用于版权、商标的存在性证明，也可以用于商业秘密的存在性证明。基于商业秘密具有秘密性的重要特征，区块链技术可以为商业秘密提供“零知识证明”，通过记录哈希值，证明文件在某个时间点存在过，确保在不向他人透露秘密信息的情况下提供商业秘密的存在性证明。区块链技术不仅能用于证明商业秘

---

① 夏朝羡：《区块链技术视角下网络版权保护问题研究》，载《电子知识产权》2018年第11期。

② 王清、陈潇婷：《区块链技术在数字著作权保护中的运用与法律规制》，载《湖北大学学报（哲学社会科学版）》2019年第3期。

密的存在，而且能用于证明谁曾经下载过该信息，为之后的维权程序提供证据。虽然区块链技术用于电子证据的具体认定规则还待进一步讨论，但该应用已经开始得到认可。相对于传统的电子证据，区块链技术更具可靠性和真实性。除了为商业秘密提供存在证明或在诉讼中作为电子证据帮助权利人外，区块链技术还可以用在商业秘密的保管中。通过分布式账本技术，分配不同职位参与者的权限，避免越权泄露；通过非对称加密算法确保交易安全；利用区块链的共识信任机制确保数据在交易中不被篡改，保证数据的真实性。①

2. 区块链技术对商标保护的影响

张怀印、凌宗亮提出，由于商标使用的时间点难以确定，数字时代的电子商务中商标使用的证据难以获得，传统商标法律制度在信息时代面临一系列难题，如商标使用的时间节点难以明确、驰名商标认定标准不统一、打击假冒商品举证困难等。而区块链具有去中心化、带有时间戳、不易被随意篡改及可信度高的特点，在商标确权中能够为商标使用起证明作用、对未注册商标的公示作用、在驰名商标的认定中起证明作用，能够在数字时代商标法中得到很好的应用。②

六、区块链金融应用的法律问题

（一）区块链金融应用的基础讨论

关于区块链技术应用于金融领域的基石，乔海曙、谢珊珊在文章中有较为详尽的说明。③ 在理论基石上，首先是数字经济的发展，区块链金融应用促进计算机、通信技术的融合，将所有资产数字化，并在区块链上公证登记和转移，实现商品和服务从制造、销售或供给完全数字化，逐步将

① 张怀印：《区块链技术与数字环境下的商业秘密保护》，载《电子知识产权》2019 年第 3 期。
② 张怀印、凌宗亮：《区块链技术在商标领域的证明作用》，载《知识产权》2018 年第 5 期。
③ 乔海曙、谢珊珊：《区块链金融理论研究的最新进展》，载《金融讲坛》2017 年第 3 期。

数字技术广泛渗透到传统产业，形成新型数字产业，引发深刻的经济社会变革，创造新的经济模式；其次是自由货币理论，即货币体系不应该由一个政府和中央银行发行，而应该是去中心化和非国家化的；最后是信息不对称理论，在传统的交易互动中广泛存在着信息不对称的问题，一方依据不对称的信息攫取对方更多利益，这一理论为区块链金融应用提供了方法上的指导，区块链技术通过全民参与的去中心化的信用极大地消除了信息不对称。在区块链金融应用的驱动机制上，具体表现为：第一，金融体系的透明度得以降低，银行与投资者之间的信息不对称、互联网公司大数据封闭形成的数据“孤岛”都会被打破；第二，金融基础设施存在局限，易受到科技威胁与攻击，系统适用性不广，也无法支持全天候交易；第三，当前传递“资产”处于低效状态，价值创造与交易都需要第三方中介机构为其信用背书，使得交易限制在一定空间；第四，互联网金融信息安全问题日益突出，容易发生数据库被盗窃和篡改等不良事件。在区块链金融应用的颠覆性效应上，具体表现为：第一，改变了金融底层基础框架，双方不需要信用中介而直接进行价值转移，重构现有金融体系中的交易、清算和结算流程；第二，解决了双方互信难题，区块链公开透明的账本实现数据共享，保证交易的唯一性，不可逆和时间戳功能保证了交易的实时性和不可撤销；第三，促进价值互联网的崛起；第四，降低了金融服务的门槛，偏远地区的投资者也可以通过区块链参与到金融活动中，且无需第三方中介可以直接交易，降低了基础设施构建成本。

孙国茂也论述了区块链技术在金融领域应用的原理机理。[①] 第一，从国内经济发展情况以及世界区块链研究情况这两个视角着眼，我国金融体系配置资源效率低下，融资难和储蓄率高，信贷资产使用效率低下，区块链是解决这些问题的机会，并且全球区块链技术竞争态势加剧，已经开始专利争夺；第二，区块链可构建支付和结算体系的底层协议，可从信用体系建设、流程简化、提高交易安全性等方面对支付体系加以优化；第三，区块链作为金融科技的基础技术，可进一步降低信息不对称，构建价值互

① 孙国茂：《区块链技术的本质特征及其金融领域应用研究》，载《理论学刊》2017 年第 2 期。

联网，提升金融科技体系效率和安全。

汪青松则基于信息哲学发展和信息技术进步的视角，从信任机制演进的角度出发，探讨区块链技术引发的金融交易异变，以及对应的法律调整进路①。在交易活动中必须存在基于信息加工处理的信任机制，但交易主体之间的信息始终存在差距，在金融发展的过程中便形成了以银行为代表的信息中枢充当信用共识这一中心化的制度性信任机制。形成的原因包括陌生的交易主体之间信息不对称、无序和失真引发主体间的信任难题、金融交易从人身性信用机制转变为以银行为中心的制度性信任机制以及金融交易中心化格局的确立。传统的中心化信任机制基础上的金融交易的传统逻辑是以准入控制为主、市场调节为辅，以公法手段为主、私法手段为辅，以风险防范为主、创新激励为辅。但是这样的法律规制逻辑存在不足。银行之间仍然存在巨大的信息共享缺口，没有从根本上改变信息障碍及其风险，金融交易中的弱势平等格局无法获得有效矫正，金融渠道的供给明显不足，市场自发调节机制和市场配置资源功能难以有效发挥，如刚性兑付问题导致风险和定价扭曲。

而信息技术，特别是区块链的介入激发了信用机制和金融交易领域的异变。在信任机制上，区块链技术的应用使共识性的信任机制成为可能。易访问难篡改、各个节点可以进行验证的区块链可以对信息真实性进行源头控制；对信息处理进行分布式设计，实现了信息存储与信用生成的统一，交易双方在未建立信任关系的情况下可以达成交易；对信息管理进行分权式安排，实现了去中心化的网络状共识。在金融交易上，区块链技术的应用使金融交易时空不断拓展，交易模式不断创新；金融交易主体更加多元，交易活动更加频繁；金融交易开展更加直接，交易完成更加迅捷；金融交易履行更加安全，交易成本更加节约。

王艳芳、赵鹞则从信息不对称与交易成本的视角切入，对区块链在金融领域的应用持反对意见，认为“区块链＋金融”不是真正意义上的金融

① 汪青松：《信任机制演进下的金融交易异变与法律调整进路——基于信息哲学发展和信息技术进步的视角》，载《法学评论》2019 年第 5 期。

创新。[①] 第一，信息不对称与交易成本贯穿于金融发展的始终，金融业发展的动力和方向就是缓解信息不对称和降低交易成本，但是在这个角度上，区块链金融应用并不能实现这一目的。其次，通过对区块链金融的几个具体应用的介绍论证了这一观点。数字货币无法作为交换媒介和价值储藏手段而在市场交易中起到一般等价物的作用，不能作为货币，无法解决金融业问题；由于区块链点对点的完全匿名，交易双方无法探知对方的真实身份，在国际结算领域更不能降低交易成本与减少信息不对称；在国内支付清算领域中，区块链的去中心化需要对交易信息进行全网的监督和确认，并且需要承载之前的全链信息，不断传递，极大增加了交易成本；数字资产主张将现实资产上链实现可视化，降低交易成本，但是并没有第三方机构可以介入来实现链上链下资产的同步交互，没有建立起链上链下资产的可信沟通，反而加剧了信息不对称。因此，区块链所支撑的点对点交易、去中心化正是金融发展中将要淘汰的方式，从这一角度看，并不是真正的金融创新。

（二）区块链与证券

1. 区块链与证券发行

常健、罗伟恒指出我国现在的债券发行制度存在严重的问题，仍停留在通过人为市场分割、严苛的发行门槛等方式来进行事前强行控制风险的层面，而不是以商事信用的动态评价为逻辑基础，这成为近年来债券市场信用风险累积与爆发的重要原因。[②] 恪守管制主义，在管制主义下企业债与公司债的发行成本与门槛极高，并且缺少风险管理，容易引发刚性兑付。而健康的债券发行应当基于合理评价与管理动态的信用风险，要求信息披露与信息处理。在这一点上，区块链技术与健康的债券发行模式得以契合。首先，区块链技术的少中心或去中心强化了流程的信用管理。其

① 王艳芳、赵鹮：《“区块链＋金融”不是真正意义上的金融创新——基于信息不对称与交易成本的视角》，载《南方金融》2018 年第 10 期。

② 常健、罗伟恒：《我国公司债券发行引入区块链技术的法律因应》，载《江苏社会科学》2019 年第 2 期。

次，区块链技术对公司债券信息披露制度进行极大的优化，发行过程中的发行人原始信息与过程信息都将被完整地记录并提供给监管者以及任何参与购买债券的投资者，提升了透明度。区块链技术保证数据的不可篡改性与动态更新也十分契合商事信用动态评价之下信息披露机制的基本逻辑，保证信息披露的准确性与及时性。最后，区块链技术的链式结构与数据验证机制极大地降低了发行成本，提高了发行效率，一些发行流程可以借此合并。当然，应用区块链技术可能会存在一些风险，包括债券发行必须使用的智能合约存在着难以回溯的“实时欺诈”风险、匿名化对反洗钱机制的冲击、去中心化带来的投资者保护问题等。在未来的发展方向上，应在信任机制上实现管制、信誉及代码互补，发行准入和投资准入的合理协调，发行市场与监管规则实现统一，技术规则与法律规则协同共治。

2. 区块链与证券交易

蔡然认为通过区块链技术可以改善传统证券市场从发行到交易受制于复杂流程的窘境。可以缩短交易时间，降低管理成本，交易时间降低为以分钟为单位；通过扁平化的网络使交易信息更加公开透明，避免内幕交易，维护市场稳定。①

刘洋、唐任伍认为通过区块链技术可以优化私募证券的流通以及公募证券的结算。首先，通过区块链技术提升私募证券流通效率效能。在传统的私募股权中，企业股权信息并不透明，信息不对称现象严重，投资者不能完全掌握风险情况，难以合理定价。利用区块链技术可以在股权交易参与者无需建立信任前提下，建立统一分布式账本系统，开展股权发行、管理和交易；把参与者前后所有操作加盖时间戳同步到分布式账本，形成动态完整的操作过程存证，使股权登记证明更可信。其次，区块链技术为公募证券提供清算结算新方案，通过智能合约的实时履行降低货银对付的违约风险；由分布式账本保障系统安全，证券结算不再完全依赖登记结算机

① 蔡然：《区块链金融的发展趋势研究》，载《金融观察》2018 年第 1 期。

构；减少中介机构过多参与，简化结算流程，实现“交易即结算”。①

李博也指出区块链技术可以较好地契合证券市场的需求。分布式记账解决了传统中心化市场中的消息不对称问题，绕过传统的中介，节约成本；记账数据的真实性符合证券市场对于诚信的要求；智能合约的可编程性可以契合经济市场的不断变化，并且所有事项都由机器自动判断触发条件并自动执行，准确性更高。②

同时李博也介绍了将区块链运用于证券市场的反对意见，如区块链在技术上仍旧存在问题，用于连续竞价交易的条件并不成熟，并且去中心化导致追责困难，缺乏对投资者的保护，除此之外监管机制也有待加强。③

万国华、孙婷认为区块链将为证券市场带来很大的变革。第一，改革了证券交易结构。现在的证券交易运行模式必须历经多个主体，效率低下，且造成了强势中介，加剧了代理成本、道德风险与信息不对称；而在区块链网络中，证券和资产以数字的形式出现，可以直接实现双方自动配对和撮合成交；在交收、登记托管方面，无需第三方清算机构单独进行账簿记载和清算结算，能实现交易即结算或在极短周期内完成结算。第二，改善了证券市场结构。一方面，区块链在场外交易的应用能够完善多层次的资本市场结构，可以构建区域股权市场联动机制，共同组成联盟区块链市场，打破各市场间的藩篱，改善市场分层和结构；也可以应用于场外股权的登记和托管，提升交易效率。第三，良好的公司治理是证券市场健康发展的重要组成部分，区块链技术可以完善公司的治理。分布式账本使得股权更加透明，便于实时监测，限制管理层的违法行为，利用区块链技术促进小股东形式投票权，参与公司治理，对于会计账簿的记载可以实时更新且不可篡改。④

卜学民指出在现在的证券交易中，中央对手方未真正消除结算风险。

---

① 刘洋、唐任伍：《金融供给侧结构性改革视域下的区块链金融模式综述与合规创新探析》，载《金融观察》2019 年第 7 期。

② 李博：《区块链技术在金融方向应用的发展及展望》，载《应用科学学报》2019 年第 2 期。

③ 李博：《区块链技术在金融方向应用的发展及展望》，载《应用科学学报》2019 年第 2 期。

④ 万国华、孙婷：《证券区块链金融：市场变革、法律挑战与监管回应》，载《法律适用》2018 年第 23 期。

中央对手方的法律地位与合约替代法律基础不明确，其到底是交易的担保人还是主合同的一方，合约替代在法律层面和法理上也并无依据；中央对手方可能导致风险聚集，用中央对手方自身的信用风险来代替证券交易的双边信用风险；容易出现因风险管理标准降低而诱发违约风险的情形；降低了资金和证券的流通性并且尚未实现真正的货银对付。区块链技术拥有者挑战中央对手方的可能性如下：区块链可以满足证券结算的功能性需求，便于设置一定的投资者准入门槛，可以给不同节点设置不同权限，也可以实现实时的监管；将数字货币提前嵌入智能合约，可以实现自动交收与自动结算；区块链分布式账簿的储存可以实现数据的一致性，避免了不同主体独立账簿的核对成本；区块链中的交易都被盖上时间戳，无法篡改并且有据可查。在可能性之外，区块链是对中央对手方的“优化式取代”。区块链的点对点交易特征无需合约化的替代，智能合约一旦触发提前设置的条件便可以自动执行；数字资产嵌入智能合约而无需交收担保；自动结算也真正实现了货银对付，并且凭借其自动化与高效率可以实现实时全额结算或每日净额结算。在区块链取代中央对手方的法律应对上，则需要允许区块链在证券结算中的应用、赋予区块链以数据证据资格、延伸适用破产隔离条款，即用于证券结算的资金和证券一旦嵌入智能合约后就只能用于证券结算，不得被强制执行。①

3. 区块链与资产证券化

刘洋、唐任伍指出传统的资产证券化领域存在交易环节割裂、数据容易缺失、监管穿透性差、融资流程复杂冗长、成本高企、效率低下、精细化风险管理不足、市场流动性不足、不能反映真实资产状况、不良资产难以有效处置等问题。利用区块链的分布式数据储存等技术能优化资产证券化产品交易底层系统，可以改善传统资产管理模式的若干瓶颈。第一，利用区块链技术可以很好地实现资产穿透，将资产、现金流、业务流等关键信息实时上链，记录在分布式账本上，防止 SPV 管理人利用信息不对称实施违约行为。第二，利用区块链技术可以提升资产证券化的交易效率，自

① 卜学民：《论区块链对中央对手方结算的挑战及其应对》，载《北方法学》2019 年第 6 期。

动根据资产数据与产品特征进行匹配，高效筛选出符合特定投资者的标准底层资产。第三，区块链可以提高市场活跃度，解决了信息不对称不透明、定价可信度低等影响二级市场交易的关键问题，帮助二级市场投资者更好完成质优价低资产发现，促进资产证券化产品二级市场流动性。①

徐光、叶欣怡也指出，传统的资产证券化存在基础资产的真实性水平低、各参与方之间数据流转效率不高、存续期间信息透明度和实效性较低、交易流程过于复杂、账目难以统一的问题，大大限制了二级市场的发展和流动性的提升。区块链技术可以很好地应用于此。第一，原始权益人将放款、还款全流程线上化，通过广播所有节点都会保留底层资产数据，大大保证了底层资产的真实性。第二，通过区块链的数据实时更新，避免了系统对接的问题，在产品设计、尽职调查和发行阶段，提升信息流转和处理的效率。第三，在证券存续期，智能合约自动执行基础资产现金流的回收、证券现金流的分配等操作，提高服务机构与受托机构的工作效率，可实现后续管理和监管智能化。第四，在二级市场上，实现资产证券化产品在发行人与投资者之间直接交易，提高交易便利化程度。②

万国华、孙婷指出区块链技术可以进一步完善资产证券化。传统的资产证券化中存在底层资产的信息和数据不易获得、真实性和可信度难以建立的问题，并且主要依赖发起人的信用，而非底层资产。区块链下的资产证券化中，每一笔底层资产的真实性和来源都可以被区块链的所有网络节点确认并公开，使得各个参与主体可以看透底层资产，解决信息不对称问题，实现主体与项目信用条件的分离。而且，智能合约的应用也可以事先设定违约处置、触发条件，实现合同的自动化，增加二级市场交易的流动性，促进资产证券化业态的良性循环发展。③

可见，区块链技术应用于资产证券化领域，可以突破底层资产真实性存疑、难以穿透、信息不对称、二级市场不够活跃的问题。

---

① 刘洋、唐任伍：《金融供给侧结构性改革视域下的区块链金融模式综述与合规创新探析》，载《金融观察》2019 年第 7 期。

② 徐光、叶欣怡：《区块链与资产证券化》，载《中国金融》2018 年第 3 期。

③ 万国华、孙婷：《证券区块链金融：市场变革、法律挑战与监管回应》，载《法律适用》2018 年第 23 期。

4. 区块链与金融衍生品

黄维①指出衍生品市场中，区块链技术的去中心化可以使交易主体不再需要中心交易所和集中清算，可以降低成本提高效率，也可以加强市场的安全性和识别性。第一，区块链的多人记账和存档以及链式的存储结构使得每一笔交易有迹可循，增强交易的可靠性，避免了中介增信。第二，区块链系统的共识机制使得想要篡改链上信息必须至少控制 51% 的节点，而这几乎不可能实现，故而区块链的安全性和防篡改性在衍生品交易中的防抵赖性和安全性方面具有很大的发展潜力，尤其在衍生品交易后的确认和清算处理环节。第三，智能合约使区块链形成多数据库应用，从而可完全无纸化存档，防止责任推脱。大多数金融衍生品交易都是通过标准化的合约进行的，可以采用智能合约对其加以规制。第四，哈希加密算法在衍生品市场也有很大的应用空间，可在现有哈希算法基础上，植入衍生品市场特有的编码机制，形成衍生品区块链标准加密算法，从而有效增强安全性，增加破解难度。第五，在衍生品场内市场上，区块链技术虽然不能完全替代中心化交易模式，但是在交易后的清算、备份、智能标准化合约、交易后确认和处理领域，则可发挥其优势；在场外交易市场，可以根据区块链内的交易记录分析对应交易方的特征，形成差异化保证金和杠杆率管理，有效降低衍生品市场的风险。黄维还指出了区块链技术应用后可能产生的监管风险、对衍生品市场造成的风险，并且针对这两类风险提出了相应的对策。

（三）区块链与保险

许闲②指出区块链技术因其原理和特征与保险业具有天然的契合性，能够突破保险业当下发展的瓶颈，并且能够实际应用到相当的保险业务

---

① 黄维：《区块链技术应用于衍生品市场的潜在风险与模式构建》，载《金融监管研究》2019 年第 2 期。

② 许闲：《区块链与保险创新：机制、前景与挑战》，载《保险研究》2017 年第 5 期。

中。当下，其在突破保险业发展瓶颈上的表现如下：第一，去中心化的特征可以助理保险“脱媒”，降低保险中介的费用，打破时空界限，使同质的风险个体可以在更大范围内实现互助；第二，开放性可以减少信息不对称，解决保险供给和需求双方存在的道德风险和逆向选择问题，也可以提升大数据和云计算运用，使定价更精准；第三，透明性特征可以解决信任难题，进行精准营销；第四，自治性特征可以降低人工成本，开发更多触发型赔付的保险产品，减少合同纠纷；第五，数据不可篡改性可以提高公司内部风控能力，确保系统、账户、资金安全；第六，匿名性可以克服对用户数据和隐私保护不力的问题；第七，隐私性使合同内容只有当事人可以访问，智能合约保障了自动履行。区块链在保险领域的实际应用表现如下：第一，区块链自证明模式下，通过区块链的公开信息对个人身份信息、健康医疗记录、资产信息和各项交易记录进行验证；第二，利用区块链存储用户数据，客户信息独立于承保人存在，第三方能够通过客户的公共密钥获得数据；第三，自动化保险政策写入智能合同，合约由代码定义并自动强制执行，从投保到索赔无需人工干预；第四，最初的出处随时间戳记录下来，可用于追溯投保标的来源，并且之后信息都会被记录在不可变的链式中；第五，共识机制使得赔付变得公开透明，不会出现一事多赔现象，便于侦测潜在的骗保行为。

宋蔚、李佳颖介绍了“区块链 + 保险”可能的应用场景，同时指出了区块链技术在保险领域可能面临的挑战，并以各主体为视角提出了发展建议。具体的应用场景包括：第一，“区块链 + 保险”的欺诈识别应用，保险公司的注册和经营、投保人的投保过程、理赔都需要在区块链上完成，确保了信息的真实性，各个保险公司也凭借区块链可以组成保险联合体，彼此监督合规性。第二，区块链保险的自动理赔应用，即依靠其去中心化、不可篡改数据、自动执行等诸多优点，可以十分完美地完成保险自动理赔业务。这一点主要是通过区块链下的智能合约应用得以实现，当预先设定的自动执行条件满足时便开始自动执行。第三，可以构建保险行业生态平台应用，各保险公司在区块链系统中注册信息，共同组建一个“区块链 + 保险”生态平台。区块链技术在保险行业应用所面临的挑战包括：区块链系统存储一致性问题致使内存需求无限大；区块链系统的膨胀性将降低金融数据生产效率与查询效率；区块链技术发展重视不足以及项目开发难度大；区块链行业发展缺乏统一标准以致难以形成规模产业链。在具体的应对上，国家需要发挥统筹作用，出台相应法规；行业协会应该制定行业标准，加强产业与学校互动，培育优质人才，建立国家级实验室；保险公司则应参与国际交流，加强对新技术的运用。①

刘洋、唐任伍指出区块链推动保险从营销驱动到技术驱动升级。② 区块链与保险具有广泛的协作基础，源于二者均有显著涉众性和社会性特点。现代保险建立在信用的基础上，但是信用的维护成本过高，区块链为保险信用重构提出了新的路径：一是对传统保险再造；二是利用区块链技术，开展保险业务业态创新。对传统保险的再造包括客户管理、数据管理（数据安全、数据可得、数据连续）、智能合约提高理赔效率、反欺诈（区块链反欺诈系统从分享欺诈理赔案件信息入手，让保险公司共同建立一个分布式账本，共同识别和判断欺诈行为）。开展新的业务业态创新则是助理保险公司升级成为"机器智能保险公司"，开展相互保险，按照相互保险共识规则，搭建智能型相互保险组织，互助者（会员）根据自身基本情况和风险偏好，在区块链发起或参与某个相互保险项目，一旦有人出险，系统根据实际情况运用智能合约自动分摊、支付和结算。

（四）区块链与票据

刘洋、唐任伍认为区块链可以提升电子票据的效率和安全性。③ 传统的票据运作方式下存在很大的造假套利空间，从业者合规意识淡薄，风险管理失控。利用区块链构建新型的数字票据，不需要中心化的系统或者强信用中介做交互认证，而是通过共识算法解决信任问题，通过完备的数字

---

① 宋蔚、李佳颖：《金融创新背景下"区块链＋保险"业务发展模式探讨》，载《商业经济研究》2018年第8期。

② 刘洋、唐任伍：《金融供给侧结构性改革视域下的区块链金融模式综述与合规创新探析》，载《金融观察》2019年第7期。

③ 刘洋、唐任伍：《金融供给侧结构性改革视域下的区块链金融模式综述与合规创新探析》，载《金融观察》2019年第7期。

票据历史交易记录，准确评估参与者信用水平。数字票据从发行到兑付全生命周期路径清晰，每个环节可视化，融通资金锁定在票据持有人自有账户，任何环节出现纠纷都能够原路径复盘，追究到具体责任人，从而大大减少了票据运行过程中的造假套利空间。

李博①也指出，传统的票据市场中存在真实性问题、即时性问题（到期后承兑人未及时将相关款项划入持票人账户）、违规交易问题（一票多卖、清单交易、出租账户等）。融合了区块链技术的数字票据可以解决上述存在的问题。区块链的广播和共识机制可以确保票据的真实性，去中心化的设计也可以解决票据传递中的消息不对称问题，避免票据中介使用违规操作赚取大量差额的乱象。在票据交易平台的设计上，介绍了一种多个参与主体联合组网的方式（联盟链），区块链的性质可以保证交易双方以及信息都被完整记录在链上而不被恶意篡改。

李爱君②在文章中则详细论述了区块链票据的本质、法律性质与特征，认为区块链票据的本质是一种金融工具的创新，在性质上并非《票据法》中的票据，而是一种新型的有价证券。首先，区块链票据是以区块链为技术基础，依据目前银行汇票和商业汇票的属性、法律法规、票据的监管规定和市场需求进行创新的一种新型票据（有价证券）表现形式。其次，在本质上区块链票据是一种金融工具的创新，金融工具是由制度、契约和金融技术三个要素组成的，区块链票据在这三个领域都有创新。在契约创新上，区块链票据不仅有票据记载内容，还有智能合约；在金融技术创新上，区块链票据的风控是通过区块信息监控、智能合约等进行的，与传统票据不同；在制度创新上，区块链票据不仅要遵循传统票据规范，还要遵循区块链与网络技术的规范与习惯。再次，区块链票据从法律性质上讲是新型的有价证券，第一，票据行为是严格的要式行为，法律规定了每一种票据的严格格式，区块链票据不符合其要式性和文义性。第二，区块链票据是有条件支付给权利人的有价证券，智能合约的方式必须将委托付款关系中的条件记载在票据上，不符合《票据法》中无条件支付的要求。第

① 李博：《区块链技术在金融方向应用的发展及展望》，载《应用科学学报》2019 年第 2 期。

② 李爱君：《区块链票据的本质、法律性质与特征》，载《东方法学》2019 年第 3 期。

三，区块链票据不是无因证券，无因性是票据能够发挥功能的本质需要，但是在区块链票据模式下，为了防范欺诈风险而要求客户把企业的贸易合同信息和增值税发票信息上传到区块链上，不符合无因性要求。第四，区块链票据是附条件和自动履行的新型有价证券，这也是基于智能合约而具有的特征。李爱君[①]认为区块链票据的法律特征如下：第一，区块链不同于电子票据，电子票据仍然属于《票据法》中的票据，只是表现形式不同，而区块链票据的本质和机理已经完全不属于《票据法》中的票据；第二，区块链票据是不被篡改、伪造的有价证券；第三，区块链票据是实现穿透式监管的金融创新工具，其中智能合约的广泛应用提高了市场的安全和运作效率，降低了道德监管的成本，并且监管机构可以利用智能合约对区块链票据的全流程进行清晰的监管。

（五）区块链与支付领域

李博[②]指出，这种传统的通过银行方式进行的交易需要经过开户行、对手行、清算组织、境外银行等多个组织，处理过程较为烦琐。在此过程中，每个机构拥有自己独立的账务系统，还要在彼此之间建立代理关系；每笔交易不仅需要在本银行内记录，更需要与交易对手进行清算和对账，因此整个过程花费时间较长，使用成本较高。而区块链下的支付不涉及中间的信用担保机构，交易由客户端发起，通过追踪节点把交易广播到整个网络中，由验证节点通过共识协议验证并且在账本中增加新的数据。

（六）区块链与征信管理

李政道、任晓聪认为区块链将会改变征信体系，包括建立黑名单征信系统以及白名单征信系统。[③] 黑名单征信系统的建立包括：制定统一的黑

---

① 李爱君：《区块链票据的本质、法律性质与特征》，载《东方法学》2019 年第 3 期。

② 李博：《区块链技术在金融方向应用的发展及展望》，载《应用科学学报》2019 年第 2 期。

③ 李政道、任晓聪：《区块链对互联网金融的影响探析及未来展望》，载《技术经济与管理研究》2016 年第 10 期。

名单登记规则；有偿地提供各自企业的黑名单；黑名单数据以分布式账本形式储存并进行加密；有偿性地提供数据查询。同时，在总体布局确定后，还应当设定相应的规则，如时间规则、查询规则以及更新规则。白名单征信系统的建设则由四部分组成：采用无中心化的分布式信息储存和共享；全员参与积分奖励；信用查询采用点对点的快速查询方式，查询速度快、效率高；每个企业都可以设置查询权限。

蔡然也指出区块链的信息透明特性增加了对征信数据的管控能力，增强了对异常数据的发现能力和对欺诈行为的防范能力，减轻了监管负担。[①]

刘洋、唐任伍认为区块链能够保障信用资产与数据主权，可以实现精准征信。[②] 第一，区块链技术应用于征信系统可以实现数据确权、共享与协作，打破信用数据“孤岛”。征信机构作为区块链节点，以加密形式存储、共享、处置用户授权的信用数据，从而实现信用数据共享、共通、共建、共用。第二，可以实现征信系统的高效运维，降低运营成本。区块链技术可以帮助征信机构低成本拓宽数据采集渠道，消除冗余数据和重复数据采集，规模化解决数据真实性问题，还可实现数据供需方直接对接。

李博[③]认为区块链能够重新定义信任，目前金融业普遍存在的问题是如何实现相互交流、交易、核算的各方确认数据的真实性，如何防止传统中心利用信息不对等谋取私利等。解决这一切问题成本很高且十分费时，往往都是通过中心服务方来构建交易方的信任通道，通过区块链技术手段可以帮助人们降低信任成本，确保信息安全，这正是区块链的“初心”，也是它的最大价值。

（七）区块链与供应链金融

李博[④]认为传统的金融融资方式并不适用于小微企业，供应链金融可

① 蔡然：《区块链金融的发展趋势研究》，载《金融观察》2018 年第 1 期。

② 刘洋、唐任伍：《金融供给侧结构性改革视域下的区块链金融模式综述与合规创新探析》，载《金融观察》2019 年第 7 期。

③ 李博：《区块链技术在金融方向应用的发展及展望》，载《应用科学学报》2019 年第 2 期。

④ 李博：《区块链技术在金融方向应用的发展及展望》，载《应用科学学报》2019 年第 2 期。

为它们的融资注入新的活力，但传统的供应链金融存在数据可视化、可靠流程、风险管理等问题，银行难以直观地了解企业情况，也无法监控资金流向。区块链的引入能够大幅度地分离传统中心化服务带来的信息不对等及风险，借助分布式账本的特点，任何一方都不能拥有对账本的所有权，从而能防止某一方为了谋取私利而操控数据的嫌疑。银行可以更加准确地评估风险，企业也可以通过更加公正的方式取得资金，提高了透明度，降低了行业风险。

方燕儿、何德旭①指出，区块链技术可以打通产业链金融的瓶颈。首先，区块链的可追溯性可以实现“智能保理”。对于有应收账款义务的二级以上供应商和经销商，银行一般不愿意直接授信，而通过区块链技术，二级供应商可以将记载账款的数字发票在全网广播，一级供应商添加必要的编码后再次广播，可以达到债权转让法律通知的效果，当货款到期时，核心企业需依法直接将款项付给银行。可见，区块链技术有潜力将智能保理业务推广到二级以上供应商。其次，可以打破产业链金融中的信息不对等。区块链具有去中心化分布式存储、时间戳可溯性、共识证明机制等创新优势，很好地解决了银行对信息被篡改的疑虑。最后，如果能通过区块链技术构筑“智能资产”管理系统，银行就可以利用此系统来核查并管理所有产业链上交易的押品，通过“智能资产”系统来验证押品的真实性，也可以实时监控押品的转移，既降低了运营成本，又减少了人工操作风险。

（八）区块链与消费金融

刘洋、唐任伍认为区块链与消费金融两者都强调消费者主权和普通用户主导。② 首先，区块链技术可以应用于消费贷款，原因如下：区块链的不可篡改与可追溯有助于借贷主体之间建立无需信任的交易机制，降低造

① 方燕儿、何德旭：《区块链技术在商业银行产业链金融中的发展探索》，载《新金融》2017 年第 4 期。

② 刘洋、唐任伍：《金融供给侧结构性改革视域下的区块链金融模式综述与合规创新探析》，载《金融观察》2019 年第 7 期。

价的可能性；监管机构、贷款人、借款人多方主体能够真实掌握、监控每笔贷款去向，可以降低贷款的风险；有关机构可以搭建所有主体作为节点参与的联盟链，并将所有的数据上链，便于监管部门在链上进行实时的检测和监管。其次，区块链技术可以赋能消费信托。传统的信托公司通常对于消费场景掌控不力，并且为高净值客户服务、小型化的特点与消费信托的特点不符；利用区块链技术，信托公司同样可以搭建多方主体为节点的联盟链，将信托公司单一控盘转化为全员共识的共同运营、共同维护、共同监管，实现投资者需求及时响应和权益有效保障。最后，区块链可以赋能消费众筹，投资人持有消费众筹运作及后续产品服务开发全过程数据实时更新的分布式账本，还可以根据权限查询、监控项目运作情况。

（九）区块链金融应用的风险挑战与监管

1. 区块链金融带来的风险与挑战

崔志伟认为区块链金融所蕴含的风险包括技术风险与法律风险，并提出平台监管与业务监管的双层法律监管模式。① 第一，初始阶段的技术薄弱可能引发风险。区块链的吞吐量难以满足大频次大资金的市场交易，且节点越多效率越低下，难以兼顾安全与效率；区块链的基层技术并非无法破解。第二，去中心化导致的监管难题以及异化的风险。区块链金融使得当下中心化的市场管理部门的地位和法律法规受到挑战，某些方面引发了纯粹技术性措施无法实现的监管难题。更加严重的是区块链中每一个参与的节点都并非真实姓名，实现了完全的匿名化，这就使得区块链很容易成为犯罪的手段或者场所，如洗钱、使用虚假身份从事不法行为、虚拟货币成为犯罪的中介手段等。

杨东指出区块链金融实践中存在诸多的技术问题与法律风险。② 风险如下：技术性风险，主要表现为数据安全风险、系统被恶意攻击以及程序化带来的系统风险；操作性风险，如数据库可以轻易地被破解，匿名化在

① 崔志伟：《区块链金融：创新、风险及其法律规制》，载《东方法学》2019 年第 3 期。

② 杨东：《区块链如何推动金融科技监管的变革》，载《学术前沿》2018 年第 6 期。

危及隐私的同时也带来了个人层面的经济歧视，被差异对待；法律风险，具体而言区块链金融市场中广泛应用着智能合约，但是智能合约本身存在着极大的法律风险。在监管上的挑战如下：第一，金融监管方式滞后于技术的发展，区块链技术的应用加大了监管方和被监管方之间的信息不对称，传统的监管措施不足以应对市场失灵，可能会滋生利用去中心化技术的违法行为和欺诈行为；第二，金融监管法规具有不可避免的滞后性，区块链金融是去中心化的，但现今的监管法规仍然是以中心化为基础的。立法者始终无法解决这些新问题，因为制定的规章建立在事实而非数据的基础之上。

汪青松指出区块链技术使信息建构和信任机制产生颠覆性变革，也使金融领域发生异变，对于传统民商法带来了极大的挑战。[①] 第一，法律关系主体认定存在困难，参与者在区块链中被化约为数据和节点，且主体之间是匿名化参与的，难以与现实中的主体一一对应。第二，网络节点之间关系定性存在困难，这主要是基于节点之间如何确定责任承担。各个节点之间客观上存在某种关系，该怎样对这种关系加以定性是很困难的。第三，数字货币的法律性质认定存在困难。第四，需要调整规范适用。首要面对的就是如何处理法律与代码的关系，还要考虑传统法律原理规则的适应性问题。第五，风险与责任分配存在困难。区块链技术虽然解决了一些问题，但其本身会导致新的技术、法律风险的出现，仍旧会面临风险与责任承担。但是，区块链网络下的主体身份更为模糊、主体间关系更难界定、交易行为的意思表示内核更不清晰，因而也更难进行责任分配。

常健、罗伟恒指出，区块链技术也冲击着我国现行互联网金融法律制度，在混业经营与分业监管的制度错配之下引发一系列问题。[②] 第一，区块链金融弱化了金融监管主体，未来可能出现以代码的形式将法律写入区块链，形成“代码即法律”的自监管模式，架空当前金融领域监管主体的监管执行权。我国金融监管仍然坚持“分业经营与分业监管”模式，而区

① 汪青松：《信任机制演进下的金融交易异变与法律调整进路——基于信息哲学发展和信息技术进步的视角》，载《法学评论》2019 年第 5 期。

② 常健、罗伟恒：《论区块链技术下我国互联网金融法律的制度演化》，载《北京行政学院学报》2018 年第 6 期。

块链金融带来混业经营更加普遍，在这种情况下监管主体难以发挥自身的职能。第二，模糊了金融监管的对象。我国传统的监管对象是金融机构，即采用机构性监管模式，而区块链技术的全网发布和节点储存的分布式账本替代了目前的金融机构成为理论上的监管对象，随之而来的问题便是这一账本如何被监管。并且在匿名化的基础上，难以找到对应主体，为监管者追究市场主体责任制造了不小的障碍。第三，加大了金融消费者保护的难度。一方面是个人静态信息与动态交易数据由于电子数据易被篡改和盗用而难以保护，同时区块链不可更改的特征与消费者被遗忘权要求的可更改性存在冲突；另一方面是互联网的隐蔽性与匿名性可能会导致金融服务提供商运用网络平台进行洗钱等非法活动，形成对投资者的欺诈。

万国华、孙婷则着眼于区块链证券，总结了区块链应用于证券市场可能带来的监管挑战。① 第一，对于传统证券法价值和规范产生冲击和消解。一方面，技术价值解构了证券法价值，区块链作为技术是中立的，但是其根本特征和目的与证券市场监管价值所违背，并且技术中立难以实现，因此投资者只能作为弱势方被动接受代码规则，这种情况下对投资者保护的价值带来了冲击。另一方面，“代码即法律”对证券法律规范带来了冲击。区块链证券是一个数据空间，所有的交易环节都是以代码呈现的，编写代码和制定技术标准形成新的规制形式和控制力量，既存的证券法规对数字证券鞭长莫及。第二，新型证券法律关系难以界定和规制。一方面数字证券突破了证券法律关系的客体范围，另一方面新型法律关系主体属性难以界定，平台搭建者、代码编写者、软件开发者以及众多节点的性质和属性还处于模糊状态。传统权利义务关系也被改变，区块链点对点的去中心化交易打破了传统的发行人、监管层之间的权利义务关系。第三，法律责任归属认定及投资者救济面临障碍。一方面，区块链的交易环节漫长，任何一个节点的问题都可能引发蝴蝶效应，而基于区块链的匿名性和隐蔽性，节点背后的主体难以追踪；另一方面，即使追踪到背后主体，现行法律规则之下也很难确定其承担的法律责任形式。第四，区块链证券带来了巨大

① 万国华、孙婷：《证券区块链金融：市场变革、法律挑战与监管回应》，载《法律适用》2018 年第 23 期。

的监管挑战。监管者面对区块链缺乏技术上的专业性，建立在集中登记结算基础上的监管模式需要重构，增加了监管压力；区块链数字空间的延长加剧了跨辖区监管的难度，加大了不同监管机构之间的协调难度。

2. 区块链金融的监管建议

朱娟认为我国区块链金融的法律规制应当基于智慧监管的视角。① 智慧监管是介于命令控制型监管与放松管制之间的一种监管多元主义，以多元监管主体、多种监管手段以及原则性监管规范，强调公众参与，试图在风险防范、创新促进以及消费者保护等多个价值追求之间取得平衡。我国区块链金融法律规制方面存在许多问题，需要借鉴智慧监管进行调整。第一，理念滞后，对于金融科技高度谨慎，放弃创新价值，单独追求金融稳定价值。需要转变监管理念，在金融稳定和增长创新之间寻求平衡。第二，主体单一，监管主体只有人民银行、证监会、银保监会等。需要进一步扩展监管主体，充分利用社会中间层，构建政府、行业协会、其他社会主体、第三方平台共同监管的体系。第三，方法比较传统，多采取严厉禁止措施。需要优化规制方法，倾向于选择一系列具有互补作用的工具进行组合，而不是采用单一的工具方法，包括行业规制、自我规制、监管沙箱、信息策略。第四，规范欠缺，少见立法。需要进一步完善规范体系，国家规制机构发布政策性指令，并由下位规则予以阐释和细化。不同层次的规范通过自上而下不断具体化与内化的过程构成上下勾连、体系完备的区块链金融规范体系。

吴燕妮认为金融科技对于法律规制提出了极大的挑战，特别是区块链在金融领域的应用，必须推动监管科技对其加以规制。② 在金融科技对于法律规制的挑战上，其认为包括区块链技术的法律地位不明确，区块链是仅简化了交割和保存步骤，还是具备真正的法律效力，以及区块链技术下的智能合约对于法律的冲击（详见智能合约法律问题部分）。区块链技术

---

① 朱娟：《我国区块链金融的法律规制——基于智慧监管的视角》，载《法学》2018 年第 11 期。

② 吴燕妮：《金融科技前沿应用的法律挑战与监管——区块链和监管科技的视角》，载《大连理工大学学报（社会科学版）》2018 年第 3 期。

的去中心化、匿名化等特征使得金融监管难以进行。为了应对这些风险，必须推动监管科技的发展。第一，监管科技的界定，核心特征为监管科技是新计算机技术在金融监管与合规方面的应用，以及目标是更快捷和更有效地应对日益繁杂的金融监管要求，降低金融机构的合规成本，促使金融监管更加便捷高效。第二，厘清监管科技的法律逻辑，监管科技源自金融机构对减少合规成本的需要。现今的金融科技使得监管机构对于数据要求大大增高，监管科技可以集多种监管要求于一身，能够避免此类重复，通过自动化的数据采集、报送、反馈，降低成本，提高效率，减少金融机构在合规工作上花费较大的人力成本。第三，在监管机构监管科技的选择上，监管机构对监管科技的关注实际上是金融机构快速应用新科技倒逼的结果。目前，监管科技的应用以监管报告和尽职调查为主，辅以风险管理和市场监察。短期来看，尽管监管科技发展如火如荼，但目前的应用仍将局限于自动化数据处理领域。

杨松、张永亮认为金融科技对于现在的监管框架形成了重大的影响，需要转变监管的理念和原则，且金融监管的核心是监管科技。其中，监管挑战如下：金融科技对当下的金融法规提出挑战，该适用哪些法律、依据何种程序都是未知；金融科技企业“混业化”对机构监管模式提出挑战；金融科技企业“技术化”对监管方式提出挑战。应对金融科技，在监管上首先需要转变监管的原则和理念。第一，应从“命令－控制型”监管（静态监管）转向“调适性监管”（动态监管）。“命令－控制型”的监管是过于理想的方式，在复杂的金融活动中往往不能发挥应有的作用，这种静态监管只应该是一种监管框架。第二，规则监管与原则监管应当相机使用，不能一成不变。对于金融初创企业可以实施较为宽松的原则监管，随着其不断成熟，接受监管的能力也随之增强，可以再使用规则监管。第三，金融科技需要更多的包容性监管。包容性监管对于金融科技创新持鼓励态度，给予其一定的试错空间；并且包容性监管并不意味着放纵，而是监管手段和工具的多元化。第四，金融科技监管需要国际协调。第五，认为金融科技监管的核心是监管科技。监管机构应树立技术驱动型监管思维，在行业内业已成熟的大数据和云计算技术基础上建立实时、动态的监管系统。金融监管框架重构的核心是监管科技的法制化，优化金融基础设施，以充分激活金融市场的功能，具体的制度内容包括模拟监管政策的应用制度、统一合规报告标准制度、开发系统性风险评估工具制度、监管协调制度，统一合规工具。①

杨东②指出以区块链技术为依托的监管科技有助于解决政府与市场双重失灵的问题，监管者可以通过透明化的账簿实时监管并在结果恶化之前予以回应。以区块链为依托的监管科技是技术控制与法律控制相结合的综合治理机制，一方面通过法律、行政法规，另一方面通过代码实现法规，使监管内化于去中心化分布式记账技术并应用于技术之上，具体而言分为内在主线和外部保障。内在主线即技术治理。第一，监管机构应树立技术治理的思维，实现数字监管、即时监管和动态监管，以此提高监管效率。第二，完善监管科技基础设施。监管机构应当完善防火墙、入侵检测、数据加密等网络安全设施和管理制度，保障信息系统安全运行；关注金融机构相关的技术风险；建立严格规范的数据使用机制、加密机制和脱敏机制，建立全面完善的数据收集系统。第三，在区块链的基础上构建大数据分析和风险预警机制，建立事前风险防范系统。外部保障则是法律规则。

刘洋、唐任伍提出特色扶持和穿透式监管作为应对区块链金融的监管建议。③ 尽快形成国家层面创新优势和话语权，让区块链带来的公开、公平、透明、去中介化、多中心化等技术红利普惠公众；运用区块链技术必须保证技术的安全性、可靠性、稳定性，不可操之过急。第一，探索产业沙盒、创新加速器等新型包容性监管和初创企业孵化培育方式，先对新技术进行测试和验真、验证，再广泛使用；第二，完善专项政策规划，以解决现在政策对于区块链具体特点适应性不足的问题；第三，构建包容审慎、科学有效的监管体系，平衡行业发展与风险监管的关系，秉持“技术中立”原则，理性看待区块链创新与应用；第四，加快区块链金融供给侧结构性改革，在供给侧打造出一批应用场景丰富、技术领先、熟悉金融规律的金融科创龙头企业，避免培育数量众多的缺乏技术与金融实力的小微

① 杨松、张永亮：《金融科技监管的路径转换与中国选择》，载《法学》2017 年第 8 期。

② 杨东：《区块链如何推动金融科技监管的变革》，载《学术前沿》2018 年第 6 期。

③ 刘洋、唐任伍：《金融供给侧结构性改革视域下的区块链金融模式综述与合规创新探析》，载《金融观察》2019 年第 7 期。

企业；第五，加快国际化进程。

面对这些技术与法律风险，崔志伟提出了法律监管的双层模式。[①] 首先需要明确法律介入区块链金融的原则和尺度。需要把握监管与创新的平衡，将“监管沙箱”模式应用到区块链金融中，虽不干预但处于监控之下；并且在区块链的应用上，应当选择联盟链，而非公有链和私有链，因为联盟链是分布式共治优势和去中心化有效性监管的综合。其次，在监管模式下，应当从长期的“机构监管”转变为“功能监管”，绕过金融产品法律定性的争议，直接按照其实际“功能”来划分监管权归属。具体而言，应当形成“平台监管”和“业务监管”并行的双重模式。平台监管主要是加强对平台运营资质及用户准入的身份审核，对其资质和真实身份予以审核和登记。这种监管适用于所有区块链平台；应严格要求平台对用户真实身份的审核职责；从“数额＋用途”的角度明确监管的重点。业务监管则是根据从事的业务功能划分监管权属。

常健、罗伟恒从智能与技术化监管模式以及金融消费者保护两个方面探索区块链技术引发的金融变革下的法律制度演化的路径。[②] 构建智能与技术化的金融监管模式包括：第一，完成从机构性监管到功能性监管的转变，在区块链金融下仍旧坚持分业经营管理会导致大量的监管套利与真空；并且机构性监管的前提是可以对金融机构进行分类，而新技术下的金融业对各项不同的金融服务进行重新组装，组合成整体，通过单一的入口提供给消费者，使得机构分类出现困难。但是直接完全跨入混业监管难以实现，分业的功能性监管由此成为更加理性的选择。第二，从制度化监管转向技术化监管，区块链上形成的不可篡改的数据流为监管机构实时监控金融系统交易情况，及时发现风险提供了便利；另外监管机构也可以通过控制节点准入实现监控。第三，从单一中心监管向多中心监管转变。“一行两会”的集中式公权监管表现出了对新技术金融的不适应，监管压力过大且效率低下，应当积极借助社会力量，形成政府监管、行业自律与市场

---

① 崔志伟：《区块链金融：创新、风险及其法律规制》，载《东方法学》2019 年第 3 期。

② 常健、罗伟恒：《论区块链技术下我国互联网金融法律的制度演化》，载《北京行政学院学报》2018 年第 6 期。

约束的动态平衡。金融消费者的保护包括：应当统一金融消费者的保护部门；应当在智能合约下设置冷静期制度；应当设置多元化的金融纠纷解决机制，在私法诉讼之外提高仲裁、信访等解决方式的质量与效率，并处理好程序之间的衔接。

万国华、孙婷提出了一系列建议，以应对证券区块链中所隐藏的问题。① 第一，在顶层思路上坚持区块链金融创新与证券法律融合，在价值和规范层面平衡技术创新与法律的关系，技术不可能真正中立，总是会存在各种风险，这是法律介入的逻辑起点。价值层面对于区块链金融要支持，同时保持审慎；规范层面要将技术纳入法律监管范围。同时要确立功能监管与自律监管的原则，突破监管的职能僵化，根据金融业务实质实施监管，并且相比法律监管，自律监管更加灵活。第二，要坚持证券法具体规则与区块链设计的二元进路。修改证券法以提高监管的适应性，在区块链的具体设计上应当选择联盟链，在节点的设计上应当适度中心化，对一些重要的监管机构、中介机构节点赋予更高权限，区块链平台必须保证平台的健全性和连续性，维护系统稳定性。第三，要运用监管沙箱与监管科技等技术手段。第四，应当建立风险控制机制，守住监管底线。

汪青松②认为：第一，重塑适应信息技术发展的民商法调整思维，梳理网络空间实在观，法律调整与适用的观念要从区隔化转向整体化，法律关注的重心需要从个人转向社群。第二，实现法律规范与代码规则的协调与互补，法律和代码在行为调整上存在差异，法律规定主体可为、应为与勿为的行为模式，对主体的挑战依赖于对法律法规的内化和事后追责机制，代码架构则是通过直接塑造网络空间来约束相应参与者的行为。妥善设计法律规范与代码规则的相互转换机制。第三，民商事主体理论和制度需要创新，建立和完善民商事主体的“数字身份”制度，明确节点与现实主体对应性的认定标准，拓展民商事主体的外延与类型。第四，适度扩展信息时代交易媒介的合法性范畴。改变将法定货币认定为唯一交易媒介的

① 万国华、孙婷：《证券区块链金融：市场变革、法律挑战与监管回应》，载《法律适用》2018 年第 23 期。

② 汪青松：《信任机制演进下的金融交易异变与法律调整进路——基于信息哲学发展和信息技术进步的视角》，载《法学评论》2019 年第 5 期。

观点，接纳数字货币。第五，推动治理理论与制度的变革，认识到信息技术正推动着治理机制的发展，注重公权与私权的结合，也离不开市场主体的联合共治。第六，建构网络系统义务与责任制度，明确经许可的节点之间具有信义义务，加强节点对系统外部第三人的注意义务的配置。

七、区块链在其他领域应用的法律问题

（一）区块链政务应用的法律问题

区块链技术分布式、透明性、可追溯性和公开性等特性，与政府日益公开化、透明化的目标高度一致，也与政务信息化建设的最新发展理念相吻合，其在政务中的应用将可以解决现代政府治理中面临的诸多棘手问题，如腐败、政府信息公开、社会福利、税收等，给政府部门及公众带来不可估量的影响。

多国政府对区块链都采取了明确的拥抱态度。英国、美国、俄罗斯等国已经陆续在多个场景下尝试区块链在政府公共服务中的应用。目前，我国区块链技术在政府领域的应用还处在探索阶段，已有研究主要集中在区块链的实践应用与理论研究两个方面。2016 年 12 月，贵阳市在全国范围内率先发布《贵阳区块链发展和应用》，将政务领域作为区块链技术应用的领域之一。如今，贵州省、江西省等地已将区块链技术应用到了身份认证、食品安全、精准扶贫等民生服务领域，但同时对原本的法律建构带来了一定的挑战。

1. 区块链技术应用于政府治理的法律挑战与对策建议

区块链技术在政府治理中的应用是物理技术与社会技术的统一。其共识机制、智能合约、去中心化、时间戳、分布式记账等核心技术，具有有效保障政务数据安全、提升服务效率并降低信息系统运营成本、提升阳光政府与政务公开、建立新服务模式、提升公信力等一系列优势。但是，区块链技术也给传统治理权威带来挑战，其本身的局限性和特点也使政府治理面临信息安全隐忧等稳健性风险，因此引发了学者的思考与探讨。

张毅、肖聪利、宁晓静在2016年就曾明确指出，区块链这一新兴技术的发展及应用将会面临法律规范层面的制度空白以及与现行制度安排相冲突两大问题，具体表现为两个方面。第一，区块链技术的应用缺乏专门性法律规范。数据、信息、虚拟财产等物品在传统物权法领域无法进行确权和登记，但是区块链中基于“区块+链=时间戳”的数据库结构使它们获得了所有权认证，因此亟待制定专门的法律规范对区块链价值网络上的权属问题进行确权保护；区块链技术作为一种新兴的互联网技术，不可避免地存在算力攻击、密钥丢失等问题或风险，需要政府部门制定明确有效的监管法规，保护区块链系统参与者的合法利益。第二，区块链技术的应用在一定程度上会与现行法规存在冲突。以区块链中的智能合约为例，其作为一种用计算机语言取代法律语言来记录条款的合约，与一些社会性契约、《合同法》等传统合约法规中对合约主体及主体间行为约束关系的相关要求存在冲突，传统合约法规不能完全适用于智能合约的应用。作为支撑政府创新的区块链技术，如果在政府部门深入应用该技术，必然需要对现行制度安排进行适配性调整。[①] 王毛路、陆静怡在上述认识的基础上，进一步提出了区块链对政府治理的挑战与应对建议。[②] 随着区块链技术在政务领域应用的进一步扩大，除了对现行制度安排的挑战之外，政府和公共管理服务部门还将面临科技化法律监管的挑战。对于过去受到高度监管的房产和证券交易等行业而言，区块链技术将对其产生巨大改变。政府需在前期参与区块链政策和规则制定，做好衔接区块链自治规则和现行法律框架之间的双向对接，通过引入监管控制节点，确保信息、价值交换符合法规，避免无法预知的风险，以确保各方面的精确性。

戚学祥[③]也指出了同样的问题，区块链作为一种新兴的互联网技术，社会适应和政府运用新技术并制定相关的监管措施需要一个过程。因此，

---

① 张毅、肖聪利、宁晓静：《区块链技术对政府治理创新的影响》，载《电子政务》2016年第12期。

② 王毛路、陆静怡：《区块链技术及其在政府治理中的应用研究》，载《电子政务》2018年第2期。

③ 戚学祥：《区块链技术在政府数据治理中的应用：优势、挑战与对策》，载《北京理工大学学报（社会科学版）》2018年第5期。

伴随着区块链技术在政府数据治理中的迅猛推进，传统的法律政策和监管制度已经不再适应区块链技术的发展要求，其面临制度空白与制度冲突的双重障碍，亟须全新的管理理念和立法要求。应当积极健全区块链应用政策法规，构建政府数据治理运用区块链技术的制度体系。一方面，理顺区块链技术与现行法律规范的关系，形成区块链应用的制度环境；另一方面，加强区块链应用在政府数据治理的顶层规划，探索地方立法。因此，健全区块链应用政策规范和制度体系，为政府数据治理运用区块链技术的推进奠定基础。

杨柠聪、白平浩在梳理区块链技术给传统政府治理带来诸多挑战的基础上，提出了利用区块链技术推进政府治理的对策建议。① 应当制定应用标准和法律，推动区块链技术有序发展。具体而言，为了更好地推动政府治理，应当加强区块链技术政府治理应用标准化建设，推进区块链技术政府治理应用的法律法规制定。首先，明确区块链技术标准。如果缺乏该标准，区块链技术在政府治理中的应用潜质将十分有限，因此这一标准的制定有助于将科技成果转换为治理效能。尽管标准本身没有法律约束力，但通常情况下标准会得到法律认可；并且对于政府治理应用程序而言，标准至关重要，因为它将对区块链技术的运作产生规范性的影响。区块链国家标准应当包括基础标准、信息安全标准、行业和应用标准等。其次，虽然标准在很多情况下能够被法律采用，但是区块链技术政府治理应用标准不能代替立法。区块链技术政府治理应用立法将使标准更具权威性和强制性。此外，区块链技术立法能够提高其在政府治理应用程序中的开发质量，使工作人员放心使用；并且使政府治理区块链技术有法可依，对区块链节点的违规行为进行监管和规制。

黄新华、陈宝玲针对区块链技术嵌入可能带来的数据及隐私安全问题提出了对策建议。② 诚然，数据和隐私安全有赖于技术支持，但也需要相

① 杨柠聪、白平浩：《区块链技术的政府治理实践：应用、挑战及对策》，载《党政研究》2020 年第 2 期。

② 黄新华、陈宝玲：《政府规制的技术嵌入：载体、优势与风险》，载《探索》2019 年第 6 期。

关法律政策的保障。首先，在数据采集阶段，政府部门应当明确数据获取的边界，避免对公民信息的过度侵犯。同时，公民应具有个体隐私和信息防护意识，自觉遵守法律要求和道德规范，不侵犯他人隐私。其次，在数据处理阶段，政府应对数据审查承担责任，确保多主体合情合法合理地运用数据。市场和社会等主体应充分利用技术优势，监督规范政府行为。最后，在数据运用阶段，应当加强立法，出台和完善数据权利相关立法，为数据和隐私侵犯设置严格的处罚手段，通过建立多主体协同的个人信息保护和泄露举报机制，保障隐私和数据安全，借助互联网和区块链等技术建立数据泄露溯源机制，使隐私和数据泄露者承担相应的法律和社会责任。综上，对数据保护不同阶段的不同法律问题分别作出针对性的回应，以使区块链技术应用于政务治理的数据与隐私安全得到充分保障。

2. 区块链技术应用于公共决策机制的法律问题

蒋余浩、贾开指出，在大数据时代，海量涌现、实时更新、形态多样、质性各异的数据信息使公共决策者有可能更紧密地追踪和服务于普通公民的需求，但同时也引发了种种难以通过传统问责机制有效管控的决策风险。因此，结合区块链的技术特征，以及公共决策责任机制创新的客观要求，提出、论证了区块链技术路径下公共决策责任机制变革的可能性。[①] 为了确保区块链平台的良性运作，应当强化政府打造公共平台的基础责任。强化区块链的法律保护正是其基础责任的重要组成部分之一。目前属于网络自组织形式的区块链主要依靠开源智能协议、加密算法和代码等机制来保证运作，这些机制过于强调去中心化的监管，因而存在不稳定的风险。有必要建立健全与大数据和区块链技术相适应的法律制度，以较具刚性的机制来辅助自组织平台运作，加强保护数据安全、隐私和数据交易秩序。

① 蒋余浩、贾开：《区块链技术路径下基于大数据的公共决策责任机制变革研究》，载《电子政务》2018 年第 2 期。

3. 区块链技术应用于海关监管的定位及法律规制

周阳①指出，在市场经济体制中，政府监管是政府职能的核心，与此同时，借助区块链的技术特点，政府部门能够优化监管理念，拓展监管主体，完善监管方式，提升监管整体效能，因此，国内外都在积极探索区块链技术在政府监管中的应用。那么，区块链技术在政府监管中究竟是处于何种定位以及应当如何对其实施法律规制？鉴于区块链技术在政府监管中的定位及法律规制问题的复杂性，以海关监管为样本展开论述。当前，我国海关面临交易主体虚拟化、交易过程无纸化、交易信用中心化等问题，区块链技术作为一种重要的发展驱动力在海关监管中已经应用落地。其在我国海关监管中的定位主要有三方面：区块链技术是海关监管过程中的技术增量；区块链技术是优化海关监管流程的有力推手；区块链技术能够孵化出实现海关监管核心目标的创新措施。与此同时，区块链海关监管要真正变成现实乃至走向成熟，从法律与监管两个真空地带走向可预期的稳健发展，不仅需要有创新思想的支撑，更离不开健全的法律规制。第一，确定多维宽容的规制理念。其中，“多维”是指至少应当从监管主体、监管范围及监管方式等多个维度厘清区块链技术海关监管的内涵；“宽容”则指应在同一个维度下制定法律规制的尺度导向，也指引导社会各方接受从政府作为被信任一方转变为去中心化信任的模式需要一种宽容的氛围。第二，拓展行业协会与企业为规制主体。目前，我国已经具备将行业协会与企业这两类主体作为区块链海关监管主体的条件。但为解决由此带来的新问题，我国在区块链海关监管的应用场景中应当选择联盟链，并且着力构建一种基于海关、行业协会及企业等三个中心的强信任体系，以使交易速度更快、效率更高，更加贴近现实世界的真实需求。第三，鼓励适用柔性规制方法。通过行业标准规制、企业自我规制、平台信息规制等方法，配合海关监管的刚性规制方法，相互补充，减轻后者的负担，促进海关有效监管的实现。

---

① 周阳：《区块链技术在政府监管中的定位及法律规制——基于海关监管的视角》，载《法学评论》2020 年第 1 期。

（二）区块链经济领域应用的法律问题

随着区块链的发展与应用，“Token”一词在英文表述中被引入并引发社会关注。“Token”一词主要来源于计算机用语，并且“Token”在区块链技术出现前后，其内涵也经历了一个发展变化的过程。

最初，术语“Token payment”（象征性付款），即“仅为确认债务的存在而支付的非常小的一笔款项”，“Token”一词“用无用或微小之物标识某种意义”的用法引申出了“代币”“令牌”等意义。因此，在传统互联网时代，“Token”指登录验证的令牌，其在应用于区块链技术并不断发展之后，指代“基于区块链的价值表示物”。我国学者对其进行了不尽相同的翻译与解读。

李晶①将“Token”译为“通证”，并指出，通证和区块链彼此成就，共同开启了通证经济的新篇章。对于“区块链＋通证经济”，可以从三个维度进行理解。一是从经济视角来看，通证经济是指以通证（数字资产）作为权益的载体，在区块链网络中进行生产、消费、交换、分配等一系列经济活动；二是从参与主体来看，通证经济是指以通证作为经济激励方式，促进经营者、消费者和区块链网络平台成为价值统一体；三是从组织治理的角度来看，通证经济还可以指基于对通证发行和分配机制的共识而形成的一种社区治理模式。“区块链＋通证经济”必然带来法律治理的变革，具体包括四方面内容。第一，从法律关系主体上来看，分布式记账技术使多方主体平等参与通证经济，因此参与主体多元化；第二，从法律关系主体的地位上来看，无论是通证经济中各个参与主体，还是负责监管通证经济合法发展的政府部门，其在区块链平台上的“数字身份”平等；第三，从法律关系内容上来看，各参与主体的权利义务经由智能合约确定并执行；第四，从法律关系客体上来看，物、行为和精神产品等权利义务所指向的对象，在通证经济中都能以通证的形式体现。因此，“区块链＋通证经济”将引发新的风险管控任务，主要有三方面。一是“权利客体→通

---

① 李晶：《“区块链＋通证经济”的风险管控与对策建议》，载《电子政务》2019年第11期。

证→权利”的流通循环可能难以形成，二是机械的激励机制可能会产生非诚信行为，三是去中心化的通证经济模型可能会带来规则垄断。尽管对尚处于发展初期且可能带来的法律关系变革尚未明朗，对通证经济进行规制难免是“摸着石头过河”的探索，但是，及时捕捉、精准管控技术变革、经济发展所带来的风险，制定科学、合理、精准的治理对策是法律人义不容辞的责任。因此，针对上述三点风险管控任务，提出如下与之对应的重要建议：第一，运用公司治理机制，促进权利与通证之间的流通循环；第二，强化对诚信行为的激励，防止非诚信行为获利；第三，运用开源监管，打破开发者规则垄断地位。总而言之，应当对通证经济的发展抱以宽容的态度，积极探索，享受通证经济所带来的便捷与效益。

与之不同的是，杨东①对“Token”作出了另一种解读，并基于如何治理的新角度进行了另一番探讨。他通过观察“Token”在虚拟世界中运行的状态，并进一步对其加以抽象，认为“Token”的本质是数字经济时代基于区块链的新的组织方式之下产生的新的一种权益凭证及分配机制。而区块链上的“Token”指吸引系统外资源投入后给予的回报，这种回报通过区块链系统的运行实现价值。从“回报”所有者的角度来看，系统参与人既是区块链系统的贡献者（投资者），也是区块链系统的使用者（消费者），同时还是基于民主参与的区块链系统决策者（管理者），这种三位一体的特征充分实现了众筹的价值。换言之，区块链经济是技术依托下众筹的新的形态。因此，为了借助众筹制度引导区块链行业健康发展，杨东提出“共票”理论，指代区块链上的共享新权益，其英文译为“Co-ken”，既代表了对“Token”的继承，也代表了区块链正确的发展方向。首先，对于区块链的监管，应当打破传统，采取一些新型方式——“以链治链”，即建立起“法链”，借助区块链技术对区块链行业进行规制。其次，以数据为核心的“共票”治理的规制工具之构建。“共票”不仅能为数据赋能，也可以通过数据提升区块链治理的效率，而政府对于新科技业态发展与决策是建立在与之相关的特定数据基础之上的。因此，需要能够随时发掘、采集、追踪数据的有效机制。那么，进一步而言，另外一个关于数据的重大

① 杨东：《“共票”：区块链治理新维度》，载《东方法学》2019 年第 3 期。

问题即是如何推动数据拥有者主动、积极共享数据的问题，区块链上具体表现为如何推动数据链保存、记录的问题。因此，为了实现围绕数据的规制，“共票”应当从科技治理、数据治理等角度建立起一定的配套机制，具体而言就是构建区块链上的大数据分析和风险预警机制和建立标准区块链的标准。以此，真正释放区块链与众筹制度应用的重大潜能，赢得数字革命时代制度变革的领先契机。

（三）区块链新闻平台应用的法律问题

付红安①指出，区块链、人工智能等新技术融入新闻业已成趋势，但是，从全球区块链新闻平台的整体发展状况来看，区块链底层技术在新闻平台的应用尚不成熟，在新闻生产各面向暴露出的问题也日渐突出。因此，我国法律、法规需因应技术发展需求，适度前瞻。区块链新闻平台应用与其他领域的区块链应用相比，其主要业务除代币交易外，还有围绕代币展开的新闻、媒体内容交易。区块链技术对新闻业的内容生产、知识财富变现、新闻真实性审查、稿酬分配等产生了重要影响。因此，应通过法律规制、平台自治等手段构建“软性法律”监管体系引导其合法合规发展。第一，平台代币的法律监管。目前已有的区块链新闻平台均有自己的代币，但各国对虚拟货币的态度不尽相同。我国将其交易活动几乎视为非法集资行为，要求区块链代币只能在平台使用，严禁作为金融衍生品。平台代币因在估值、兑换上存在困难，特别是在相关经济纠纷中对数额的确定及作为虚拟商品的溢价等问题难以形成价格共识，其作为金融商品对现行的金融商品法律监管体系构成了冲击，而我国现行经济刑法规制范围尚未对此予以规定，需要通过法律修订或法律解释填补此法律漏洞。因此，尽管我国鼓励发展区块链技术，但对虚拟货币风险尤为警惕。第二，网络运营者层面的法律规制。区块链新闻平台通过自身区块链技术搭建起新闻、信息处理网络，依据平台规则、智能合约和分布式账本管理相关数

① 付红安：《区块链新闻平台内容生产的法律规制研究》，载《新闻与传播评论》2019 年第 2 期。

据，向参与者提供代币、信息资讯等服务，属于《网络安全法》所规定的“网络运营者”，因此对其运营的网站及提供的网络产品和服务承担安全义务。在网络所有者责任层面，平台应建立起明确的安全责任制度，并且履行投诉处理义务，公布投诉、举报方式等信息，及时受理、处理有关网络信息安全投诉和举报；在网络管理者责任层面，平台应对网络参与者进行身份信息审核，并且积极履行其违法信息处置义务；在网络服务提供者责任层面，平台应做好对网络参与者个人信息的保密工作。第三，积极探索区块链新闻平台的自治。区块链新闻平台应当通过其对去中心化理念的自我纠偏，以及通过抑制炒作概念，在寻求技术突破和新闻传播理论创新等方面，为区块链新闻平台对接市场、科学运营打下扎实基础，积极推进平台自治。综上，应当“积极构建软性法律监管体系，形成多元治理格局”，确保区块链等新技术应用于新闻业时在法治框架内合规发展。

（四）区块链信息产权保护应用的法律问题

根据全球最新的信息分类标准，数据资产将在信息阶段化的基础上得以构建。个人信息隐私在经过去身份化后，被数据企业收集、存储、利用，形成新的数据财产，进而构成数据交易市场的基础。因此，数据资产被划分为用户个人信息的人格权益和财产权益与数据企业享有数据资产权和数据经营权两个阶段，即原始/底层数据和增值数据。随着平台和共享数据的发展，从原始/底层数据和增值数据中催生出分享平台数据，即平台定制化处理后具有直接应用价值的数据。分享平台数据的权能分离，形成生产与消费混同的信息产权，由此形成信息产权民事法律保护的第三个理想规范形态。在这种“互联网＋信息产权”交易价值共享法律保护的理想规范形态下，共享平台将进行信息生产并分享价值网络，形成以信息产权交易共享平台为中心的公法保护模式。其涉及两方面的法律问题。第一，信息产权交易将面对大平台垄断的社会法问题，因此，为保护数据交易市场上的新型著作权、商业秘密、数据库权以及新型数据产权等，应当采取“合理适用例外相结合”的数据产权法律保护制度；第二，其作为分享的经济产权，信息产权交易将通过区块共享模式提供清晰的法律配置路径。现实的情况下，权能运动没有依照最初的平等算法的构想发生，而是以计算功能能力强的平台和交易平台的优势地位获取更上游的产权利益。区块链技术下，可以通过时效打破交易垄断，重新洗牌算法能力，不断打破“歧视”与“不平等”，从而实现重新分配。

（五）区块链网络餐饮领域应用的法律问题

刘柳[①]指出，在网络餐饮服务第三方平台领域，食品基础数据不足、低质量数据泛滥以及数据“孤岛”的种种现实问题，导致大数据技术在现实运用中裹足不前。对网络餐饮服务第三方平台数据泄露案例的实证分析，更反映了大数据时代我国个人信息法律规制与数据技术落后的治理难题。因此，提出了“区块链 + 大数据”技术在网络餐饮服务第三方平台领域的应用模式，通过区块链技术破解网络餐饮服务第三方平台面临的现实困境。在此基础上，构建基于“区块链 + 大数据”技术的食品安全追溯系统、网络餐饮服务第三方平台与政府食药监管部门数据互通的信任系统、新型食品生产经营许可证共享平台系统，促进大数据时代网络订餐领域治理难题的有效破解。与此同时，应当立足于法律对区块链技术的治理，做到严密把控。换言之，“法律是区块链的必由之路”。我国立法思维仍滞留在前信息时代，难以应对区块链技术创新可能存在的隐患。因此，在网络餐饮服务第三方平台领域，《食品安全法》《网络餐饮服务食品安全监督管理办法》《网络食品安全违法行为查处办法》《电子商务法》等法律法规需要实现衔接，并逐步完善大数据时代的《个人信息保护法（草案）》等前置性法律的制定，将法律治理思维从刑法的末端治理转向源头治理，最终在网络餐饮服务第三方平台领域实现法律与区块链的融合治理模式。

（六）区块链在军用被装质量监控应用初探中的法律问题

王清华、张国强指出，被装保障是军队后勤保障中的重要一环，被装

---

① 刘柳：《破解网络餐饮领域治理难题》，载《东方法学》2019 年第 5 期。

质量的好坏在不同程度上影响军队的实力，提高被装质量就是提高战斗力。[①] 如果将区块链技术作为新技术融入被装质量监控当中，将极大促进从源头上发现被装质量问题，从而为解决军用被装质量监控这一重要课题开辟新的路径。在对军用被装质量监控的现状及存在的问题进行分析后，大胆提出了基于区块链技术优化军用被装质量监控的构想。与此同时，这一应用的开发离不开法律配套措施的优化、升级，具体体现在两个方面。一方面，积极完善相关法律法规制度，使区块链技术引入军用被装质量监控系统合法化。相较于当下信息技术的高速发展，配套法律制度则相对滞后，目前对于区块链技术缺乏相应的法规制度。因此，为使区块链技术引入军用被装质量监控系统有法可循，相关部门应当尽快完善相应法规制度。具体制度必须对以下三点予以明确：第一，明确信息获取及使用目的。对于各参与方共同构建的信息监管平台上区块链的应用，应当通过既定的机制或者相关法规制度予以规定。对允许在区块链信息平台参与各方之间共享的被装质量信息，应当采取相应的行政规范，明确和规范数据收集的目的，确保被收集的数据信息只用于明确规定的目的，如果用于新的目的必须通过相关法规制度或监管部门的授权。第二，明确对涉密信息的界定。被装质量监控过程中将会产生大量的数据信息，而区块链具有信息一经记录就很难再抹除的强大的存证功能，因此，为确保被装质量信息的安全，必须通过相应的法规制度对涉密信息的属性和级别加以界定。第三，明确信息涉密等级及获知权限。对重要程度不同的被装质量信息分级别、分层次对待，严格限定信息公开范围、涉密信息可获取人员。另一方面，加大区块链技术的监管力度。区块链技术引入军用被装质量监控系统中必然涉及涉密信息的存储，因而数据的使用者和获取者必须保证其是在得到授权后才使用的。在通过规章制度对涉密信息的受众群体加以规定的同时，还要依据法规制度对泄密问题予以相应的惩罚。以此，通过立法和监管的有机结合，依靠法律法规对涉密信息给予强有力的保护。

---

① 王清华、张国强：《区块链技术在军用被装质量监控中的应用初探》，载《包装工程》2018 年第 23 期。

第三篇

区块链法学教育进展

一、区块链法学研究机构

根据笔者目前掌握的资料，我国高校最早设立的区块链法学研究机构是2015年成立的广西民族大学华南区块链大数据法治战略研究院，随后各大高校和律师事务所纷纷设立各种区块链法学研究机构，但各研究机构在区块链法学的研究尤其是基础理论的研究方面仍然不够深入，亟须大力拓展。

2015年，广西民族大学华南区块链大数据法治战略研究院成立。[①] 该研究院由我国著名网络法、数据法和知识产权法专家齐爱民教授创设，是广西民族大学依托法学院成立的集科研、咨询、产业规划等于一体的高水平的新型科研平台与智库机构。研究院已形成了一个理论和实践并重、区块链产业发展和法治化建设并重的服务于政府和企业的学科优势明显、人才结构合理的科研与实践团队。其宗旨是推动区块链大数据产业创新发展，促进区块链大数据法治化建设进程。通过与政府和企业密切合作，着手开展区块链大数据技术和产业转化的研究和规划，推动区块链大数据产业发展的战略制定和实施，促进区块链大数据产业集群的形成，促进区块链大数据应用项目的落地建设，促进区块链大数据法治化建设，推动区块链大数据法律人才的培养。2019年2月，广西民族大学华南区块链法治战略研究院院长齐爱民教授受聘“广西区块链和大数据法治战略研究”八桂学者岗位，这是全国首个区块链人才岗。2019年3月，在齐爱民教授的倡议下，广西民族大学在知识产权专业本科生课程中增设了“区块链法”选修课。研究院凭借区块链领域的理论和实践水准，积极推动区块链产业创新发展，指导包括重庆金窝窝在内的多家区块链企业成立。2019年12月，研究院深度参与撰写《中国区块链产业发展白皮书（2019）》。2020年1

① 《中国云体系联盟为广西民族大学华南区块链大数据法治战略研究院授牌》，载广西知识产权网2018年5月20日，http：//gxzscq. gxun. edu. cn/info/1016/2678. htm。

月，研究院还进行了广西区块链产业园的规划，积极推动项目的落地建设。

2017 年 7 月 23 日，西安交大区块链技术与法律创新研究实验室成立。[①] 该实验室依托西安交大知识产权研究中心雄厚的法律科研资源，与国内首家“区块链 + 知识产权”服务商西安纸贵互联网科技有限公司开展全面合作。西安交大知识产权研究中心凭借其交叉研究的优势，以及对该问题的重要性和前瞻性有着超前判断，为进一步占据该领域在法律研究方面的制高点，在国内率先设立了该种类型的实验室，旨在打造国内领先的区块链技术与法律创新研究实验室，为区块链技术的推广应用奠定坚实的法律基础，进而推动本领域的研究工作，并以此持续推进校内大学生的创新创业教育。

2017 年 9 月 8 日，中国人民大学未来法治研究院（区块链法学是其研究方向之一）成立。[②] 该研究院成立的有关区块链的法学研究中心——营商环境与商事法研究中心以营商环境下少数投资者保护、产权登记、获得信贷等指标为研究对象，结合区块链、智能合同、电子登记等新一轮产业革命成果，围绕信托、公司领域的商法规范和物权、不当得利领域的传统民法规范进行研究。

2018 年 3 月 15 日，中国人民大学大数据区块链与监管科技实验室成立。[③] 该实验室是中国首家专注于大数据、区块链、监管科技为代表的金融科技政策法律研究和商业实践探索的非营利性研究机构。实验室主要研究领域包括大数据与区块链的政策法规、发展规律、风险管控、业务规范、技术创新应用、在监管科技中的应用等，为大数据区块链从业者、投资者和监管层提供实践经验和智力支持，为行业的健康发展探索创新路径，为监管政策的制定提供重要参考。

2018 年 4 月 7 日，北京大学光华管理学院新金融与创业投资研究中心

① 《科研机构指导创新创业结出新硕果：西安交大区块链技术与法律创新研究实验室成立》，载西安交通大学新闻网 2017 年 7 月 26 日，http：//news. xjtu. edu. cn/info/1004/78686. htm。

② 中国人民大学未来法治研究院官网，http：//lti. ruc. edu. cn/sy/index. htm。

③ 《中国人民大学正式启动大数据区块链与监管科技实验室》，载人民网 2018 年 3 月 16 日，http：//sh. people. com. cn/n2/2018/0316/c134768 – 31352477. html。

区块链实验室揭牌成立。[①]该实验室由北京大学光华管理学院和北京博晨技术有限公司共同发起成立，是国内高校中首批以区块链作为主攻方向的研究中心。实验室的工作重点为区块链领域的行业研究、政策研究，以实验室创新研究成果为纽带，以高层人才为依托，通过体制和机制创新，促进区块链行业的创新成果产业化；同时，培养区块链行业领先人才，努力建设成为国内一流的区块链金融产学研示范基地。

2018 年 6 月 14 日，中国政法大学青藤链盟研究院 - 区块链金融法治研究中心成立。[②] 该中心聚合专家资源，为中国区块链发展和区块链产业治理在全球范围内进行先行研究。研究中心主任胡继晔教授根据国家发改委高新技术司和国家网信办的数字经济招标公告，申请并获批了“数字经济相关立法与监管研究”课题。该课题旨在对区块链和数字经济领域的立法和监管进行深入研究，为国家网信办出台相关规章和规范性文件奠定法理基础。

2018 年 7 月 10 日，广东广悦律师事务所区块链法律研究中心成立。[③] 该中心是全国首家以律师事务所为主导的区块链法律研究中心，旨在通过对国内外区块链前沿的理论和实务问题保持高度关注，探究区块链的本质、实施、应用以及背后深藏的行业思维，并结合市场发展特性对其进行研究和分析，阶段性呈现研究成果，多维度展现区块链的发展趋势和商业价值。

2018 年 7 月 29 日，北京市盈科律师事务所区块链法律服务中心成立。[④] 该中心是盈科律师事务所成立的第五个全国性法律服务中心，集合盈科律师事务所在区块链领域里的中坚力量，携手专家学者，共同为区块

---

① 《金融科技与区块链创新论坛举行 北大光华区块链实验室正式成立》，载北京大学光华管理学院官网 2018 年 4 月 9 日，http：//www. gsm. pku. edu. cn/info/1022/20040. htm。

② 《青藤链盟研究院 - 区块链金融法治研究中心成立》，载网易网 2018 年 6 月 14 日，http：//dy. 163. com/v2/article/detail/DK98OA4I0514832I. html。

③ 《广悦成立“区块链法律研究中心”》，载广悦律师事务所官网 2018 年 7 月 14 日，http：//www. grandholders. com/newsinfo. aspx？ nid = 747。

④ 《共话区块链，拥抱价值互联网时代！区块链与法律服务创新论坛暨盈科区块链法律服务中心成立仪式》，载盈科律师事务所官网 2018 年 8 月 15 日，http：//www. yingkelawyer. com/YKDT/YKDT _ View. aspx？ url = 0b047fcfbae2bc01cf648994235454bf9c62db1e7945298e65a396863ebb099e99c0fc9df93623f9feb9ec3445c2ae6a14c7b6a7b39c9530dc480cde6c9c17200f11dcc10f1882ae97b66027b4784837ff6c6d960327e5f5e0cee9078ab2ae3aec0eb315e18fd71c。

链技术和应用做好法律服务，研发更加贴近客户需求的区块链法律服务产品，通过专业法律知识有效引导区块链产业正向发展，让区块链创业者合法合规进行创业，使区块链发展过程中的风险得到有效管控，保障区块链产业健康发展。

2018 年 8 月 11 日，亚洲数字经济法律研究所成立。[①] 该研究所是由漆多俊教授牵线，亚洲数字科技有限公司支持，全国各地法学、经济学、社会学专家踊跃参与，专门针对区块链领域法律问题进行研究、提出对策和解决方案的研究机构，旨在有效普及专业法律知识在区块链产业的应用，帮助区块链创业者合法合规进行创业，使区块链发展过程中的风险得到有效管控，保障区块链产业健康发展。

2018 年 10 月 8 日，海南区块链制度创新研究中心成立。[②] 该中心由海南生态软件园与中国人民大学共同构建，旨在对中国（海南）自由贸易试验区和中国特色自贸港区块链试验区进行制度创新，实现“科技监管科技”，以此推动区块链行业的发展。

2018 年 10 月 8 日，牛津海南区块链研究院成立。[③] 该研究院由海南生态软件园和英国牛津大学区块链研究中心共建，是牛津大学区块链研究中心的“姐妹研究院”，针对区块链技术突破所面临的耗能、科技监管、稳定性、商业应用的用户培育、交易的安全与效率等问题研究解决方案，推动区块链成为主流技术，赋能实业，赋能社会治理，赋能海南自贸试验区和中国特色自贸港建设。双方在搭建产业平台、建设研发中心以及人才培养三大方面开展紧密合作，包括在中国海南、英国伦敦和克罗地亚、以色列等地建立全球研发中心，积极开展区块链领域的研究教育和产业发展的合作。

---

① 《国内首个区块链法律研究机构成立》，载新浪财经网 2018 年 8 月 14 日，http：//finance. sina. com. cn/blockchain/coin/2018 – 08 – 14/doc – ihhtfwqq6323540. shtml。

② 《海南区块链制度创新研究中心》，载海南电视新闻网官网 2018 年 10 月 8 日，http：//www. hnwtv. com/rw/68154. html。

③ 《海南自贸区自贸港区块链试验区设立 牛津海南区块链研究院同日揭牌》，载链门户网站 2018 年 10 月 9 日，http：//www. lianmenhu. com/blockchain – 6962 – 1。

2018 年 10 月 31 日，中国信息通信研究院区块链政策法律研究组成立。[①] 该研究组积极推进可信区块链推进计划，为区块链的发展营造一个可信的产业氛围。区块链政策法律研究组还将会发挥平台优势，对区块链的政策法规进行深入研究，为国家决策提供政策法律建议，为区块链技术服务提供商进行业务创新、服务创新、最佳实践交流等提供合规性指引，并积极响应国家需求和产业界呼声，为推动中国区块链发展政策与法制建设提供智力支持。

2018 年 12 月 15 日，清华大学智能法治研究院（区块链监管是其研究方向之一）成立。[②] 清华大学智能法治研究院由清华大学法学院牵头，联合清华大学计算机系、软件学院、社会科学学院共同设立。研究院致力于打造一个国际一流、国内领先的交叉学科研究平台和创新型孵化中心，促进法学专业与计算科学等相关专业的学术交流与融合，建设复合型团队，培养综合型人才，推动学术创新与研究成果转化，为新兴科技的发展提供法律与政策保障，为法治中国建设提供智能方案与数据驱动力。

2018 年 12 月 21 日，中国政法大学世界通证法律研究中心成立。[③] 作为数字经济重要组成部分的区块链技术及与之密切相关的通证和通证经济等，日益受到各方关注。该中心依托中国政法大学互联网经济法制研究院的既有优势，率先在“通证”这一新领域进行研究布局，以期创造更多有益于国家和社会的学术成果。中心宗旨是：“开展通证理论研究；拓宽通证实践领域；探索通证应用场景，创建以维护全球共同利益为导向的‘网络空间命运共同体’。”其主要工作有：①通证学科建设、人才培养与交流；②通证经济的跨领域合作；③通证领域科研成果的转化和促进；④通证相关科学普及工作和行业形象树立；⑤通证在金融科技领域的服务创新；⑥通证相关立法研究、政策研发；⑦通证技术服务和信息资源支持。

---

① 《区块链政策法律研究组成立会暨〈区块链与供应链金融白皮书〉发布会在京召开》，载中国信通院官网 2018 年 11 月 1 日，http：//www. caict. ac. cn/xwdt/hyxw/201811/t20181101_187976. htm。

② 《首届计算法学论坛暨清华大学智能法治研究院成立仪式举行》，载清华大学官网 2018 年 12 月 17 日，https：//news. tsinghua. edu. cn/info/1013/67938. htm。

③ 《中国政法大学成立世界通证研究中心》，载搜狐网 2018 年 12 月 22 日，https：//www. sohu. com/a/283714416_120047622。

同时，该中心还积极推动世界通证实验室及智库建设，以“信本位”传统文化创造性转化与创新性发展为出发点，坚持服务中国特色社会主义市场经济，在实践中汇聚一批思想正、本领强的跨界人才，共同创办一个跨领域、跨学科、跨行业、跨地区国际性的通证智库平台。

2019 年 3 月 22 日，西南政法大学人工智能法学院区块链法律创新联合实验室成立。① 该实验室由西南政法大学人工智能法学院与浮云科技、智能司法研究重庆市 2011 协同创新中心共同构建。实验室依托浮云科技与西南政法大学丰富的技术成果和学术资源，聚焦区块链应用中的基本法律问题、区块链电子存证问题，开展理论和实务协同研究，探究区块链技术对现行法律体系的影响，促进立法和司法适应技术进步和社会发展。

2019 年 6 月 30 日，江西软件职业技术大学率先组建了全国首家区块链学院，并在此基础上筹建专家委员会与江西省区块链行业技术协会。专家委员会、行业协会和区块链学院三方共同推进江西省区块链技术的研发与应用，形成产学研用无缝对接的机制，为培养优秀的区块链领域人才做贡献，并为江西省人民政府涉区块链技术应用提供政策决策咨询与地方性法规立法建议。②

2019 年 12 月 7 日，华东政法大学互联网法治研究院（区块链法学是其研究方向之一）成立。③ 该研究院旨在应对人类社会运行和发展的变革，满足大数据、人工智能、区块链等技术应用给人类社会带来的挑战，整合既有研究力量，建设新师资团队，并与产业界与学术界的相关单位共同发起成立“数据驱动中国”法律共同体，打造产、学、研协同发展机制，打造网络数据法治研究、人才培养和智力服务的生态圈。

---

① 《西南政法大学“区块链法律创新联合实验室”挂牌成立》，载重庆市教育委员会公众信息网 2019 年 3 月 25 日，http：//jw. cq. gov. cn/zwxx_209/bmdt/gxxx/201912/t20191220_1857702. html；《产学研协作再传佳讯——浮云 - 西政区块链法律创新实验室正式挂牌》，载 91y 网浮云新闻 2019 年 3 月 22 日，http：//www. 91y. com/news/xinwen/2480. html。

② 《中国网：江西南昌一高校成立国内首个区块链学院》，载江西软件职业技术大学官网 2019 年 7 月 3 日，http：//www. aheadedu. com/news. jsp？ newsID = 2479&Page = 0&size = 8&columnId = 2。

③ 《华东政法大学互联网法治研究院成立大会暨第二届中国数据法律高峰论坛会议公告》，载华东政法大学官网 2019 年 12 月 4 日，https：//www. ecupl. edu. cn/2019/1204/c650a149694/page. htm。

2019 年 12 月 11 日，华商区块链法律研究院成立。[①] 该研究院由广东华商律师事务所主导，是深圳在开展数字货币研究与移动支付等创新应用合规板块的先行先试，将进一步采取打造创新、立法与监管相结合的具体举措。

2019 年 12 月 18 日，北京鑫诺律师事务所区块链与数权法律研究中心成立。[②] 该中心在成立当天举行了首期“区块链与数权法律研究”论坛。

此外，泰和泰上海区块链法律实验室（英文简称“BClaw”）的成立时间不详。[③] 该实验室由泰和泰律师事务所上海办公室联合全国各办公室相关专业人员共同打造。BClaw 实验室旨在通过不断洞察区块链等新经济领域中的法律问题，围绕合规与监管，探寻全球区块链发展及监管动态，以期为区块链与数字资产创新发展提供合规支持，为我国区块链发展贡献法律智慧。其成立以来，不断对区块链的新应用模式进行法律解读，致力于提出有价值的专业观点；借鉴国别间行业发展及监管态势，思考我国区块链发展合规模式；围绕供应链金融、智慧医疗、不良资产 + 区块链、司法实务及法律服务、人力资源、票务等区块链技术应用领域进行了深入的研究与分析。

二、区块链法学课程和教材建设

在国外，尤其是美国已经有部分顶级大学开设了区块链法学课程。例如，加州大学伯克利分校的 Dawn Song 教授于 2018 年春季学期和另一名教授一起开设了“区块链、加密货币、科技的未来、商业和法律”课程；新罕布什尔大学法学院（UNH School of Law）开设针对区块链和加密货币的法律课程，并向完成该课程的学生提供区块链证书；自 2014 年 9 月开始，

---

① 《全国首家！深圳成立以律师事务所为主导的区块链法律研究院》，载深圳新闻网 2019 年 12 月 11 日，http：//www. sznews. com/news/content/2019 －12/11/content_22695202. htm。

② 《弦子科技受邀参加北京鑫诺律师事务所区块链与数权法律研究中心成立大会》，载火星财经 2019 年 12 月 19 日，https：//news. huoxing24. com/20191219170750921004. html。

③ 《上海办公室 BClaw 法律实验室聚力区块链合规发展》，载泰和泰律师事务所官网 2018 年 9 月 27 日，http：//www. tahota. com/。

纽约大学法学院法学教授 Geoffrey Miller 和斯特恩商学院金融学教授 David Yermack 共同开设了研究生课程“比特币及其他加密货币相关的法律和商业”；杜克大学法学院开设了 475 Law & Policy lab：Blockchain。

在国内，目前只有广西民族大学开设了专门的区块链法学课程。[①] 2019 年 3 月，在区块链法学的先行者齐爱民教授的倡仪下，广西民族大学知识产权专业本科生增设了区块链法本科选修课。2019 年 9 月 4 日区块链法本科课程正式开课，这是全国范围内高校首次在法学本科生当中开设“区块链法”的课程。该课程由齐爱民教授负责讲授，张默博士作为助教协助教学，采取课堂讲授和分组讨论结合的教学模式，通过 8 周 16 个课时的内容，帮助知识产权专业的学生理解区块链的基本概念及其技术原理，重点引导学生思考区块链应用所带来的相关法律问题。课程围绕数字货币、智能合约及区块链技术在其他行业的应用，形成了五大板块和十个讨论专题的教学内容（具体教学大纲见后）。

在理论讲授的教学环节，齐爱民教授结合数字货币的运行规则帮助学生们理解区块链的技术原理和特点，着重讲解以比特币为代表的建立在区块链技术基础上的加密数字货币的法律属性。加密数字货币作为一种新兴事物，给现有货币体系带来了一定的挑战，但不应因此否认其作为一种财产而存在的正当性。肯定加密货币的财产属性和价值，并在制度上予以确定，对于比特币等加密货币的正常流通，以及民事活动的自由开展具有重要意义。在专题讨论的环节里，张默博士组织学生分成七个讨论小组，对数字货币的法律风险、ICO 的监管政策、智能合约的法律问题、法定数字货币与 Libra 项目等专题，以小组报告和讨论的方式展开了参与式的教学实践。在这个过程中，通过培养学生自主学习和案例分析的能力，对区块链技术及其应用引起的相关法律问题形成更直观的了解，并引导学生运用掌握的法律知识，尝试提出问题及其解决方式。

“区块链法”课程教学大纲如下：

导论：区块链的基本概念和技术原理

① 《勇敢尝试：我国法学专业“区块链法”本科课程圆满结束》，载微信公众号“数据人”，2019 年 10 月 28 日，第 941 期。

第一篇　区块链法的基本原理
1. 区块链对法律的挑战与应对
2. 区块链法的概念和外延
3. 区块链法的基本内容架构和核心制度
4. 区块链法的基本规则探讨
第二篇　数字货币及其法律属性
5. 数字货币的概念、起源与发展
6. 数字货币的法律属性和法律风险
7. 法定数字货币的发行与 Libra 项目
8. ICO 的概念、法律风险及监管政策
第三篇　智能合约的法律性质
9. 智能合约的起源与概念
10. 智能合约的应用场景
11. 智能合约的法律要件
12. 智能合约的法律救济
第四篇　区块链与舆情治理法律问题
13. 区块链上的信息与更正
14. 技术在舆情治理方面的能与不能
15. 全球区块链数据监管的走向
第五篇　区块链在其他行业的应用以及法律问题
16. 区块链与金融科技及其法律监管
17. 区块链与医疗及其法律问题
18. 区块链与共享经济法律问题

尽管我国已经开始开设专门的区块链法学课程，但截至目前，我国仍然没有出版专门的区块链法学教材，更遑论区块链法学学科建设和人才培养。

附　录

附录1　区块链法学期刊论文一览

附录1.1　区块链法基本原理期刊论文一览

文章名称	作者	期刊	期次
法律的“死亡”：人工智能时代的法律功能危机	余成峰	华东政法大学学报	2018 年第 2 期
区块链研究的法学反思：基于知识工程的视角	陈立洋	东方法学	2018 年第 3 期
区块链与未来法治	郑　戈	东方法学	2018 年第 3 期
对话：技术创新、市场结构变化与法律发展	俞思瑛　季卫东 程金华　郑　戈 侯利阳	交大法学	2018 年第 3 期
区块链引发的法律风险及其监管路径研究	张夏恒	当代经济管理	2018 年第 4 期
信任，但需要验证：论区块链为何需要法律	凯文·沃巴赫	东方法学	2018 年第 4 期
面向智慧社会的法学转型	马长山	中国大学教学	2018 年第 9 期
国外区块链技术的政府实践与治理	巢乃鹏	人民论坛· 学术前沿	2018 年第 12 期
区块链监管：“法律”与“自律”之争	凯伦·杨	东方法学	2019 年第 3 期
区块链争议解决与治理范式选择	包丁裕睿 迟　骋 李世刚	科技与法律	2019 年第 3 期
区块链作为治理机制的优劣分析与法律挑战	汪青松	社会科学研究	2019 年第 4 期
人工智能时代的范式转移与法律变革	余成峰	科学与社会	2019 年第 4 期
区块链时代的信任结构及其法律规制	郑　观 范克韬	浙江学刊	2019 年第 5 期
区块链系统内部关系的性质界定与归责路径	汪青松	法学	2019 年第 5 期
播撒信任的技术幽灵——区块链法律研究述评	陈吉栋	探索与争鸣	2019 年第 12 期

附录1.2　数字货币法律问题期刊论文

文章名称	作者	期刊	期次
探寻数字资产监管之路——基于国外经验教训的思索	邓建鹏	银行家	2017年第9期
ICO商业模式的法律性质分析及监管模式优化——基于九国ICO监管现状	何隽铭	上海金融	2018年第2期
法定数字货币的法理与权义分配研究	刘少军	中国政法大学学报	2018年第3期
代币发行交易中的犯罪风险	朱　娴	国家检察官学院学报	2018年第6期
ICO非法集资问题的法学思考	邓建鹏	暨南学报（哲学社会科学版）	2018年第8期
论虚拟货币的犯罪风险及其防控策略	兰立宏	南方金融	2018年第10期
"区块链+"时代比特币侵财犯罪研究	王熠珏	东方法学	2019年第3期
基于区块链技术ICO行为之刑法规制	王　冠	东方法学	2019年第3期
国外虚拟货币公募和上市规范的法律监管研究	刘卫锋	金融与经济	2019年第4期
论我国法定数字货币的法律属性	柯　达	科技与法律	2019年第4期
论补充性货币的法律规制——兼论数字货币的补充性监管	柯　达	中南大学学报（社会科学版）	2019年第5期
论虚拟货币反洗钱和反恐怖融资监管的策略	兰立宏 庄海燕	南方金融	2019年第7期
数字货币监管路径的反思与重构——从"货币的法律"到"作为法律的货币"	柯　达	商业研究	2019年第7期
论ICO的证券属性与法律规制	孙国峰 陈　实	管理世界	2019年第12期
论数字货币的私法性质——以日本Bitcoin. Cafe数字货币交易所破产案为中心	罗　勇	重庆大学学报（社会科学版）	2020年第2期

附录 1.3 智能合约法律问题的期刊论文一览

文章名称	作者	期刊	期次
区块链技术与智能合约在知识产权确权和交易中的运用及其法律规制	华 劼	知识产权	2018 年第 2 期
智能合约对我国合同制度的影响与对策	周 润 卢 迎	南方金融	2018 年第 5 期
论电子商务合同自动信息系统的法律效力	薛 虹	苏州大学学报（哲学社会科学版）	2019 年第 1 期
智能合约的构造与风险防治	王延川	法学杂志	2019 年第 2 期
智能合约与私法体系契合问题研究	蔡一博	东方法学	2019 年第 2 期
区块链技术下智能合约的民法分析、应用与启示	倪蕴帷	重庆大学学报（社会科学版）	2019 年第 3 期
决策十字阵中的智能合约	许 可	东方法学	2019 年第 3 期
区块链智能合同的适用主张	夏庆锋	东方法学	2019 年第 3 期
区块链智能合约的合同法分析	郭少飞	东方法学	2019 年第 3 期
智能合约的法律构造	陈吉栋	东方法学	2019 年第 3 期
区块链技术驱动下智能合约犯罪研究	赵志华	中国刑事法杂志	2019 年第 4 期
区块链下智能合约的合同法思考	柴振国	广东社会科学	2019 年第 4 期
智能合约的私法挑战与应对思考	王 潺 杨辉旭	云南社会科学	2019 年第 4 期

附录 1.4 区块链司法应用期刊论文一览

文章名称	作者	期刊	期次
基于区块链的电子证据系统架构模型	侯义斌 梁 勋 占小瑜	计算机科学	2018 年 S1 期
区块链技术在侦查领域中的应用研究	李康震 陈 刚 周 芮	信息资源管理学报	2018 年第 3 期

续表

文章名称	作者	期刊	期次
互联网争议解决中的执行问题——从司法、私人到去中心化数字执行	高　薇	法商研究	2018 年第 6 期
从时间戳到区块链：网络著作权纠纷中电子存证的抗辩事由与司法审查	雷　蕾	出版广角	2018 年第 15 期
基于区块链的防电话骚扰欺诈模型	李　娜　陈　福 朱建明　黄勇峰	应用科学学报	2019 年第 2 期
区块链技术的司法适用、体系难题与证据法革新	张玉洁	东方法学	2019 年第 3 期
区块链时代的民事司法	史明洲	东方法学	2019 年第 3 期
区块链应用的不法风险与刑事法应对	张庆立	东方法学	2019 年第 3 期
关于电子文件法律证据价值可行性的研究——以互联网法院的实践为例	周　祺 张照余	档案与建设	2019 年第 5 期
基于区块链的公共数据电子证据系统及关联性分析	李　萌 刘文奇 米允龙	智能系统学报	2019 年第 6 期
大数据安全技术在涉众型经济犯罪案件侦查中的应用——评《数字经济时代的智慧城市与信息安全》	王　芳	中国安全生产科学技术	2019 年第 10 期
区块链电子证据的研究与思考	刘学在 阮崇翔	西北民族大学学报（哲学社会科学版）	2020 年第 1 期

附录 1.5　区块链知识产权保护应用期刊论文一览

文章名称	作者	期刊	期次
区块链视角下网络著作权交易的技术之道	孟奇勋 吴乙婕	出版科学	2017 年第 6 期
浅议区块链技术在图书著作权保护和交易中的应用	刘德生 葛建平 董宜斌	科技与出版	2017 年第 6 期
基于区块链的数字出版版权保护	聂　静	出版发行研究	2017 年第 9 期
基于区块链的数字作品 DCI 管控模型	李　悦 黄俊钦 王瑞锦	计算机应用	2017 年第 11 期

续表

文章名称	作者	期刊	期次
基于区块链的 IP 版权授权与运营机制研究	陈维超	出版科学	2018 年第 5 期
区块链技术在商标领域的证明作用	张怀印 凌宗亮	知识产权	2018 年第 5 期
全媒体时代有声读物内容开发及版权保护的新思路	方　龙	编辑学刊	2018 年第 5 期
基于区块链技术的网络版权交易问题研究	贾引狮	科技与出版	2018 年第 7 期
基于区块链技术的学术出版版权屏障研究	刘一鸣 蒋欣羽	编辑之友	2018 年第 8 期
区块链在医疗信息资源利用和知识产权保护中的研究	马骋宇	电子知识产权	2018 年第 8 期
科技期刊数字侵权现状与版权保护——区块链技术可行性初探	孙　婧	中国科技期刊研究	2018 年第 10 期
区块链技术视角下网络版权保护问题研究	夏朝羡	电子知识产权	2018 年第 11 期
大数据时代网络文学版权保护的新问题及其规制	王志刚 度　冉	科技与出版	2018 年第 11 期
区块链能否承载报业版权保护的未来	胡怀福 赵新乐	青年记者	2018 年第 13 期
新时代网络版权执法监管的新挑战	陈前进 代永生	出版广角	2018 年第 15 期
区块链数字版权保护：原理、机制与影响	黄　龙	出版广角	2018 年第 23 期
区块链技术与数字环境下的商业秘密保护	张怀印	电子知识产权	2019 年第 3 期
数字版权保护技术创新应用的六大趋势——基于 1994—2017 年“九国两组织”专利申请数据的分析	张　立 张凤杰	现代出版	2019 年第 3 期
区块链技术在数字著作权保护中的运用与法律规制	王　清 陈潇婷	湖北大学学报（哲学社会科学版）	2019 年第 3 期
区块链在图书馆著作权保护中的效用研究	汪　琼 陈　伟	数字图书馆论坛	2019 年第 3 期
区块链的知识产权保护模式与战略布局研究	石　超 余晓春	科技与法律	2019 年第 4 期
2019’知识产权南湖论坛——“全球化与知识产权保护”国际研讨会综述	杨静怡 张先雨	电子知识产权	2019 年第 4 期

续表

文章名称	作者	期刊	期次
论区块链技术对于数字版权治理的价值与风险	石　丹	科技与出版	2019 年第 6 期
区块链与数字版权反思：困境与重述	谢　欣 彭丽霞	青年记者	2019 年第 6 期
智能社会法律的算法实施及其规制的法理基础——以著作权领域在线内容分享平台的自动侵权检测为例	张吉豫	法制与社会发展	2019 年第 6 期
在线知识共享中侵权问题及其技术破解框架研究	高　锡 荣谭宇	数字图书馆论坛	2019 年第 6 期
基于区块链技术的网络版权保护	毛　宁 张小红	图书馆论坛	2019 年第 8 期
区块链技术在学术版权中的应用研究	刘一鸣 蒋欣羽	出版广角	2019 年第 9 期
利用区块链开展版权保护的局限与应用路径	刘　桢 马治国	出版发行研究	2019 年第 9 期
新技术下网络版权保护的新局面、难点与治理对策	陈卓威 唐　英	中国出版	2019 年第 9 期
区块链在数字版权管理平台应用的进展与挑战	汪红春	编辑之友	2019 年第 10 期
区块链技术在地质大数据知识产权保护中的应用探讨	张梦迪 高振记	中国矿业	2019 年第 11 期
VC Chain：联盟式音视频版权区块链系统	陈子豪　李　强 甘　俊　张　超 黎祖睿	计算机工程与科学	2019 年第 11 期
信息不对称理论视角下网络图片版权交易的侵权问题研究	王　田 高雨薇 王如诗	出版发行研究	2019 年第 11 期
大数据时代网络新闻聚合平台的版权保护研究	彭　辉	中国出版	2019 年第 11 期
基于区块链技术的数字版权利益平衡	张冰清 李　琳	中国出版	2019 年第 11 期
区块链技术驱动下的著作权登记制度变革	张　颖	图书馆论坛	2019 年第 12 期
全媒体时代的版权保护		青年记者	2019 年第 16 期
基于区块链技术的数字出版知识产权管理——以知识服务应用为例	姚瑞卿 袁小群	出版广角	2019 年第 17 期

续表

文章名称	作者	期刊	期次
基于区块链技术的数字版权保护新思路——《2018 年中国网络版权保护年度报告》评述	穆向明	出版广角	2019 年第 19 期
我国区块链行业及典型机构专利地图分析	王　玲 李　倩 王金晓	科技管理研究	2019 年第 20 期
基于区块链信用体系的分布式数字版权管理机制	周如月 钱　良	计算机应用研究	2020 年第 6 期
区块链技术视野下的图书馆数字版权管理：作用机制、创新价值和建议	秦　珂	图书馆论坛	网络首发时间：2019 年 9 月
基于改进 PBFT 的区块链知识产权保护模型	孙嘉豪　孟翔斯 张浩运　常小林 徐　燕　关　庄	计算机工程	网络首发时间：2019 年 12 月 13 日

附录 1.6　区块链金融应用法律问题期刊论文一览

文章名称	作者	期刊	期次
区块链带来金融与法律优化	杨　东 潘曌东	中国金融	2016 年第 8 期
区块链技术背景下金融刑法的风险与应对——以比特币交易对外汇犯罪刑法规制的冲击为视角	谢　杰	人民检察	2017 年第 8 期
金融科技监管的路径转换与中国选择	杨　松 张永亮	法学	2017 年第 8 期
金融科技前沿应用的法律挑战与监管——区块链和监管科技的视角	吴燕妮	大连理工大学学报（社会科学版）	2018 年第 3 期
论区块链技术下我国互联网金融法律的制度演化	常　健 罗伟恒	北京行政学院学报	2018 年第 6 期
我国区块链金融的法律规制——基于智慧监管的视角	朱　娟	法学	2018 年第 11 期
证券区块链金融：市场变革、法律挑战与监管回应	万国华 孙　婷	法律适用	2018 年第 23 期
我国公司债券发行引入区块链技术的法律因应	常　健 罗伟恒	江苏社会科学	2019 年第 2 期

续表

文章名称	作者	期刊	期次
“未来法治”：中国房地产区块链法律研究	曾晓昀	广西社会科学	2019 年第 3 期
区块链票据的本质、法律性质与特征	李爱君	东方法学	2019 年第 3 期
区块链金融：创新、风险及其法律规制	崔志伟	东方法学	2019 年第 3 期
监管沙盒的国际实践及其启示	邓建鹏 李雪宁	陕西师范大学学报（哲学社会科学版）	2019 年第 5 期
信任机制演进下的金融交易异变与法律调整进路——基于信息哲学发展和信息技术进步的视角	汪青松	法学评论	2019 年第 5 期
信用法治下房地产税的价值定位与实践进路	陈　兵 孙赫泽	东北师大学报（哲学社会科学版）	2019 年第 5 期
大数据时代科技成果转化金融法律完善研究	王　锋	科技与法律	2019 年第 6 期
论区块链对中央对手方结算的挑战及其应对	卜学民	北方法学	2019 年第 6 期
区块链技术应用的反垄断隐忧及应对	孙　晋 袁　野	学习与实践	2019 年第 9 期
区块链技术助推中小企业票据融资的法律完善	吴京辉 胡　兰	江西社会科学	2019 年第 12 期
为金融消费者构建五重保护体系	刘天姿	人民论坛	2019 年第 15 期
我国“法链”监管模式的现状、问题及优化路径	王海波	财会月刊	2019 年第 21 期
区块链应用于证券交易的法律风险及防范	陈思语	法律适用	2019 年第 23 期
数据时代开启消费者保护多元共治新格局	陈　兵	东北师大学报（哲学社会科学版）	网络首发时间：2019 年 11 月 13 日

附录 1.7　区块链其他领域应用法律问题期刊论文一览

文章名称	作者	期刊	期次
区块链技术对政府治理创新的影响	张　毅 肖聪利 宁晓静	电子政务	2016 年第 12 期
应用区块链技术促进政府治理模式创新	王　鹏 丁　艺	电子政务	2017 年第 4 期
基于区块链的政府基础信息协同共享模式研究	高国伟 龚掌立 李永先	电子政务	2018 年第 2 期
区块链技术及其在政府治理中的应用研究	王毛路 陆静怡	电子政务	2018 年第 2 期
区块链技术路径下基于大数据的公共决策责任机制变革研究	蒋余浩 贾　开	电子政务	2018 年第 2 期
利维坦遭遇独角兽：新技术的政治影响	樊　鹏	文化纵横	2018 年第 4 期
互联网信息产权交易的规范形态	许　娟	学海	2018 年第 5 期
区块链技术在政府数据治理中的应用：优势、挑战与对策	戚学祥	北京理工大学学报（社会科学版）	2018 年第 5 期
区块链技术的兴起与治理新革命	熊健坤	哈尔滨工业大学学报（社会科学版）	2018 年第 5 期
基于区块链的政务系统协同创新应用研究	肖炯恩 吴应良	管理现代化	2018 年第 5 期
区块链技术在电子政务中的应用：优势、制约与发展	侯　衡	电子政务	2018 年第 6 期
区块链在智慧城市信息共享与使用中的应用研究	陈　涛 马　敏 徐晓林	电子政务	2018 年第 7 期
区块链时代的社会管理危机与对策建议	韩海庭 孙圣力 傅文仁	电子政务	2018 年第 9 期
区块链技术在军用被装质量监控中的应用初探	王清华 张国强	包装工程	2018 年第 23 期
构建区块链创新生态系统研究——发挥政府引导作用	林　艳 张晴晴	理论探讨	2019 年第 1 期
信息协同视角下无边界化智慧政务推进机制研究	胡　漠 马　捷	情报资料工作	2019 年第 1 期

续表

文章名称	作者	期刊	期次
区块链治理研究：技术、机制与政策	贾　开	行政论坛	2019 年第 2 期
区块链新闻平台内容生产的法律规制研究	付红安	新闻与传播评论	2019 年第 2 期
“共票”：区块链治理新维度	杨　东	东方法学	2019 年第 3 期
拆迁安置区治理中区块链理念及实践尝试	杨　波　许莹莹 陈伟楠　咸海昕	河海大学学报（哲学社会科学版）	2019 年第 4 期
基于区块链的政务信息资源共享模型研究	余益民　陈韬伟 段正泰　赵　昆	电子政务	2019 年第 4 期
破解网络餐饮领域治理难题	刘　柳	东方法学	2019 年第 5 期
“区块链 + 生产”推动企业绿色生产——对政府之手的新思考	林木西 张紫薇	经济学动态	2019 年第 5 期
走向智慧型治理：环境治理模式的变迁研究	郝就笑 孙瑜晨	南京工业大学学报（社会科学版）	2019 年第 5 期
基于区块链的政务档案信息共享策略	聂云霞 何金梅 肖　坤	浙江档案	2019 年第 6 期
政府规制的技术嵌入：载体、优势与风险	黄新华 陈宝玲	探索	2019 年第 6 期
数字平台监管研究：理论基础、发展演变与政策创新	陈少威 范梓腾	中国行政管理	2019 年第 6 期
“互联网 +”时代法学教育变革研究	王　渊 吴双全	高教探索	2019 年第 7 期
区块链在金融领域中的应用综述	张　峰 许　干 程　翔	科技促进发展	2019 年第 8 期
基于主权区块链网络的公共安全大数据资源管理体系研究	曾子明 万品玉	情报理论与实践	2019 年第 8 期
“区块链 + 通证经济”的风险管控与对策建议	李　晶	电子政务	2019 年第 11 期
基于 BlockChain 的电子公文交换加密方法研究	李晓坤　邵　娜 刘清源　杨婧宇 陈虹旭　郑永亮	电测与仪表	2019 年第 12 期
基于区块链的政府信任构建研究	陈菲菲 王学栋	电子政务	2019 年第 12 期
利用大数据及区块链技术构建“政府智慧大脑”	牛宗岭	人民论坛	2019 年第 33 期

附录2　区块链法学研究生学位论文一览

论文题目	作者	导师	学位类型	授予单位	授予时间
基于区块链技术的数字版权管理模式研究	牛　敏	孙赫男	硕士	北京印刷学院	2017
区块链国际贸易领域的法律问题研究	邱洪周	李　泳	硕士	华东政法大学	2017
论网络服务提供者的侵权责任	周珊珊	孙维飞	硕士	华东政法大学	2017
论数字时代我国音乐著作权集体管理——以集中许可为视角	仝佳佳	范建得 焦洪涛	硕士	华中科技大学	2017
风险管理视角下的数字货币监管——以比特币为例	张　建	管　斌	硕士	华中科技大学	2017
基于区块链构建的数字票据法律问题研究	张荣康	邓建鹏	硕士	中央民族大学	2017
我国互联网商业保理的法律问题研究	杨少芳	付小川	硕士	贵州民族大学	2018
在线仲裁庭审程序研究	关　涛	肖　晗	硕士	湖南师范大学	2018
跨境数据流动的法律规制研究	王翊君	张国元	硕士	华东政法大学	2018
公募股权众筹中的投资者权利法律保护	周　严	吴　弘	硕士	华东政法大学	2018
加拿大原则性证券监管及其对我国的启示	陈丹青	官欣荣	硕士	华南理工大学	2018
区块链跨境支付的法律问题研究	焦茯岭	骆旭旭	硕士	华侨大学	2018
论区块链技术下我国公司债券发行的基本逻辑与制度建构	罗伟恒	常　健	硕士	华中师范大学	2018
网络虚拟财产继承研究	寇泰阁	王艳梅	硕士	吉林大学	2018
论区块链条件下我国证券法律制度重构	黄君华	朱义坤	硕士	暨南大学	2018
我国股权众筹法律风险防范研究	吴　凯	汪丽丽	硕士	山西财经大学	2018
科技金融的法律规制	曲晓芳	马　一	硕士	山东大学	2018
虚拟货币反洗钱监管问题研究	谢炜祎	高　薇	硕士	上海交通大学	2018
论比特币的法律属性及规制	包亦骅	孟祥沛	硕士	上海社会科学院	2018

续表

论文题目	作者	导师	学位类型	授予单位	授予时间
区块链引入食品信息溯源的行政法规制	程文璐	马英娟	硕士	上海师范大学	2018
比特币场外交易所有权转移法律规则研究	侯金宏	郑　鈜 张渝田	硕士	四川省社会科学院	2018
基于互联网支付的消费者信任机制法律构建研究	翟啸林	李晓安	硕士	首都经济贸易大学	2018
经济法视域下网络直播平台的监管问题研究	桂栗丽	刘　哲	硕士	天津商业大学	2018
智能合约支付联动条款的合同法规制	周　洋	曹兴权	硕士	西南政法大学	2018
音乐电视中词曲作者著作权的保护	葛海花	刘友华	硕士	湘潭大学	2018
基于区块链的图书馆数字资源版权保护研究	白　杨	张　禹	硕士	云南大学	2018
我国航空器融资租赁登记制度研究	李婧辉	郝秀辉	硕士	中国民航大学	2018
利用虚拟货币网络传销犯罪案件侦查研究	赵军鹏	王　铼	硕士	中国人民公安大学	2018
区块链技术在金融领域应用的监管研究	吴　浩	廖　凡	硕士	中国社会科学院	2018
数字图书馆利用作品的著作权限制研究	何　蓉	黄玉烨	硕士	中南财经政法大学	2018
区块链金融刑法问题探析	张峻浩	王海桥	硕士	北方工业大学	2019
数字货币法律问题研究	孟冠宇	潘修平	硕士	北京邮电大学	2019
区块链在电子证据保全中的应用	熊　宇	杜　江 陈　龙	硕士	重庆邮电大学	2019
基于区块链的数字版权登记技术研究	何　英	赵国锋	硕士	重庆邮电大学	2019
基于区块链的数字版权作品内容存储技术研究	张明聪	赵国锋	硕士	重庆邮电大学	2019
区块链智能合约立法路径的考察	李贤智	郭　丹	硕士	哈尔滨工业大学	2019
基于智能合约的去中心化安全电子投票系统	吕佳卓	王　轩	硕士	哈尔滨工业大学	2019
我国区块链金融法律监管研究	柴梦杰	赵金龙	硕士	河北大学	2019

续表

论文题目	作者	导师	学位类型	授予单位	授予时间
区块链背景下数字票据制度研究	潘高扬	郑远民	硕士	湖南师范大学	2019
虚拟货币传销犯罪侦查中大数据应用研究	廖棕州	贺小军	硕士	甘肃政法学院	2019
非法收集处理个人消费数据的法律规制	蒙玉平	韦志中	硕士	广西大学	2019
智能合约的法律属性及其规制	王方方	齐爱民	硕士	广西民族大学	2019
我国区块链平台的法律问题研究	张　雪	黄　蓓	硕士	贵州大学	2019
杭州互联网法院在线审理机制研究	陈　娜	卡先加	硕士	贵州民族大学	2019
我国虚拟货币监管立法现状、问题及对策	曹睿倩	王崇敏 廖　晖	硕士	海南大学	2019
我国区块链技术在金融应用中的法律问题研究	刘　莹	王利军	硕士	河北经贸大学	2019
我国纳税人隐私权保障立法的路径探析	李金蓉	张富强	硕士	华南理工大学	2019
区块链存证证据认证问题研究	丁　晓	陈慰星	硕士	华侨大学	2019
数字版权纠纷在线解决机制研究	朱　璐	陈慰星 杨金顺	硕士	华侨大学	2019
我国农村数字普惠金融法律监管研究	田竞争	张　燕	硕士	华中农业大学	2019
论区块链技术下智能合约的法律定位	盛程杰	齐海滨	硕士	华中师范大学	2019
区块链私募股权基金监管法律问题研究	杨雨淋	邓　辉	硕士	江西财经大学	2019
我国央行法定数字货币发行法律问题研究	杨建晨	何立慧	硕士	兰州财经大学	2019
区块链金融消费者权益保护法律问题研究	李珊珊	汪振江	硕士	兰州大学	2019
比特币法律规制研究	周　信	吴凤君	硕士	辽宁大学	2019
区块链金融监管法律制度研究	张世珍	田春雷	硕士	辽宁大学	2019
“一行一委两会”监管体制下的金融消费者保护路径探索	章元元	沈　伟	硕士	山东大学	2019
数字货币法律监管问题研究	李　勇	柴瑞娟	硕士	山东大学	2019

续表

论文题目	作者	导师	学位类型	授予单位	授予时间
比特币的法律规制初探——以证券的界定为视角	张　瑞	曲冬梅	硕士	山东师范大学	2019
完善我国比特币的法律规制	李娅萱	杨鹏飞	硕士	上海社会科学院	2019
电子数据真实性认定问题探究——以电子邮件为例	陈航宇	李　峰	硕士	上海师范大学	2019
智能合约的合同法规制研究	胡志龙	邓　杰	硕士	上海师范大学	2019
基于区块链技术的数字货币交易法律规制研究——以白俄罗斯数字经济立法为视角	张竹一	黄　绮	硕士	上海外国语大学	2019
“区块链＋电子证据保全”制度研究	毛　荣	郑　妮 罗登亮	硕士	四川省社会科学院	2019
区块链技术下的数字版权保护研究	郭文卓	邱洪华	硕士	西北大学	2019
面向数字货币的区块链隐私保护研究	刘　阳	何明星	硕士	西华大学	2019
禁止规避版权技术保护措施例外制度	程智慧	邹　琳	硕士	湘潭大学	2019
论 FinTech 相关商业方法的可专利性	狄晓斐	何怀文	硕士	浙江大学	2019
论互联网诉讼的监督机制	张学炜	舒瑶芝	硕士	浙江工商大学	2019
基于区块链技术的遗嘱安全存证系统的研究与设计	王　丽	李晓风	硕士	中国科学技术大学	2019
中国在线教育版权保护评估及优化研究	张敏敏	宋　伟 蔡文静	硕士	中国科学技术大学	2019
区块链数字货币资金流追溯研究	蔡霖翔	王斌君	硕士	中国人民公安大学	2019
基于易制毒化学品管控需求的禁毒情报工作研究	杨　平	李文君	硕士	中国人民公安大学	2019
伪数字货币传销案件侦查研究	李康震	陈　刚	硕士	中国人民公安大学	2019
论网络侵犯著作权犯罪案件的侦查对策	孟禹廷	刘为军	硕士	中国人民公安大学	2019
刑事案件电子数据认证规则问题研究	朱亚帅	白俊华	硕士	中国人民公安大学	2019
基于区块链技术的智能合约法律框架	EDOUARD PALARDY	高　祥	硕士	中国政法大学	2019
区块链金融监管法律制度研究	马维维	王　伟	硕士	中共中央党校	2019

说明：学位论文整理来源于中国知网，检索截止日期2020年2月6日。其中，用关键词“区块链”检索到的文章全部收入，全文搜索“区块链”，依据摘要中是否出现“区块链”判断是否收入本附录。本附录中学位论文的排列依据是：第一顺序按授予时间，第二顺序按授予单位。

附录3　区块链法学学术著作一览

书名	作者	出版社	出版时间
《链金有法：区块链商业实践与法律指南》	杨　东	北京航空航天大学出版社	2017
《区块链：金融应用及风险监管》	陈晓静	上海财经大学出版社	2018
《区块链+监管=法链》	杨　东	人民出版社	2018
《监管科技——人工智能与区块链应用之大道》	杜　宁	中国金融出版社	2018
《监管区块链》	［法］普里马韦拉·德·菲利皮 ［美］亚伦·赖特	中信出版社	2018
《区块链国际监管与合规应对》	邓建鹏 孙朋磊	机械工业出版社	2019
《链之以法：区块链值得信任吗?》	［美］凯文·沃巴赫	上海人民出版社	2019
《批判区块链》	［英］罗伯特·赫里安	上海人民出版社	2019
《企业“链”金书：区块链应用法律指南》	樊晓娟	上海远东出版社	2019
Blockchain and Coken Economics: A New Economics Era	Dong Yang	英国 AuthorHouse 出版社	2019
《区块链与法律：程序代码之治》	Primavera De Filippi	元照出版社	2019
《法律链金术——区块链法律实践剖析》	浙江金道律师事务所	浙江大学出版社	2019

说明：本附录中学术著作的排列，第一顺序按出版时间，第二顺序按出版社。

附录4　区块链法学皮书一览

作者	书名/篇名	发布/出版时间	来源	备注
中华人民共和国工业和信息化部	《2018年中国区块链产业白皮书》	2018年	http：//www. miit. gov. cn 中华人民共和国工业和信息化部官方网站	

续表

作者	书名/篇名	发布/出版时间	来源	备注
中国社会科学研究院法学研究所	《网络法治白皮书》	2018 年	http://www.iolaw.org.cn/showNews.aspx?id=65394 中国法学网	
西南交通大学知识产权研究院	《区块链深度专利分析报告》	2018 年	https://www.jinse.com/blockchain/205676.html 金色财经网	
工信计世、金窝窝区块链与电商融合应用研究中心	《全球区块链法规政策白皮书》	2018 年	http://www.ccw.com.cn/internet/2018-07-27/3112.html 计世网	
北京区块链技术应用协会	《区块链蓝皮书：中国区块链发展报告（2018）》	2018 年	社会科学文献出版社	
泰和泰上海区块链法律实验室	《2019 区块链全球合规与监管分析报告》	2019 年	http://www.lianmenhu.com/blockchain-11926-1 链门户网	
人民网人民创投区块链研究院	《区块链应用蓝皮书 中国区块链应用发展研究报告（2019）》	2019 年	社会科学文献出版社	
中国信息通信研究院、上海高级人民法院与最高人民法院信息中心	《区块链司法存证应用白皮书（1.0 版）》	2019 年	http://www.btb8.com/blockchain/1906/54325.html 比特巴网	
任泽平	《区块链研究报告》	2019 年	http://www.lianmenhu.com/blockchain-14421-1 链门户网	
腾讯研究院	《2019 年腾讯区块链白皮书》	2019 年	https://www.tisi.org 腾讯研究院官方网站	
中国信息通信研究院	《区块链白皮书（2019 年）》	2019 年	http://www.caict.ac.cn 中国信息通信研究院官网网站	

续表

作者	书名/篇名	发布/出版时间	来源	备注
中国人民银行指导，中国社科院授权出版，朱烨东执行主编	《中国区块链发展报告（2019）》	2019 年	社会科学文献出版社	
中伦律师事务所	《中伦区块链法律实务报告》	2019 年	https：//www. chainnode. com/doc/3956 链节点网	
瀛和律师机构、达瓴智库	《2020 年法律行业区块链发展报告》	2019 年	https：//www. huoxing24. com 火星财经网	

附录5　区块链法学学术会议一览

会议名称	会议时间和地点	主办（承办）单位	会议主题	备注
中国检察学研究会金融检察专业委员会年会暨第六届金融检察论坛	2016 年北京	中国检察学研究会金融检察专业委员会	优化金融检察职能，防治互联网金融风险	
中国科技金融法律研究会	2017 年武汉	中国科技金融法律研究会主办，武汉大学知识产权与竞争法研究所、武汉大学法学院承办	无	“区块链与信息技术的前沿应用”“互联网金融与 P2P 网贷”以及“金融新业态与监管现代化”
“法律人的互联网思维”系列研修会	2018 年北京	中国法学会研究部与腾讯研究院	区块链技术的专业解读、区块链技术与法律的关系	

续表

会议名称	会议时间和地点	主办（承办）单位	会议主题	备注
数字经济与政府监管	2018年北京	中央财经大学法学院	聚集社会各界智慧，确立一种新的监管理念，引入新的监管方式，推动数字经济的发展	新的监管方式包括区块链技术
区块链应用及法律研究高峰论坛	2018年西安	西安交大	亚洲各国数字货币监管法律制度及我国政策法律趋势研判	
新时代中国金融市场基础设施法治体系建设论坛	2018年北京	中国法学会证券法学研究会主办，中国人民大学法学院和中国人民大学金融科技与互联网安全研究中心承办	建设新时代中国金融市场基础设施法治体系	会议内容包括以区块链技术为基础是数字货币
区块链技术与版权保护学术沙龙	2018年北京	北京师范大学法学院	区块链技术与版权保护	
2018年北方“互联网+”法律创新大会	2018年哈尔滨	黑龙江省律师协会	“法律”与“互联网+”融合，将新技术运用到法律服务当中	新技术包括区块链技术
区块链的法律与政策问题	2018年北京	北京德恒（长沙）律师事务所与中南大学企业法与国企改革研究中心	无	区块链技术值得高度期待，将来会有大量有关区块链的法律纠纷需要律师参与；律师也可借助区块链技术优化服务流程

续表

会议名称	会议时间和地点	主办（承办）单位	会议主题	备注
智慧时代法律信息服务主题论坛暨北京市法律图书馆与法律信息研究会2018年年会	2018年北京	北大法律人工智能实验室	智慧时代的法律信息服务	法律服务的手段包括区块链技术
首届计算法学学科建设与人才培养论坛暨清华大学智能法治研究院成立	2018年北京	清华大学法学院主办	为新兴科技的发展提供法律与政策保障，为法治中国建设提供智能方案与数据驱动力	
区块链金融法治研讨会	2018年北京	中国政法大学商学院资本金融系	区块链与知识产权相关的定价转移监管、区块链在电子存证中的价值、“区块链金融法治的价值”	
百名法学家百场报告会	2019年东莞	广东省法学会	区块链政法工作及技术创新	
首届数字金融应用、安全及监管国际学术研讨会暨科技金融与欠发达地区产业对接会	2019年北京	北京市法学会互联网金融法治研究会	区块链和人工智能技术为代表的数字金融在金融行业以及实体产业中的应用，数字金融的安全和法律问题，数字金融监管政策分析	
司法区块链平台建设应用研讨会	2019年杭州	最高人民法院指导，蚂蚁金服和华宇信息共同承办	搭建人民法院司法区块链统一平台	
第18届中日比较法研讨会	2019年北京	中国社会科学院法学研究所	新技术与法	新技术中包括区块链技术

续表

会议名称	会议时间和地点	主办（承办）单位	会议主题	备注
中国计算机学会区块链技术大会	2019年 成都	中国计算机学会主办，中国计算机学会区块链专业委员会承办	区块链的关键技术、创新应用、标准规范、人才培养等内容，推动区块链技术的发展和应用	
中国区块链发展政策和法律问题座谈会	2019年 重庆	西南政法大学人工智能法学院	无	中国区块链发展的宏观政策、区块链的应用场景、对法律行业的挑战等问题
区块链赋能互联网金融暨网络赋强公证业务研讨会	2019年 北京	中国社会科学院大学政法学院、北京知行法律实务研究中心、北京市中信公证处联合主办	区块链公证在互联网金融领域创新与应用、网络赋强业务	
“区块链+法治”论坛	2019年 南京	司法部	要紧密结合提升人民群众满意度，促进社会公平正义，提升司法公信力，推进“区块链+法治”	
第四届中国金融法论坛	2019年 苏州	中国法学会商法学研究会主办，华东政法大学、江苏新天伦律师事务所承办	金融扩大开放法治保障的构建以及金融立法、执法、司法的现代化	
全国软件与应用学术会议（NASAC）区块链分会	2019年 杭州	中国计算机协会主办，浙江大学承办	推进区块链的应用、技术和理论	

续表

会议名称	会议时间和地点	主办（承办）单位	会议主题	备注
2019 年互联网法律大会检察论坛	2019 年杭州	浙江大学、浙江省检察院、阿里巴巴集团等共同主办	数字经济时代的法律创新	
“数字经济与金融的法律治理”学术研讨	2019 年北京	北京市法学会互联网金融法治研究会	区块链法治、数字货币监管、数字经济立法	会议内容包括以区块链技术为基础的数字货币监管
2019 学术年会暨区块链应用与法律规制研讨会	2019 年北京	北京企业法治与发展研究会	无	
旭丰论坛 22 期暨“远大”论坛 59 期之“区块链金融监管探研”	2019 年厦门	厦门大学法学院金融法研究中心	区块链的有关知识和应用场景、区块链技术的重要理论、区块链与新时代的金融发展	

附录 6　区块链法学研究项目一览

附录 6.1　国家自然科学基金研究课题立项一览

项目名称	项目批准号	项目负责人	依托单位	批准经费（万元）
传统企业向价值共创型企业转型：利用信息系统构建商业生态圈	71402187	杜文宇	北京航空航天大学	19.0

续表

项目名称	项目批准号	项目负责人	依托单位	批准经费（万元）
模糊多属性决策安全计算和隐私保护关键技术研究	61472074	史闻博	东北大学	83.0
比特币POW机理研究及其在散列函数分析中的应用	61472476	谢　涛	中国人民解放军国防科技大学	62.0
基于区块链技术的数据真实性保障方法研究	61602435	赵　赫	中国科学院合肥物质科学研究院	20.0
可扩展私有区块链关键问题研究	61672075	蔡维德	北京航空航天大学	63.0
供应链质量管理中基于区块链的智能系统模型研究	71701091	颜嘉麒	南京大学	19.0
基于区块链的个人健康数据保护机制研究	61762046	邓小鸿	江西理工大学	38.0
具有可证明安全与性能保障的区块链分布式共识协议研究	61702474	魏凌波	中国科学技术大学	26.0
面向解决非诚信问题的基于区块链的电子商务个性化信誉系统	61702090	刘　园	东北大学	25.0
基于区块链的信息物理融合系统数据安全与隐私保护机制研究	61702570	段美姣	中央财经大学	20.0
去中心化共享区块链驱动的制造社群自组织及其群体决策方法	51705091	冷杰武	广东工业大学	24.0
在线教育区块链高效认证机制研究	61841701	陈志德	福建师范大学	16.0
基于区块链的分布式激励机制研究	61802005	何云华	北方工业大学	27.0
基于NTRU格上可链接环签名的区块链隐私保护技术研究	61802117	叶　青	河南理工大学	27.0
移动物联网环境下基于区块链的跨域认证技术研究	61802183	黄婵颖	南京理工大学	27.0
面向用户信任需求和个性化交易的可信区块链关键技术研究	61872006	张佩云	安徽师范大学	64.0
基于区块链的数字资产复杂交易中相关密码协议研究	61872192	王化群	南京邮电大学	61.0

续表

项目名称	项目批准号	项目负责人	依托单位	批准经费（万元）
区块链下的跨国供应链合作风险评价与预警机制研究	71872131	陈屏国	温州商学院	43.0
基于区块链的农产品供应链可信追溯信息模型构建与原型系统验证	31871525	孙传恒	北京市农林科学院	60.0
区块链技术驱动下的供应链金融运作管理创新研究	71902105	刘　露	山东科技大学	18.0
面向区块链系统隐私保护的关键密码技术研究	61972294	何德彪	武汉大学	60.0
安全可扩展可插拔区块链共识机制研究	61972017	张宗洋	北京航空航天大学	60.0
基于区块链的去中心化政务信息资源共享模型研究	71964037	余益民	云南财经大学	26.5
基于区块链的供应链产品质量提升策略优化与协调	71972184	王傅强	中南大学	48.0
区块链技术支撑下高可靠易追溯审计电子数据构建方法及应用研究	71972102	徐　超	南京审计大学	48.0
基于区块链技术的绿色供应链管理博弈分析	71971218	谭春桥	中南大学	50.0

说明：本附录统计信息来源于国家自然科学基金委员会网站（http：//www. nsfc. gov. cn）。

附录 6.2　国家社会科学基金研究课题立项一览

项目名称	项目编号	项目类型	项目负责人	工作单位
区块链时代版权技术措施禁止规避例外制度研究	17BFX118	一般项目	邹　琳	湘潭大学
区块链对票据制度的冲击及我国票据法的回应研究	18BFX133	一般项目	吴京辉	中南财经政法大学
区块链时代数字货币法律规制研究	18BFX200	一般项目	朱　娟	南京审计大学

续表

项目名称	项目编号	项目类型	项目负责人	工作单位
“区块链+”生态农产品供应链的融合创新研究	18BGL100	一般项目	胡森森	重庆工商大学
区块链技术驱动下的网络综合治理体系构建研究	18BGL202	一般项目	毛典辉	北京工商大学
基于区块链的新媒体舆情信息追溯及生态治理研究	18BTQ049	一般项目	赵　丹	东北电力大学
基于区块链的网络文件信任保障机制及应用架构研究	18BTQ083	一般项目	付永贵	山西财经大学
区块链交易中的信任问题研究	18CJL020	青年项目	张延龙	中国社会科学院
创新创业背景下区块链金融对实体经济的支持及风险防控机制研究	18CJY060	青年项目	杨龙光	首都经济贸易大学
区块链技术助推下汽车供应链整合的价值链创新研究	18XGL006	西部项目	卢志平	广西科技大学
区块链视角下地方政府隐性债务治理问题研究	18XJY019	西部项目	史亚荣	兰州财经大学金融学院
基于区块链的能源电力供需网演化机制及安全调度策略研究	19BGL003	一般项目	胡伟	上海电力学院
基于区块链技术的物流供应链企业信任关系研究	19BGL093	一般项目	王莉芳	西北工业大学
基于区块链的数字出版生态重构与发展策略研究	19BXW033	一般项目	谭雪芳	福建师范大学
区块链视角下数字创意产业著作权保护及交易问题研究	19CFX063	青年项目	杨　菲	中国计量大学
基于区块链技术的小额保险深度精准扶贫机制构建与成效评估研究	19CJL033	青年项目	王丽珍	中央财经大学
区块链下公共图书馆知识共享的版权问题研究	19CTQ003	青年项目	赵　力	天津科技大学

说明：本附录统计信息来源于全国哲学社会科学规划办公室网站（http：//www. npopss - cn. gov. cn/）。

附录6.3　教育部人文社会科学研究项目区块链法学立项一览

项目名称	项目类别	项目批准号	申请人	学校名称
区块链虚拟组织信息资源的知识表示方法研究	青年基金项目	17YJC870020	颜嘉麒	南京大学
基于区块链智能合约的高信用标准仓单融资创新研究	规划基金项目	17YJAZH021	段伟常	广州大学
基于区块链的食品供给侧安全监管体系构建研究	青年基金项目	17YJCZH127	毛典辉	北京工商大学
基于区块链的隐私泄露风险评估与溯源方法研究	规划基金项目	18YJA870021	朱　鹏	南京理工大学
基于区块链的“一带一路”共享物流生态圈及协同进化机理研究	规划基金项目	18YJAZH148	朱昌锋	兰州交通大学
区块链在精准扶贫中融合应用研究	青年基金项目	19YJC790169	杨　明	东北农业大学
区块链视角下数字音乐版权治理路径研究	青年基金项目	19YJC820044	孟奇勋	武汉理工大学
区块链技术在国际贸易结算领域的应用研究	规划基金项目	19YJA790007	杜红珍	宝鸡文理学院
基于区块链技术的公益慈善创新模式研究：组织结构、功能与影响因素分析	青年基金项目	19YJC630213	张　楠	清华大学
基于区块链技术的高校信息共享平台渐进式开发研究	青年基金项目	19YJCZH125	彭　廷	湖北工业大学
基于区块链技术的大数据审计探索性研究：原型设计、方法变革与实证分析	规划基金项目	19YJAZH100	徐　超	南京审计大学
基于区块链和物联网的疫苗安全协同治理机制与方法研究	青年基金项目	19YJCZH254	张　平	湖南商学院
基于区块链的医疗纠纷治理研究与实现	青年基金项目	19YJCZH172	王小峰	深圳大学
基于区块链的数字教育音频版权保护机制研究	青年基金项目	19YJC870021	苏兆品	合肥工业大学

说明：本附录统计信息来源于中华人民共和国教育部网站（www. moe. gov. cn）。

附录 6.4 司法部国家法治与法学理论研究项目区块链法学立项一览

课题编号	课题名称	项目类别	主持人	主持人所在单位	成果形式
18SFB1005	大数据与网络安全立法研究	重点课题	齐延平	北京理工大学	论文
18SFB2018	区块链技术下涉数据犯罪研究	一般课题	张爱艳	山东政法大学	论文
18SFB2041	智能合约研究	一般课题	吴　煦	大连海事大学	论文
19SFB3013	区块链治理的制度工具库研究	中青年课题	苏　宇	中国人民公安大学	论文

说明：本附录统计信息来源于中国政府法制信息网（http：//www. moj. gov. cn）。

附录 6.5 最高人民法院 2019 年度司法研究重大课题区块链法学立项一览

年份	题目	中标课题组
2019	大数据、区块链、人工智能在司法审判领域的融合应用问题研究	中标课题组一：天津大学法学院院长、教授 孙佑海 天津市高级人民法院副院长 蔡志萍 中标课题组二：河南省驻马店市中级人民法院院长 张社军 中国人民公安大学侦查与反恐怖学院教研室主任、教授 刘涛 北京理工大学国际法研究所所长、教授 杨成铭 中标课题组三：广西壮族自治区桂林市中级人民法院院长 陈敏 广西壮族自治区高级人民法院研究室主任 陈影 广西师范大学法学院院长、教授 陈宗波 中标课题组四：腾讯集团法务副总裁 江波 北京大学法学院副院长、教授 郭雳

说明：本附录统计信息来源于中国法院网（https：//www. chinacourt. org）。

附录6.6　2018年度中国法学会部级法学研究课题区块链法学立项一览

课题编号	课题名称	主持人	所在单位、职务/职称
CLS（2018）Y03	区块链应用中的法律问题研究	王　森	北京物资学院法学院讲师

说明：本附录统计信息来源于中国法学会网站（https：//www.chinalaw.org.cn）。

附录6.7　2018年度国家知识产权局课题研究项目区块链法学立项一览

课题编号	课题名称	项目承担单位
SS18-A-18	基于区块链的数字化知识产权保护体系研究	暨南大学
Y180203	初探区块链技术在专利领域的应用及影响	国家知识产权局专利局专利审查协作北京中心
FX201805	区块链技术专利分析	国家知识产权局专利局专利审查协作天津中心

说明：本附录统计信息来源于国家知识产权局网站（http：//www.cnipa.gov.cn）。

后　记

本书是“中国新技术法治发展报告系列”的第二本，主要关注中国区块链法治的制度建设、司法实践、理论研究和法学教育发展历程。希望通过本书，向读者展示中国区块链法治发展的历史脉络；读者通过阅读本书，可以迅速、全面地掌握中国区块链法学研究的学术动向和热点，洞悉其存在的不足和空白之处。

本书的撰写分工如下：

郑飞，北京交通大学法学院副教授，负责第一篇第一部分区块链立法进展综述和第三部分区块链应用监管综述，以及第三篇的撰写，并对全书进行了最后的统校。

郑应伟，北京市两高律师事务所律师，负责第一篇第二部分区块链司法实践综述的撰写。

陆洋，德国弗莱堡大学法理学专业博士研究生，负责第二篇第一部分区块链法的基本原理的撰写。

陈晓慧，澳门大学法学院刑法学专业硕士研究生，负责第二篇第二部分数字货币法律问题和第五部分区块链的知识产权保护应用的撰写。

郑卓奇，中国政法大学民商法学专业硕士研究生，负责第二篇第三部分智能合约法律问题和第六部分区块链金融应用的法律问题的撰写。

李雅健，中国政法大学证据法学专业硕士研究生，负责第二篇第四部分区块链的司法应用和第七部分区块链在其他领域应用的法律问题的撰写，以及全书内容汇总和初校。

李昊，中国政法大学比较法学专业硕士研究生，负责附录 1 和附录 2 的资料搜集和整理，以及全书的校对。

周志刚，广西地方法治与地方治理研究中心助理研究员，负责附录 3 和附录 4 的资料搜集和整理。

夏晨斌，江西中共全南县委统战部公职律师，负责收集整理江西省有关区块链应用法治资料及部分校对工作。

龙健宁，北京交通大学法学院本科生，负责附录 5 和附录 6 的资料搜集和整理。

郭嘉豪，华盛顿圣路易斯分校 J. S. D.（知识产权方向），负责英文书名的翻译及部分校对工作。

最后必须要说明的是，编写本书是想尽最大努力向读者提供中国区块链法治发展的全景图（不含港澳台），但因时间仓促，难免有疏漏之处。欢迎各位专家批评指正，我们将在下一次年度报告的撰写中予以改进。

郑飞

2020 年 6 月 25 日于北京